더불어 배우고 성장하는 서울 삼정·마곡중학교 학생들의
민주시민교육 이야기

선생님, **학생자치**가 뭐예요?

더불어 배우고 성장하는
서울 삼정·마곡중학교 학생들의
민주시민교육 이야기

선생님, 학생자치가 뭐예요?

초판 1쇄 인쇄 2021년 3월 31일
초판 1쇄 발행 2021년 4월 3일

지은이 김승규
펴낸이 김승희
펴낸곳 도서출판 살림터

기획 정광일
편집 정태화
북디자인 이순민

인쇄.제본 (주)신화프린팅
종이 (주)명동지류

주소 서울시 양천구 목동동로 293. 22층 2215-1호
전화 02) 3141-6553
팩스 02) 3153-6555
출판등록 2008년 3월 18일 제313-1990-12호
이메일 gwang80@hanmail.net
블로그 https://blog.naver.com/dkffk1020

ISBN 979-11-5930-188-9 03370

선생님,
학생자치가
뭐예요?

더불어 배우고 나누며 성장하는
서울 삼정·마곡중학교 학생들의
민주시민교육 이야기

김승규 지음

살림터

차 례

민주학교는 우리 교육의 미래다

2020년 2월, 학교를 그만 둘 때까지 내가 꿈꿔왔던 학교는 '민주시민교육과 정'이 중심이 된 '민주학교'였다. 이런저런 시행착오를 겪기도 했지만, 학생들 과 끊임없이 소통하며 민주학교를 실현시키기 위해 온 힘을 쏟았다. 그 노력 의 흔적은 2011년부터 2020년 2월까지, 혁신학교인 서울 삼정중학교와 마곡 중학교에 오롯이 남아있다.

삼정중학교에서는 '탄소 줄이기 통합교육과정'을 운영하며 학생들의 자치 활동을 지원하였다. 마곡중학교에서는 '배움·나눔 민주시민교육과정'을 통 해 실천적 민주시민교육의 밑그림을 그려 추진했다. 2015년에는 강서지역의 뜻있는 교사들과 연대를 시작했다. 그 결과 민주학교를 위한 연대체인 강서 학생자치연합회(이하 '강서연합')를 결성하였다. 5년 동안 이어진 지속적인 활동 은 민주학교를 더욱 더 공고하게 만들었으며 강서지역의 여러 학교로 확산되 었다.

민주학교에 대한 꿈은 학교를 비롯한 사회 곳곳에서 여전히 현재 진행 중 이다. '지역사회 차원의 청소년 민주시민교육'을 지원하는 시민단체들이 곳곳 에서 생겨나고 있다. 앞서 언급했던 강서연합 외에도 2030의 젊은 교사들이 주축이 된 '민주주의를 위한 토론교육지원 교사모임'이 지역 학교를 무대로 왕성하게 활동하고 있다.

토론교육지원 교사모임은 학급회의 활성화 등을 지원하여 학생들 스스로 숙의민주주의가 가능한 민주학교가 될 수 있도록 안내하고 있다. 지역의 시민단체들 또한 우리 청소년들이 지역사회의 정책결정에 직접 참여할 수 있도록 배려하고 있다. 지역의 여러 제도나 기관을 활용하여 지역의 시민으로 활동할 수 있는 방법을 강구하고 있다.

민주학교를 추진하기 위한 여건은 그 어느 때보다 좋다. 민주시민교육이 왜 필요한지 보여주는 실제 사례들이 곳곳에서 증명되고 있다. 이를 보여주는 책이나 자료들 또한 쉽게 찾아볼 수 있다. 학교를 바꾸고, 교육혁신을 하려는 노력이 결실을 맺기 위해선 교육이 먼저 공공성과 민주성부터 회복해야 한다고 하나같이 입을 모으고 있다.

최근, 교육부와 각 시도 교육청 또한 민주시민교육에 많은 관심을 가지기 시작했다. 교육부는 민주학교를 추진하려는 의지를 강하게 보이고 있다. 각 시도 교육청 또한 민주적인 학교문화를 적극 권장하고 있다. 그에 따른 지원 방식도 다양해지는 추세이다.

서울시 교육청의 경우 '토론 있는 교무실'을 권장하는 공문을 보내 민주적인 학교문화를 독려하고 있다. 민주시민교육을 위한 연수도 다양해지고 있다. 지역네트워크 형식의 공동 연구도 일상적이면서도 실제적인 방향으로 점차 진화하고 있다. 서울 강서지역의 민주주의를 위한 토론교육을 지원하기 위해 만들어진 교사모임도 지역의 교원학습공동체에 힘입어 빠르게 성장하고 있다.

민주시민교육은 최근 10여 년 동안 전국의 많은 학교에서 보여준 성과들을 통해 그 당위성이 확인되고 있다. 우리의 헌법과 교육법도 민주시민교육이 우리 교육의 기본임을 분명히 밝히고 있다. '대한민국 헌법 제1조는 대한민국은 민주공화국이며 주권은 국민에게 있다'라고 명시하고 있다. 우리나라의 교육기본법 제2조(교육이념)도 '자주적 생활능력과 민주시민으로서 필요한 자질을 갖추게 함으로써'라고 적고 있다. '민주시민의 양성'이 우리 교육의 기본 이념임을 분명히 밝히는 대목이다. 학교가 추구해야 할 방향이 '민주학교'라는 것은 분명히 보여주고 있다.

하지만 이러한 각계각층의 노력에도 불구하고 사실 학교는 살인적인 '입시경쟁교육'에 지배되어 민주시민교육이 설자리가 없다. 지금은 법으로 금지하고 있지만 신체적, 언어적 폭력이 교육이란 이름으로 정당화될 수 있었던 것도 '입시경쟁교육'에 기인한 바가 컸다. 삼정중학교와 마곡중학교에서도 이 '입시경쟁교육'만큼은 피해 가기 어려웠다. 우리가 더욱 심각하게 생각해야 하는 것은 우리나라 청소년 사망 원인 1위가 자살이고, 가장 큰 원인이 학업

부담과 성적이다. 이런 학교에서 어떻게 우리 아이들이 한 인간으로서의 존엄성을 보장받고 민주시민으로 살아갈 수 있겠는가!

과거 식민지배, 미군정, 분단과 냉전, 한국전쟁과 반공주의, 군사독재와 민주화라는 아주 독특한 역사적 경로를 밟아왔다. 그사이 레드콤플렉스가 우리 교육에 너무나 강하게 드리워져 민주주의가 들어설 자리가 좀처럼 허용되지 않았다. 중앙대학교 김누리 교수는 그의 책 『우리의 불행은 당연하지 않습니다』에서 분단 체제는 지난 70년간 우리 사회를 아주 기형적인 사회로 만든 핵심적 요인이라고 설명했다. 반공은 우리 세대 어디에서나 나타나 우리의 생각을 한 방향으로 옭아맸기 때문이다.

혁신학교의 성과들이 적지 않았음에도 불구하고 많은 우려가 교차하고 있다. 이토록 많은 논쟁을 일게 하는 이유는 무엇일까? 일부 혁신학교에서 유의미한 성과가 도출되었다 할지라도, 대학 서열화에 따른 살인적인 입시경쟁교육의 혁파 없이는 그 한계 또한 뚜렷하기 때문이다.

길은 분명하다. 대학 서열화를 폐지해야 한다. 공교육을 대대적으로 개편하여 공교육 정상화로 나아가야 한다. 그렇지 못한다면 그동안의 혁신학교의 바람도 한낱 찻잔 속의 태풍에 그치고 말 것이다. 우리나라 대학은 87%가 사립이다. 우리의 고등교육인 대학교를 일부 사립재단이 좌지우지하는 동안, 얼마나 많은 교육 모순이 생겼는지 직시해야 한다. 이제는 정부가 나서야 할 때이다. 정부가 나서 대학을 정상화하고, 국민 여론이 그 뒤를 떠받쳐야 한다. 그때만이 우리 교육의 미래가 있다.

혁신학교의 성과는 '소통과 협력'을 바탕으로 오늘도 이뤄지고 있다. '미래 지향성'을 지니고 있다는 점은 분명 '경쟁'이 중심인 입시 위주의 주입식 교육의 모순을 드러내게 할 것이다. 따라서 우리는 혁신교육을 통해 민주학교의 길을 보여주어야만 한다. 그와 더불어 공교육 개편을 통한 살인적 입시경쟁 교육의 정점인 '대학 서열화'를 폐지하고 공교육 정상화에 힘을 실어야만 한다. 혁신학교의 성과는 공교육 개편 운동과 협력하여 한 방향으로 나아갈 수 있길 바란다.

혁신학교인 삼정중학교와 마곡중학교에서 보낸 지난 10년 동안 민주학교의 가능성을 엿볼 수 있었다. 민주학교를 운영하면서 보았던 성장하는 학생들의 모습과 학교의 변화! 그 모습을 생생하게 지켜볼 수 있었던 것은 참으로 행복하고 소중한 경험이었다.

평소 삼정중학교 학생자치활동을 눈여겨보셨던 살림터 정광일 사장님이 어느 날 책을 써보자며 제안해왔다. 기쁜 마음에 흔쾌히 답했지만 막상 쓰려 하니 글재주가 너무 부족한 탓에 생각처럼 잘 써지지 않았다. 하지만 민주시민으로 무럭무럭 성장하고 있는 아이들의 모습이 눈에 들어왔다. 힘들기만 했던 학교생활은 어느새 평화롭고 활기찬 학교생활로 변모하고 있었다. 노력한 만큼 변화되고 있는 학교의 모습에 다시 용기를 얻어 펜을 들 수 있었다.

못난 글이지만 조금이라도 읽기 쉽게 다듬어주신 마곡중학교 김정숙 선생님과 원고를 읽고 조언을 해주신 삼정중학교 염영하 선생님, 마곡중학교 김구영 선생님께 감사의 말씀을 전합니다. 글을 읽기 쉽게 수정해 준 우리 아들 대송에게도 고마운 마음을 전합니다.

2021년 초봄
김승규

출판을 축하하며

평생 교육의 한 길을 걸어오시면서, 학생자치에 힘써 오신 김승규선생님! 그동안 지도해 오신 노하우를 이렇게 글로 남겨주시니, 감사의 마음을 어떻게 전해야할지. 환한 미소로 축하의 마음을 보냅니다.

선생님께서는 2011년부터 2019년까지 삼정중학교와 마곡중학교에 근무하시면서 혁신학교 학생자치활동의 발전을 위하여 많은 노력을 기울였습니다. 특히, 마곡중학교에 근무하시는 동안에는 학생들 스스로 진화하는 학생자치 활동을 이룩하셨습니다.

자치 활동은 '학생들 스스로 만들어 가는 것'이라며, 이를 위해서는 숙의민주주의가 잘 이루어져야 한다면서 퍼실리테이션 활동을 지원하고 청소년 퍼실리테이터 양성 등 토론문화 활성화를 위해 불철주야 노력하셨습니다.

모두가 주인이 되어 의사 결정에 참여하는 자치활동은 아이들을 교복 입은 민주시민으로 성장시켰습니다. 학생이 참여하는 학교 공동체 굿거버넌스를 실현하셨습니다.

교복 개정, 생활협약, 선거규정, 학생회 주관 행사 등을 결정할 때에도 상호 존중과 배려를 잃지 않고 성숙된 민주시민의 역량을 보이셨습니다. 설문조사, 학급회의, 대의원회의, 부장회의 등 다양한 회의를 통해 얻은 학생들의 목소리를 무리 없이 공동체(교사, 학부모, 학생, 마을)에게 전달하셨습니다.

선생님께서 기틀을 잡아 놓은 자치 활동의 초석은 아이들에게는 값진 경험이 되었고 민주시민 양성의 동력이 되었습니다.

이러한 선생님의 노력으로 마곡중학교는 학생자치 활동의 1번지로 발돋움 할 수 있었습니다. 선생님의 노고와 노력은 수많은 제자와 후배들에게 나침반이 되고 귀감이 될 것입니다. 승규샘!『선생님, 학생자치가 뭐예요?』의 출판을 다시 한번 축하드립니다.

2021년 1월 26일
마곡중학교 교장 송준헌

김승규 선생님은 우리가 상상하지 못했던 방식으로 2~3년 만에 '학생 자치'
를 궤도에 올려놓았다. 학생 자치가 학교의 전통으로 자리 잡게 되자, 학생들
은 스스로 성장해 갔다. 전통으로 자리 잡았다고 해서 선배들의 활동을 그
대로 답습하는 것이 아니었다. 선배들과 함께 활동하면서 보고 배울 뿐 아니
라 해마다 자신들만의 빛깔을 더하며 성장해 갔다.

　우리가 상상하지 못했던 방식, 해마다 성장해 간 힘, 그것은 바로 '자기 결
정권'이다. 스스로 교육의 한 주체임을 깨닫고, 다른 학생들을 위해 그리고
스스로를 위해, 무엇을, 어떤 방식으로, 왜 할 것인지를 고민하게 하고, 신나
게 해 나가게 한 힘, 돌아봤을 때 "우리가 이걸 다 했단 말이에요?"하며 놀라
게 하는 힘!

　나는 이 과정을 함께하며 민주주의를 배웠고, 학생들의 어마어마한 성장
을 보았다. 그리하여 학생들이 저마다의 색깔로 얼마나 영롱하게 빛나는 존
재인지를 알았다. 그 후 학생들이 자기 삶에 튼튼한 뿌리를 내리고 얼마나
당당하게 살아가는지를 보았다.

　이 책은 김승규 선생님이 학생들의 '자기 결정권'을 교실과 학교 안팎에서
어떻게 살려냈는지, 10여 년간 고민해 온 학생 자치가 혁신학교를 만나 2~3
년 만에 어떻게 꽃피워 학교 문화를 만들었는지가 고스란히 녹아 있다. '학생

자치'에 대한 생각을 바꿔주고, 길을 밝혀 주는, 현재까지 내가 아는 한, 가장 훌륭한 실천서이다.

2021년 1월 26일

염영하(삼정중학교 혁신부장)

제 **1** 장

시민이
성장하는 학교

민주시민이 만든
학교풍경

"학생들은 민주시민으로 성장하고 학교는 평화로워지고, 교육이 가
능해졌다."

지난 10년간 혁신학교인 삼정중학교와 마곡중학교에서 지켜본 변화된 모
습이다. 그 원동력은 민주적인 학교문화였다. 자기결정권을 통한 자치활동은
학생들을 민주시민으로 성장시켰고, 수업혁신과 평가혁신은 교실 풍경을 바
꿔 놓았다. 배움을 위한 모둠 협력수업은 열기 넘치는 토론 활동으로 이어져
교실은 활기 넘치는 공간이 되었다. 서·논술형 중심의 평가혁신은 단편적인
지식 위주의 교육을 탈피하여 학생들의 창의력과 사고력을 증진시켜 주는 방
향으로 나아갔다.

"청소년기는 우리가 생각했던 것보다도 훨씬 중요하다!"

뇌 과학을 연구하는 과학자들은 강조한다. 청소년들의 뇌는 폭발적으로 성장하고 있으며 다시 만들어지고 있는 중이기 때문에 청소년기는 위험한 시기이기도 하지만, 그 어느 때보다 다양한 가능성이 열려있는 시기라고 주장한다.

이 가능성이 열려있는 시기에 우린 주목해야 한다! 그동안 우리는 위험한 시기에 대한 지나친 염려 때문에 가능성마저 닫아버렸던 것은 아닌지 돌아봐야 한다. 가능성을 최대한 열어놓고 그 속에서 위험한 시기들을 스스로 다스릴 수 있게 하는 지혜가 필요하다. 혁신학교인 삼정중학교와 마곡중학교에서 재직하는 동안 그 가능성을 엿볼 수 있었다. 중학생들은 정말 빠르게 성장한다. 민주시민으로 성장한 학생들은 스스로 그 위험을 다룰 줄도 알았다.

민주적인 학교문화 속에서 민주시민들이 하루가 다르게 무럭무럭 성장했다. 민주시민이 주인이 된 학교는 빠르게 변화하고 있다. 인권이 살아 숨 쉬는 평화로운 학교로! 등교하는 것이 즐거운 행복한 학생들이 다니는 학교로! 단 한 명도 포기하지 않는 책임교육의 가능성을 확인해 준 학교로 변했다. 학생들이 민주시민으로 성장하는 학교, 즉 민주학교로 변해가는 모습을 지켜볼 수 있었다.

학교가 변했다

2019년 8월 6일 '2019 대한민국 교육자치 콘퍼런스'가 개최되던 날, 청주에 있는 교원대학교의 한 강당에서는 기립 박수가 터져 나왔다. 강의를 개설하고 직접 발표까지 한 마곡중학교 학생들을 향한 응원과 격려의 박수였다.

서울시교육청의 권유를 받고, '마곡중학교의 학생자치활동과 민주시민교육'이란 주제로 마곡중학교 학생회가 발표한 무대였다. 발표 시간이 다가오자 70명 정원의 조그마한 강당은 어느새 꽉 들어찼다.

긴장감 속에 발표가 시작됐다. 여학생 회장 화은이와 남학생 회장 병선이가 먼저 나와 인사말을 전한 후, 곧바로 강의에 들어갔다. 강의는 마곡중학교 학생회 임원 12명이 나눠맡았다. 청중들 대부분은 '학생들의 자치활동과 민주시민교육'에 관심이 많은 전국에서 모인 교사들이었다. 그런데 다들 뜻밖이란 표정들을 짓고 있었다. 학생들이 직접 강사로 나올 거라고는 미처 예상하지 못했던 모양이다.

학생들 또한 강의 준비를 열심히 했지만, 막상 강의 무대에 서자 긴장을 많이 한 눈치였다. 하지만 강의가 시작되자 한 사람씩 나와 자신들이 직접 진행했던 마곡중학교의 학생자치활동과 민주시민교육에 대해 자신 있게 발표했고, 질의·응답하는 시간까지 가지는 여유를 보였다. 그만큼 자신들의 활동에 자부심을 가지고 있었다. 다양한 질문들이 쏟아졌다. 학생들은 맡은 역할에 따라 답변을 잘 해주었다.

학생들의 발표가 끝나자 모두가 일어나 기립 박수로 화답해 주었다. 발표를 준비하는 동안 걱정이 앞섰던 학생들은 예상치 못한 교사들의 반응에 붉게 상기되었다. 아이들은 이렇게 또 한 번 성장했다. 학생들은 스스로 한 일에 대해 인정받을 때. 그리고 자신들이 한 일이 어떤 의미가 있는지 알게 될 때. 학생들은 민주시민으로 성장하게 되고 학교 또한 바뀔 수 있다.

이날 이후, 마곡중학교 학생회는 찾아온 손님들과 행사 참여 요청을 소화하느라 분주한 나날을 보내게 됐다. 학교나 교육청 단위로 선생님들과 학생들이 자주 방문했기 때문이다. 찾아온 손님들만 수백 명이었다. 서울시교육청의 교감연수와 혁신교육 교사 직무연수, 서초중학교 학생회, 학생자치활동 관련 교사 직무연수, 세종시 교육청 소속 교사들의 워크숍, 제주 애월중학교 교사들의 방문 등. 학교를 방문한 선생님들이나 학생들은 하나같이 부러워했으며, 놀라워하는 반응이 주를 이루었다. 아이러니 하게도 교사들은 마곡중학교 학생들을 탐냈고, 학교를 방문한 타 학교의 학생들은 학교를 부러워했다. 하지만 그런 반응은 그리 놀랄 일이 아니다. 어쩌면 당연한 것이다. 우리 역사를 돌이켜보라. 청소년들이 우리 역사의 주역이었던 때도 많았다. 기후변화에 대응하기 위해 직접 행동에 나서고 있는 지금의 청소년들을 보라. 진정한 교육은 지식을 주입하는 것이 아니라 학생들이 가지고 있는 잠재력을 끌어내주는 것이라고 생각한다면 이런 일은 어디에서나 일어날 수 있는 일이고 마땅히 그리되어야 하는 일이다.

마곡중학교는 2015년에 혁신학교로 개교했지만 첫 출발은 순탄치가 않았다. 마곡중학교는 서울 마곡지구에 대규모 아파트 단지가 새로 조성되면서 개교한 학교였다. 1,2,3학년을 동시에 수용해야만 했다. 한데 2·3학년의 경우, 대규모 아파트 단지가 새로 조성되면서 타지역에서 인근의 학교로 전학 온 지 얼마 되지 않아 또다시 마곡중학교로 전학 온 학생들이 대부분이었다. 몇 개월 되지 않아 두 번이나 학교를 옮긴 셈이었다. 학교에 적응하지 못하는 학생들이 너무나도 많았다. 이런 요인들이 작용하여 처음 3년 동안은 좀처럼 자리를 잡아가지 못했다.

2017년까지는 정말 힘든 시기였다. 학교에 적응하지 못한 학생들이 넘쳐나 학생들의 생활문화도 너무 심란하기 그지없었다. 학교문화가 안정되기도 전에 학생들 간의 갈등이 심하게 불거졌고, 학부모들 간의 갈등으로까지 번지기 일쑤였다. 선도위원회와 학교폭력대책자치위원회가 수시로 열렸다. 교권 침해도 적지 않아 교권보호위원회까지 열리기도 했다, 자괴감을 느끼는 교사들도 더러 보였다.

그렇게 지난했던 3년이 지난 2018년, 마침내 학교가 변하고 있음을 피부로 느낄 수 있었다. 결코 포기하지 않았기에 노력에 대한 결실이 조금씩 보이기 시작했다. 서로 소통하고 협력하며 동료애로 버틴 지난날, 민주적인 학교문화를 만들고, 학생들이 민주시민으로 성장할 수 있도록 민주시민교육에 힘썼던 지난 시절이 비로소 보상받는 느낌이었다. 자기결정권을 바탕으로 한 학생들의 자치활동이 절정에 이르렀고 학생들 스스로 자신들의 생활문화를 바꿔나가기 시작한 것이다.

학생들의 자기결정권에 의한 자치활동은 가장 효과적인 실천적 민주시민교육이다. 학생들은 자치활동을 통해 자신들의 잠재력을 최대한 끌어낼 수 있게 되었다. 자신들이 가지고 있는 역량을 확인하는 계기가 되었고, 활동하는 본인의 모습에 뿌듯함을 느끼는 것 같았다. 선생님들은 이를 주의 깊게 지켜보며 성원해 주었다. 학생들 스스로 해낸 일들이 얼마나 가치 있는 일인지 깨닫게 해주었다. 자신들이 해낸 일들이 얼마나 가치 있는 일인지 스스로 확인하면 자긍심과 자부심을 갖게 되었다.

이런 과정을 통해 성장한 학생들은 민주주의의 소중함을 자연스럽게 느끼게 되고, 자신들이 학교의 주인임을 자각하게 된다. 이와 같은 경험들이 쌓여 학생들은 민주주의 가치(觀)나 태도를 갖추게 될 것이다. 또한 힘든 일을 할 때는 서로 소통하고 협력하는 법을 배우게 될 것이다. 때로는 집단지성을 발휘하여 평화롭게 문제를 해결하는 방법도 배우게 될 것이다. 서로를 존중하고 배려하며 신뢰한 가운데, 힘을 모아 평화로운 학교문화를 만들어 나갈 것이다. 민주시민으로서 자질과 습관을 기르면서 하루하루 몰라보게 성장할 것이다.

변화를 이끌어 내는 또 다른 축에는 수업혁신이 있었다. 교실 수업 광경도 매우 고무적이다. 2018년에 이르면 수업 때문에 힘들어하는 교사는 별로 보지 못했다. 소통과 협력을 바탕으로 한 토론 중심의 모둠수업이 정착되면서 수업이 활발해지고 한결 수월해졌다. 평가 방식도 수행평가와 서·논술형 평가가 부쩍 많아졌다. 모둠 협력수업은 학생들의 인지적 학습에도 좋은 영향을 미치지만, 민주시민의 덕성을 기르는데도 크게 기여했다. 토론 능력, 경청, 소통과 협력, 존중과 배려 등 협력적 인성 함양에도 좋은 영향을 미치기 때문이다. 창의체험수업이나 봉사활동은 물론 교과수업 등으로 이루어진 학교 정규교육과정 차원에서도 민주시민교육이 활발하게 진행한 것도 큰 힘이 되었다.

수업과 자치활동은 서로를 이끌어주는 역할을 한다. 소통하고 협력할 줄 하는 학생들, 상대를 존중하고 공감할 줄 아는 시민성을 갖춘 학생들이 많을수록 모둠수업의 긍정적 효과는 배가 된다. 한편으로는 모둠 수업이 잘 이루어지면 학생들의 시민성도 절로 생겨나게 된다. 결국 소통과 협력을 기반으로 한 모둠수업과 자치활동은 상호작용하면서 서로를 이끌어 주는 셈이다.

일상적인 소통과 협력의 문화는 수업혁신과 학생들의 자기결정권에 기반을 둔 학생자치활동에 토대를 둔다. 이런 활동은 해를 거듭할수록 눈에 띄게 성장해 나갔다. 특히 민주적인 학생회 운영은 학생들의 자율성은 물론 책임감까지 키워주었고 자기 성취의 기쁨도 가져다주었다. 학생들은 주위의 많은 사람들로부터 인정과 격려를 받으면서 쑥쑥 자라났다.

마곡중학교뿐만이 아니었다. 서울의 혁신학교 중 제대로 된 변화를 이끌어 냈다는 여러 학교들을 직접 방문하여 살펴보았다. 여러 모임에 참여하여 많은 사례들을 보고 듣기도 했다. 하지만 그 어떤 학교도 민주적 학교문화를 기반으로 하지 않고서는 학교의 변화를 이끌어내지 못했다. 교사 개개인의 역량이나 헌신적인 노력으로 일부 학생들의 변화를 이끌어낼 수는 있겠으나 학교의 변화까지는 이르지 못했다. 학교가 변화하기 위해선 학생들 개개인이 학교의 민주시민으로 성장했을 때만이 가능하기 때문이다.

우리 사회 또한 민주시민이 많아야 민주주의가 제대로 작동하고 사람마다 한 인간으로서의 존엄성을 보장받고 살아갈 수 있다. 이것이 학교에서의 민주시민교육이 선택이 아니라 필수여야 하는 이유이다. 학생들은 학교의 민주시민교육과정과 학생자치활동을 통해 시민으로 성장하게 된다. 시민은 그냥 되는 것이 아니고 교육받고 형성되는 것이다. 그리고 학교에 이러한 시민들이 많아야 비로소 학교가 변할 수 있는 것이다.

민주시민이 만든 평화로운 학교

마곡중학교 전교생은 600명 정도이다. 많은 학생들이 함께 생활하는 공간 속에서 문제를 찾자면 왜 없겠는가. 가끔 교무실에서 교사들끼리 힘들게 하는 학생에 대해 이야기를 나눌 때면 다른 학교 상황도 함께 이야기하는 경우가 있다. 그때마다 마곡중학교가 얼마나 평화로운 학교인가를 새삼 확인하게 된다.

한 신규 교사의 이야기를 전하자면 이렇다. 같은 해 여러 학교로 발령받은 교사들이 한자리에 모여 술자리가 이어질 때면 자연스레 격의 없는 대화가 오간다. 그러다 보면 학교에 대한 불평불만들이 하나둘 쏟아져 나오기 마련이다. 그런데 마곡중학교의 신규교사는 그런 경험이 없었기 때문에 그 대화에 낄 수 없었다고 한다. 지난날의 노력이 보상받는 것 같아 내심 뿌듯했다.

마곡중학교에도 물론 힘들게 하는 학생들이 적지 않았다. 하지만 타 학교와 다른 것은 이들이 주류 문화를 만들지 못한다는 것이다. 학생자치활동이

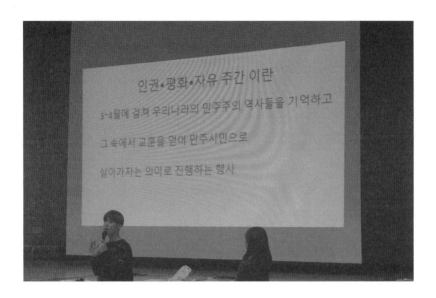

활발하여 민주적인 학생생활문화가 자리 잡고 있기 때문에 이 학생들의 영향력은 거의 찾아볼 수 없다. 학교는 활기차고 평화롭다. 힘들어하는 학생들을 위한 돌봄 시스템을 충분히 갖추지 못한 것이 다만 안타까운 숙제다.

2018년부터는 마곡중학교에서 학생들 간의 폭력은 거의 일어나지 않고 있다. 생활지도부장 회의에 참석한 인성안전부장 교사의 이야기를 전하자면, 인근 타 학교의 상황과 비교했을 때 마곡중학교는 학교폭력이 아예 없다고 해도 무방하다고 한다. 학교폭력이 전혀 없지는 않지만 마곡중학교의 학생생활문화를 타 학교와 비교하면 그렇다는 것이다.

마곡중학교에는 생활지도부가 없다. 혁신학교들 중에는 생활지도부라는 부서가 없는 학교가 더러 있다. 비록 생활지도부는 없지만 오히려 학생들 간의 폭력이 거의 일어나지 않은 평화로운 학생생활문화를 유지하고 있다. 민주적 학교문화 속에서 학생들 간의 소통과 협력이 잘 이뤄질 때, 학생들 간의 갈등이 평화적으로 해소되고 자연스레 학교폭력 사안도 사라진다고 봐야 할 것이다. 훈계와 통제 중심의 기존의 생활지도 방식이 어떻게 바뀌어야 하는지 잘 보여주고 있다.

학생들의 시민의식이 학교를 평화롭게 만들고 있다고 설명할 수밖에 없다. 평화로운 학교를 꿈꾼다면 학교는 학생들을 올바른 민주시민으로 성장하도록 도와야 한다. 삼정과 마곡중학교에서 직접 겪은 평화로운 학교 풍경은 민주적인 학교문화의 중요성을 몇 번이나 거듭 말해도 지나치지 않다는 것을 보여준다.

인권이 살아 숨 쉬는 평화로운 학교

2018년 학생자치부장이던 나는 마곡중학교 학생회에 평화로운 학교문화를 만드는 데 학생회가 앞장서 줄 것을 제안했다. 다행히 학생들도 바로 공감하고 기꺼이 받아들였다. 이를 바탕으로 학생회 주관 인권·평화·자유 주간 행사를 학생회 중점사업으로 정하였다.

2017년의 학교 풍경은 그야말로 심란했다. 2015년, 2016년의 선배들이 너무나 힘들게 했기 때문에 이제는 좀 나아지겠지 싶었다. 하지만 조금도 나아지지가 않았다. 젖 먹던 힘까지 다 쏟아붓는데도 학생들이 좀처럼 좋아질 기미가 보이지 않으니 자괴감을 갖는 선생님들도 더러 보였다. 개교 첫해인 2015년과 그다음 해인 2016년은 그러려니 했는데, 2017년이 되어도 여전히 나아지지 않았다. 덩치는 산만한 녀석들이 복도든 어디든 열댓 명씩 몰려다니며 소리를 고래고래 지르질 않나, 사물함을 꽝! 꽝! 치지를 않나, 3학년 교실 복도 바로 옆에 붙어 있는 학생자치부실에 앉아있노라면 시끄러움을 넘어 불쾌하기까지 했다. 어쩌다 일어나는 일이 아니고 그냥 일상의 연속이었다.

기물 파괴도 학교 안과 밖을 가리지 않고 자주 발생하여 주민 신고도 빈번했다. 학교 화장실 천장 곳곳에 물먹은 화장지가 덕지덕지 붙어있었고, 풀린 화장지는 여기저기 널려 있었다. 지저분한 곳이 너무 많았다. 청소하시는 분이 너무나 힘들어하셨다. 소변기에 붙은 '전기 센서'도 남아나지 않았다. 수리해놓으면 또 부숴놓기 일쑤였다. 교권 침해도 적지 않게 일어났다. 힘이 약한 학생들을 괴롭히는 일도 다반사였다. 사정이 이러하니 어떤 선생님인들 자괴감을 갖지 않을 수 있겠나 싶었다. 이런 이유 때문에 학생회에 인권이 살아 숨 쉬는 평화로운 학교를 만들어 보자고 제안했던 것이었다. 마곡중학교 학생회는 고맙게도 이 제안을 기쁜 마음으로 받아들였다.

2018년의 학생회에는 매우 뛰어난 자질과 역량을 갖춘 학생들이 많았다. 새로 당선된 학생회장과 상당수의 부장들이 1학년 때부터 자유학기제 수업 중 민주주의를 위한 '토론반' 활동에 참여했었다. 2학년 때부터 자치활동기획단 활동을 하면서 민주주의 주간 행사를 주관하기도 했었다. 선관위 활동을 했으며 학교축제의 민주시민교육 부스를 직접 기획하고 운영하면서 민주학교를 몸소 체험하고 성장한 학생들이었다. 학교축제 기간 중 '제주 4·3항쟁'을 주제로 민주시민교육 부스 운영하였고, 이 활동은 제주도 지역 여러 신문에 크게 소개될 만큼 훌륭한 자질을 보여주기도 했다.

이들이 학생회의 주축이 되다 보니 학생회도 전과 전혀 다른 모습으로 변하기 시작했다. 물론 전 해에도 학생자치활동만큼은 정말 활발했지만, 학생들의 생활문화를 바꾸기에는 뭔가가 아쉬웠다. 그 아쉬움은 바로 '시민성'이었다. 학생회가 제대로 구실을 하려면 시민성을 함께 갖추어야 했다.

1·2학년 때부터 꾸준히 민주주의를 이해하고 실천하면서 '시민성'을 체득한 학생들이 학생회의 중심이 되어 학교 곳곳을 누비며 활약하기 시작했다. 전교생의 절반 가까운 학생들이 참가한 학생회가 적극적으로 움직이기 시작하니 어느 순간 변화가 일어났다. 민주주의 덕성을 갖춘 학생회의 리더십이 얼마나 중요한지 여실히 보여주었다. 선생님들도 칭찬과 격려를 아끼지 않았다. 학부모님들과 모든 교직원들은 이런 변화를 내심 반겼다. 점심시간에 식사를 하면서 농담 삼아 이런 말도 했다. 열일 하는 우리 학생회 녀석들에게 학교에

서 월급을 줘야 한다고.

2018년과 19년을 지나면서 학교가 얼마나 변하고 얼마나 평화로워졌는가는 웃음 가득한 선생님들과 학생들의 얼굴만 봐도 알 수 있었다. 민주적인 학교문화 속에서 민주시민의 덕성을 갖춘 학생회가 자리매김하게 되면 이런 큰 변화는 어쩌면 당연한 것일지도 모른다.

그렇다면 이와 같은 학생회의 민주주의의 덕성과 자질은 어디서 나온 것일까? 이는 마곡중학교의 민주적인 학교문화를 기반으로 한 수업을 통해서도 나오기도 하고, 창의체험학습이나 봉사활동 등의 정규교육과정에서도 나오며, 학생자치활동을 통해서도 나온다. 그간의 많은 어려움 속에서도 굴하지 않고 학생들을 존중해 주고 끈질기게 혁신을 이끌어 온 선생님들의 힘 또한 참으로 컸다. 그리고 늘 꿋꿋이 성원해 주신 학부모님들의 힘도 매우 컸다. 다들 감사할 따름이다.

학교 오는 것이 즐겁고 행복한 학생들

학생들의 자치활동을 지원하는 일이 쉽지만은 않지만 교사로서 이보다 보람 있고 행복했던 일도 없었다. 늘 밝고 활기찬 학생들, 학교 오는 것이 즐겁고 행복하다는 학생들을 만나는 것이 어찌 흔한 일이겠는가!

이제는 대학생이 된 삼정중학교 제자들과 만나 이런저런 대화를 나누면서 즐거운 시간을 보낸 적이 있었다. 2014년 학생회 활동을 했던 제자들이 중학교 시절이 정말 행복했었다고 입을 모아 말했다. 이런 말을 들을 수 있다는 것 자체가 얼마나 큰 행복인가! 이 행복한 경험을 삼정중학교와 마곡중학교에서 두 번씩이나 경험한 것은 교사로서 행운이고 보람이 아닐 수 없다. 아직도 잊지 못할 행복한 추억이 있다. 2013년 초여름이었을 것이다. 1박 2일 일정으로 학생회 임원들과 을왕리 해수욕장으로 임원수련회를 간 적이 있다. 을왕리에 도착해 짐을 풀고 해수욕장에서 신나게 물놀이를 했다. 배가 고플 때쯤 점심을 먹기 위해 숙소로 들어가는 길이었다. 뒤따라오던 민수가,

"선생님! 정말! 정말! 재미있어요."

라며 소리쳤다. 얼마나 재미있고 신났는지 얼굴 표정에 그대로 나타났다. 숙소에 도착할 때까지 멈추지 않고 열 번도 넘게 재밌고 행복하다며 온몸으로 말했다. 무더운 여름에 해수욕장으로 친구들과 놀러 왔으니 얼마나 신나고 행복하겠나 싶다가도 얼마나 좋으면 저럴까 하는 마음에 미소가 절로 일었다.

"선생님! 살면서 이렇게 신나고 행복한 적이 없었어요!"

라고까지 말하는데, 평범한 을왕리 해수욕장에 놀러 온 것이 이렇게까지 행복한 일인가 싶었다. 아무튼 교직생활 동안 우리 아이들 입에서 이렇게 행복하다는 얘기를 들은 적이 있었던가 싶어 마냥 흐뭇하기만 했다.

저녁에는 숙소에서 바비큐를 먹은 후, 회장 상호를 중심으로 빙 둘러앉아

회의를 시작했다. 방학 전에 개최할 예정인 학생회 주관 소(小)축제 계획을 세우기 위한 회의였다. 낮에 민수의 말이 생각나 물었다.

"너희들 정말 행복하니?"

한데, 내 물음이 끝나기도 전에 15명이 약속이나 한 듯, 모두가 한목소리로 소리쳤다.

"예! 너무너무 행복해요!"
"올해 졸업한다 생각하니 슬퍼요. 졸업하기 싫어요."

라고까지 말하는데 정말이지 생각도 못 해본 반응이었다. 그 어느 때보다 행복한 밤이었다.

삼정중학교 학생들, 특히 적극적으로 학생회 활동을 했던 학생들은 학교에 대한 자부심도 강했다. 학교에 오는 것이 행복하다고 하는 학생들이 많았다. 전학 가기 바쁜 학교에서 이젠 오히려 반대로 전학 오고 싶은 학교로 바뀐 것도 한 예일 것이다. 이런 일화도 있었다.

2학년 1학기가 끝날 즈음 경기도 일산으로 이사를 간 학생이 있었다. 중학교를 졸업하려면 아직 1년 반이나 남았으니 당연히 전학을 가야 마땅할 터인데 전학을 가지 않았다. 왜 전학을 안 가냐고 물었더니

"삼정중학교의 교육과정이 좋아서 전학 가기 싫어요!"

라고 말하는 것이 아닌가!

이 학생이 교육과정을 정말 알고 말했을지는 모르겠지만, 어쨌든 이 학생은 삼정중학교를 끝까지 다녀 졸업했다. 또한 은평구로 이사 가고도 전학을 가지 않은 학생도 있었다. 대림동에서 다닌 학생도 있었다. 모두 1시간 이상은 족히 더 걸린 거리인데 말이다. 2010년에 처음 삼정중학교에 부임했을 때

만 해도 도저히 상상할 수 없는 커다란 변화였다.

마곡중학교로 옮겨와서도 또 다른 변화를 지켜볼 수 있어서 참으로 행복했다. 십 년 가까이 이런 변화를 지켜보면서 중학생들은 정말 빠르게 성장한다는 것을 느꼈다. 키만 빨리 자라는 것이 아니다. 조건만 잘 갖추어주면 마음도 지혜도 이에 비례하여 정말 빨리 자란다. 아이들을 키우는 그 조건이 무엇인지 이제라도 진지하게 논의하여 찾아야만 한다. 학교에는 민주적인 학교문화가 반드시 필요하다. 선택이 아니라 기본인 것이다.

책임교육이 어떻게 가능한지 보여준 학교

2010년 서울에서도 마침내 진보교육감이 탄생하였다. 교육감의 일성은 책임교육이었다. "단 한 사람도 포기하지 않는 책임교육"을 실시하겠다는 의지를 피력했다. 하지만 작금의 우리 교육 현실을 볼 때 그게 가능이나 할지? 교육감의 일성은 현장 교사들이 지고 가야 할 짐이었지만, 사실 전혀 공감이 가지 않았다.

하지만 학생자치활동을 통해 성장한 학생들을 보고 있자니, 책임교육의 가능성이 조금씩 엿보이기 시작했다. 2014년 삼정중학교 학교 축제에서 있었던 일이다.

공연한마당에 한 아이가 무대에 올라와 신나게 춤을 추고 있었다. 학생회 임원 대부분이 백댄서로 출연해 그 아이의 무대를 빛냈고, 또 일부는 관중석을 돌면서 학생들의 호응을 이끌어냈다. 관중석의 학생들 또한 그 아이의 춤에 열렬히 호응했다. 선생님들은 이 모습에 감동해 눈물을 흘렸다. 학생들도 함께 눈물을 흘렸다.

선생님과 학생들은 왜 그렇게 감동을 받았던 걸까? 나는 무대에서 춤을 춘 학생이 사실 어떤 학생인지 처음엔 잘 알지 못했다. 몇몇 선생님들과 학생들의 입을 통해 전해 들은 사연을 듣고 나 또한 감동을 받지 않을 수 없었다. 그와 동시에 성훈이와 상담했던 예전 기억이 문득 떠올랐다.

삼정중학교는 축제를 10월에 개최한다. 1학기부터 축제준비위원회를 꾸려서 의견 모으기부터 계획서 작성, 준비, 진행, 평가에 이르는 모든 과정을 학생들 스스로 해내고 있다. 공연마당의 오디션도 학생회가 직접 모든 과정을 담당한다. 그러던 어느 날, 오디션을 준비하고 있던 성훈이가 나에게 심각한 표정으로 상담을 요청했다.

" ○○가 이번에 오디션에 참가했는데 어떻게 해야 할까요?"

이 학생을 잘 모르고 있는 터라 왜 그러냐고 되물었다. 그랬더니 '○○가 이번 공연 오디션에 참가한다고 하는데 ○○를 오디션에서 떨어뜨릴지 말지를 결정하는 문제로 일주일 이상 논란이 이어지고 있다.'는 것이었다.

준비위원들이 쉽게 결정하지 못한 이유는 작년에 전학 와서 친한 친구가 없는 ○○가 무대에 올라 춤을 출 때, 자칫 다른 학생들에게 조롱을 당하게 되면 어떡하나 하는 걱정이었다. 그렇다고 떨어뜨리면 작년에 이어 두 번이나 좌절을 겪는 거라 상심이 클게 뻔하다고 했다. 게다가 그 친구는 배려가 필요한 친구였다. 아이들은 심각하게 논의에 논의를 거쳤지만 쉽게 결론을 내지 못하고 있었다. 그럼에도 성훈이는 포기하지 않고 진지한 표정으로 아이들과 더 논의해보겠다고 했다.

나는 대체로 학생들과 이야기할 때 서로의 상황을 공유하고 의견들을 주고받지만 학생들이 결정해야 하는 것들은 학생들이 결정하게 놔두는 편이다. 나와 상담을 한 뒤로도 몇몇 선생님들과도 상담을 했던 것 같다. 그리고 얼마 되지 않아 결정을 내렸고 그 결정을 나에게 전해주었다. 오디션 심사위원 중 '이 문제는 결국 본인이 선택할 권리이지 우리가 막을 수 있는 것은 아니다.'라는 한 학생의 의견을 받아들여 결국 공연 무대에 그 아이가 서게 될 수 있었다.

축제를 준비하는 우리 학생들이 다른 사람의 마음까지도 세심하게 살필 줄도 알만큼 성장했구나 하는 생각이 들어 대견하기만 했다. 게다가 이어지는 아이들의 다음 이야기를 듣고는 더 큰 감동을 받았다. 그 아이를 무대에 올리기로 결정한 후, 공연 준비위원들의 고민이 여기서 끝난 것이 아니었기 때문이다.

준비위원들의 또 다른 고민은 '○○가 어떻게 하면 무대 위에서 상처를 입지 않고 자신의 끼를 최대한 발휘하게 할까?'로 바뀌어 있었다. 결국 내린 결정은 학생회 임원들이 함께 무대에 올라가 춤을 추는 것이었다. 또 일부는 학생들의 적극적인 호응을 끌어내기 위해 대책을 마련하고 있었다. 학생들은 이 계획에 대해 그 아이와 충분히 상의하여 허락을 받았다. 그리고 그 아이의 부모님께 그간의 사정 이야기를 들려주고 허락을 받아냈다고 한다. 축제 준비하는 그 바쁜 와중에도 임원들은 열과 성의를 다해 함께 춤 연습을 했다. 아이들의 예쁜 마음과 배려가 묻어나는 무대를 보고 있자니 어찌 감동의 눈물을 흘리지 않을 수 있겠는가!

당시 학생회장이었던 인지도 그 일이 인상적이었는지 잊지 않고 기억하고 있었다. 다음은 인지가 그때의 기억을 적은 글이다.

두 번째 일화는 2부 공연에 참가하고 싶은 친구 때문에 일어난 일이었어. 그 친구는 다른 친구들과 다르게 돌봄이 필요한 친구였지. 이 친구는 춤추는 걸 좋아했기 때문에 축제 공연에서 춤을 추고 싶다고 해서 공연 오디션을 봤는데 심사위원인 우리들은 어떻게 해야 할지 난감했었어.

하지만 그 친구의 즐거움을 뺏을 수도 없었고 또 우리 학교 학생들은 상처를 주지 않을 거라고 믿으면서 그 친구를 공연에 올렸지. 공연은 다행히 우리들의 믿음처럼 야유하는 학생들 없이 다른 학년 학생들도 그 친구를 응원을 해주기도 했고 호응도 많이 해주었어.

그 무대를 마치고 나서 그 친구가 정말로 너무 좋았다고 하더라고. 많은 선생님들도 그 공연을 보면서 그 친구를 응원하셨고 눈물까지 흘리신 선생님도 있을 정도로 우리 학교에서만 볼 수 있는 정말 대단한 공연이었지.

(2014년 삼정중학교 학생회장 유인지)

이런 흐름은 졸업식에서도 볼 수 있었다. 졸업식 식전 문화행사에서 반별 공연 마당이 펼쳐지는데 이전까지는 무슨 일을 하면 앞에 나서지 못하고 뒤에 숨기 바빴던 아이들이 맨 앞에 나서서 맘껏 춤을 추는 것이었다. 그 반의 다른 학생들도 이 아이들을 도와 장단에 맞춰 함께 춤을 춰주었다. 평소 조용하던 이 학생들이 맘껏 자기 끼를 발산할 수 있도록 함께 응원하는 것이었다. 이런 모습들을 지켜보는 교사와 학부모들은 졸업식 문화가 매년 달라지고 있음을 느끼게 했다. 정말 학교가 변하고 있다는 것을 실감하게 됐다.

'삼정중학교 학생들은 전교 일등도 행복하고, 전교 꼴찌도 행복하다.' 2015 학생회장단이 '서울교육'과 한 인터뷰에서 한 말이다. 서울형 혁신학교의 슬로건은 '한 명도 포기하지 않고 책임지는 학교'였다. 이것이 과연 어떻게 가능할까? 늘 회의심을 품었는데 바로 이런 학생들의 모습에서 실현 가능성을 찾게 되었다.

마곡중학교에서도 그 가능성을 볼 수 있었다. 민주적인 학교문화가 학생들 스스로 성장하게 하고 책임교육이 가능한 학교로 바뀔 수 있다는 믿음이 곳곳에서 샘솟고 있다. 물론 가능성을 보았다고 해서 그냥 되는 일은 없다. 나의 정성과 열정을 쏟아부을 가치를 느끼는 것만으로도 행복하다. 결국 민주주의가, 민주시민이 학교를 바꿀 것이다.

이런 일은 교육감의 말로 되는 것도 아니다. 선생님들이 단순히 열심히 잘 가르쳐서 되는 일도 아니다. 제대로 된 시민의식을 갖춘 학생들 스스로가 할 수 있는 일이다. 학생들의 시민의식을 기르기 위해서는 교사들부터 민주적인 문화를 가지고 있어야 한다. 학생들이 학교의 시민으로 살아갈 수 있도록 민주적인 학교문화를 만드는 데 늘 힘써야 한다. 민주적인 학교문화가 이루어지지 않는다면 이런 일은 결코 일어나지 않을 것이기에.

학생을 민주시민으로 성장하게 하는 학교

마곡중학교 학생자치활동을 지원하면서 우리 학생들이 하루가 다르게 시민으로 성장하고 있구나 하는 느낌을 받곤 했다. 그럴 때면 정말 행복하고 교사로서 보람을 느꼈다. 이런 보람과 행복은 누구 개인의 것이 아니고 우리 모두의 것이다. 우리 모두가 함께 만들어 온 우리들의 작은 세상이니까.

마곡중학교의 학생들은 일이 생기면 자기들끼리 모여 앉아 충분히 논의하고 민주적으로 결정한다. 물론 아직 미숙한 점이 많기 때문에 그 결정이 반드시 옳다거나 좋았다고만 할 수는 없다. 하지만 아무리 미숙하다 해도 학생들이 충분한 논의를 통해 뭔가를 결정했다면 그것은 그것대로 존중해 주려 노력했다.

때로 학생회와 교사들 간에 격한 논쟁이 벌어지기도 했다. 특히 학생들의 초미의 관심사인 구기대회 M-리그를 풀리그로 할 것인지 토너먼트로 할 것인지를 놓고 설전을 벌인 적이 있다. 학생들은 서명운동을 하겠다며 협박을 하기도 했다. 학사일정에 없는 체육대회 개최 건을 놓고도 논쟁이 벌어졌다. 대체로 학생들의 결정을 존중해 주는 편이지만 교사와 학생들 간의 의견이 좀처럼 좁혀지지 않은 경우도 있었다. 그렇게 논쟁이 격해지면서 타협안을 찾을 때도 있었다. 자기결정권을 존중하는 이러한 학생자치활동은 결국 학생들을 시민으로 성장시키는 가장 큰 힘이 되었다.

학생들의 자기결정권이 존중되는 민주적인 학교문화는 학생들을 권리뿐 아니라 의무도 다 할 줄 아는 책임감 높은 사람으로 성장하게 만든다. 마곡중학교에서는 인권·평화·통일 주간 행사, 학교축제, 민주주의주간 행사, 선거 등 다양한 형태의 학생회 주관 행사들을 개최하는데, 이 행사들을 지켜보고 있으면 학생들의 책임감이 얼마나 강한지 바로 느낄 수 있다. 선거를 위한 공개토론회 장면 하나를 소개하면 이해하는데 도움이 될 것이다.

　선거를 위한 공개토론회를 오전부터 준비해야 하는 날이었다. 마이크 설치 및 영상 촬영 준비는 되었는지, 전교생이 앉아 있을 의자는 잘 배치되었는지, 이런저런 걱정이 돼 평소보다 일찍 출근하여 서둘러 학교 강당으로 갔다. 그런데 웬걸, 선거관리위원들이 나보다 먼저 아침 일찍부터 나와 의자 배치 등 모든 준비를 다 끝낸 뒤였다. 그 결과 2시간 이상 진행한 공개토론회도 선관위 주관으로 훌륭하게 마칠 수 있었다. 아이들이 대견하기만 했다. 실제 마곡중학교 선거 준비과정이나 공개토론회 등 민주적 선거문화는 이미 인근의 많은 학교에 알려져 벤치마킹되고 있다.

　마곡중학교는 일상적인 토론문화가 일찍이 자리 잡았다. 학생회에 토론기획부가 있어서 대의원회의나 학급회의 활성화를 통해 전교생의 의견을 반영하고 있다. 전교생의 적극적인 참여를 이끌어내기 위해 여러모로 노력하고 있다. 문제가 생길 때면 학생들은 서로 소통하고 협력하여 해결하는 평화적인 문제해결 능력까지 갖추고 있다. 마곡중학교 학생들은 민주적 학교문화 속에서 민주시민으로 하루하루 성장하고 있다.

민주시민으로 성장하는
삼정중학교 학생들의 이야기

자신이 주권자임을 자각한 학생들

삼정중학교 자치활동의 가장 중요한 특징은 학생들의 자기결정권에 의한 주권자 교육이었다. 자신들이 주권자임을 자각한 학생들이 만들어낸 모습은 그동안 상상조차 할 수 없었던 큰 변화를 만들어냈다. 청소년기에는 자율성에 대한 욕구에서 행동이 유발되므로 십 대들의 자율성을 존중하고 격려할 필요가 있다고 전문가들은 말한다. 그렇게 자율성을 존중해 준 결과 삼정중학교 학생들은 학교의 주인은 학생이라 생각하게 됐으며 학교에 대한 자부심 또한 드높아졌다.

삼정중학교 학생들의 자치활동이 교사들로부터 전폭적인 지지를 받게 된 계기는 2013년 학교축제였다. 물론 이전에도 계획서 작성부터 준비, 진행 및 평가까지 모든 과정을 학생들 스스로 해내는 모습을 보고 대견스럽게 생각하는 교사들도 적지 않았지만, 13년 학교축제 후에 일어난 일로 학생들의 자기결정권에 의한 자치활동이 모든 교직원들에게 뚜렷이 각인되어 전폭적인 지지를 얻게 됐다. 다음에 오는 이야기는 자치에 꽃이 피었다고 말할 수 있는 2013년 삼정중학교 학교축제 후에 일어난 일이다.

학교축제는 금요일 오전 10시부터 오후 7시까지 1,2,3부로 나누어 진행되었다. 500여 명이 참여하는 학교축제를 온전히 학생들의 힘만으로 3부까지 진행한다는 것 자체가 쉽지 않은 일이었다. 그럼에도 학생들은 조금도 힘들다는 내색도 하지 않고 적극적으로 준비하고 행동했다. 어디서 그런 힘이 나오는지? 아마도 그 원동력은 누가 시켜서 한 일이 아니고 스스로 자신들이 좋아서 하는 일이었기에 가능했을 것이다.

축제가 끝나고 학생들은 파김치가 됐다. 모든 교실과 특별실은 체험마당 부스로 사용되었으니 교실은 교실대로 엉망이었다. 운동장이며 어디고 할 것 없이 그날 사용했던 용품들이 이리저리 널브러져 있었다.

사정이 이러니 참 막막하기만 했다. 물론 학생회 주관 행사를 하고 나면 학생들 스스로 뒷정리를 하곤 했다. 하지만 축제 뒷정리까지 다 하리라고는 생각지도 못했다. 오전 9시부터 오후 7시까지 진행된 축제 때문에 너무나 힘들었을 학생들에게 뒷정리까지 기대하는 건 사실 무리다. 월요일에 다시 등교해서 오전 대청소를 하고 수업을 시작해야겠다고 생각했다. 그런데 축제 이틀 후인 일요일에 학생회장인 상호에게서 전화가 왔다.

"우리가 토요일에 축제 뒷정리를 하려고 했는데, 너무 힘들어서 하지 못했습니다. 그래서 오늘 학생들이 나와서 뒷정리를 하고 있습니다."

나 또한 축제 준비 동안 쌓인 피로 때문에 일요일까지도 몸이 무거운 상태였다. 그렇다고 그냥 있을 수는 없는 일이었다. 고생하는 학생들에게 짜장면이라도 사줘야겠다는 생각이 들어 부랴부랴 학교로 나갔다. 그런데 이럴 수가! 많아야 십여 명일 줄 알았는데 100여 명이 넘는 학생들이 나와서 학교 청소를 하고 있는 것이 아닌가! 정말 감동적인 장면이 아닐 수 없었다. 점심때쯤 이르자 어느 정도 정리가 되었고 많은 학생들은 집으로 돌아갔다. 점심으로 짜장면을 먹고 난 후에도 해 질 무렵까지 수십 명의 학생들이 남아 끝까지 뒤처리를 하고 귀가했다.

이런 사실을 꿈에도 모를 선생님들은 월요일 학교에 오며 우리 교실 청소를 어떻게 할까 고민하고 왔을 것이다. 그런데 이게 무슨 일? 언제 무엇을 했냐는 듯 깨끗하게 정돈된 교실! 놀란 선생님들의 메시지가 수없이 날아들어 왔다.

"몇 십 년을 근무했지만 이런 일은 처음이에요!"

"기적 같아요!"

"삼정중학교에 학생자치의 꽃이 피었어요!"

나 또한 이런 아이들의 행동을 어떻게 해석해야 할지 몰랐다. '주인의식'이라는 말밖에 달리 표현할 말이 없었다. 삼정중학교 학생들은 "학교의 주인은 학생이다"라고 말하곤 하는데 이는 빈말이 아니었다. 어느새 학생들이 학교의 주권자로 성장한 것이다. 당시 부회장(2학년)이었던 유인지가 이를 기억하고 이날의 일을 회상하며 글을 남겼다.

> 축제는 금요일 날 하였고 다음 주 월요일이면 다시 수업을 해야 했기 때문에 주말에 나와서 청소를 해야 했어. 주말에 학교 나와서 청소하자고 하면 과연 어떤 학생들이 나와서 청소를 해줄까? 참 나오는 애들이 대단한 거지. 그런데 우리 학교는 주말인데도 불구하고 학년 구분 없이 시간 되는 학생들이 많이 와 주었어. 학원 때문에 시간이 안 됐던 친구들은 학원이 끝나고서 늦게라도 와주었지.
> 축제를 준비하고 축제를 진행하고 축제를 정리하면서 하나부터 끝까지 다 학생들 스스로 참여해서 한다는 것이 학교에서 진짜로 바라고 있는 자기주도적인 학생들의 모습이 아닐까라는 생각을 해.
>
> (2013년 삼정중학교 학생회 부회장 유인지)

이런 책임감은 어디서 나오는 것일까?

2014년의 삼정중학교 학생회는 더욱 놀라운 성장을 보여주었다. 2014년 학생회는 존중, 자율, 연대 등 모든 면에서 뚜렷한 변화를 보였다. 이 학생들만큼 민주시민의 덕성을 잘 보여준 경우도 드물 것이다. 그 해 학생회 임원들은 하나같이 역량이 뛰어났으며 서로 화합이 잘 되었다. 그로 인해 삼정의 자치 활동은 더욱 왕성해졌고 감동적인 일화도 많이 남겼다. 당시 학생회장이었던 유인지의 일화를 소개한다. 인지가 보여준 책임감은 잊을 수가 없다.

인지는 2학년 때부터 부회장으로서 선배들과 함께 학생회 행사들을 진행한 경험이 많았다. 부장회의와 대의원회의 기록을 맡아 정말 꼼꼼하게 정리를 잘하는 학생이었다. 여기에 친화력도 좋고 책임감도 강해 친구들은 물론 선배들에게도 인정을 받아 다음 해 학생회장으로 당선되었다. 인지는 학교축제 집행위원장으로서 축제를 누구보다 열심히 준비했다. 축구와 농구도 무척 좋아했던 인지가 학교축제가 얼마 남지 않은 시점에 축구를 하다 다쳐 팔에 깁스를 하게 되었다. 시간이 흘러 이제 깁스를 푸나 했는데, 축제 전날 체육시간에 농구를 하다 또다시 손을 다쳤다. 그럼에도 인지는 손에 붕대를 칭칭 감은 채로 친구들과 축제 최종 점검하느라 분주하게 돌아다녔다.

축제도 축제지만 다친 손부터 치료해야 될 것 같아 병원에 가자고 해도 한사코 가지 않고 끝까지 남아 모든 과정을 점검하고 나서야 집으로 갔다. 다음 날인 축제 당일에도 병원에 가지 않고 아침 일찍부터 나와서 손에 붕대를 감은 채 축제 준비를 지휘하고 있었다. 다른 친구들에게 맡기고 병원에 같이 가자고 해도 끝내 자기가 있어야 한다면서 가지 않았다. 2부 공연마당이 끝날 무렵인 오후 3~4시쯤 되어 비로소 긴장이 풀렸는지 손이 너무 아프다며 병원에 가자고 했다.

병원에 가서 엑스레이를 찍어 보니 손가락 마디 뼈가 부서져 몇 조각이 삐져나온 상태였다. 이 사진을 보던 의사 선생님은

"너, 이 지경인데 어떻게 참고 있었니?"

라며 놀라워했다. 수술을 해야 하니 1시간을 기다리라고 했다. 그런데 그 사이를 못 참고 자기가 있어야 야간 축제를 차질 없이 준비할 수 있다며 또다시 학교를 가겠다며 졸랐다.

"선생님 제가 가야 해요. 야간 축제 준비는 내가 없으면 어려워요. 내가 가서 잠깐만 봐주면 되니까 같이 갔다 와요"

말렸지만 기어코 가야 한다고 해서 어쩔 수 없이 학교로 다시 돌아갔다.

인지는 학교로 가는 차 안에서도 친구들과 전화 통화하며 뭔가를 끊임없이 상의했다. 그리고 학교로 돌아가 이런저런 점검을 마치고 난 후에야 다시 병원으로 돌아가 수술을 받을 수 있었다. 어디서 이런 책임감이 나오는지, 그저 인지가 대견하기만 했다.

인지가 당시를 회상하면서 적은 글 중의 일부이다.

다른 학교에서는 축제를 하면 대부분 선생님들이 예산도 짜시고 계획도 세우잖아. 우리는 예산도 우리가 짜고 물품도 우리가 직접 조사하고 활동계획서도 우리가 직접 만들었어. 운동장에 공연장을 설치해 주는 업체를 찾는 것도 학생들이 다 했고, 학교 행사를 하니 혹시 야간에 시끄러울 수 있다고 학교 주변 아파트에 미리 양해를 구하는 것도 학생들이 직접 찾아가서 부탁드렸었지.

학교 행사를 생각하면 가장 크게 생각나는 일화가 세 가지 있어.

첫 번째 일화는 축제 전날 체육시간에 운동하다가 손을 다쳤는데 행사 준비 때문에 그날 바로 병원에 못 가고 밤늦게까지 학교에 남아서 친구들과 행사준비를 해야 했어.

축제 당일 2부 공연까지 마치고 손이 너무 아파서 병원에 갔던 사건이야. 의사선생님이 손가락이 충격을 받아서 뼈가 떨어져 나왔는데 어떻게 그 고통을 참았냐고 물어보셨는데 그때는 학교 축제준비를 해야 한다는 마음에 아픈 것도 잊고 있었나 봐. 2부 공연까지 끝내고 나서야 마음의 짐이 줄어들어서 아픔이 찾아왔던 거지.

(2014년 삼정중학교 학생회장 유인지)

자율과 연대로 평화로운 공동체를 만들어낸 학생들

삼정중학교에는 선도부가 없다. 선도부 대신에 '자치부'가 그 역할을 대신하고 있다. 지도나 선도 형식보다는 자율과 책임의식으로 학생들 스스로 민주적인 생활문화를 만들어 냈을 때 효과가 훨씬 컸다. 학생들은 실제 경험을 통해 이를 잘 알고 있었다.

삼정중학교 3주체인 교사, 학생, 학부모가 함께 참여하여 공개토론회를 열고 서로 협상하고 논쟁하면서 학생생활규정을 개정한 적이 있었다. 학교 규정을 결정할 때 휴대폰 규정 등 많은 논란이 있었지만 상호 존중을 바탕으로 교사, 학부모와 치열한 토론과 논쟁을 거쳐 자율적으로 정하였다. 이렇게 상호 존중을 바탕으로 정해진 삼정중학교의 규정은 비록 자신의 뜻에 반하더라도 그것을 반드시 준수해야 한다는 일종의 연대의식이 있었다.

하지만 모든 학생들이 규정을 바르게 준수하지는 못했다. 그래서 초기에는 이에 대해 강력히 항의하는 교사도 있었다. 2014년에 이르러 학생들의 자치활동은 물이 오를 대로 올라있는 상태라 한두 선생님의 힘만으로 어쩌지 못하고 학생회가 이를 해결해 줄 것을 요구한 적이 있었다. 그런데 민주적인 문화가 자리 잡은 학교에선 학생회라고 마음대로 할 수 있는 것은 아니었다. 학생회가 통제를 시작하자 학생들은 즉각적으로 저항했다. 학생회는 다시 이 문제를 해결하기 위해 희망하는 모든 학생이 참여할 수 있도록 전교생에게 공지하여 토론회를 개최하였다. 곧 수십 명의 학생들이 모여 학생회 임원들과 치열한 토론을 거친 끝에 학생들의 자율성을 보장하고 인권을 존중하여 더 이상의 통제를 하지 않기로 결정했다. 다음은 2014학년도 학생회 자치부장을 맡았던 현준이가 당시에 느꼈던 생각을 적은 글이다.

> 학생들에게 자율적으로 맡기는 것 중 하나가 '선도'였다. 학생들이 자율적으로 규칙을 정한다는 것이 큰 특징이다. 학생들이 자율적으로 규칙을 정하기 때문에 규칙에 대한 반발심도 적으며, 규칙을 지켜야 한다는 생각과 함께 자유로운 느낌이 들게 되어 더 잘 지키게 되는 효과가 있다. 실제로 삼정중학교는 재학 당시 선도위원회 징계기록이 거의 없을 정도로 학생들끼리 문제를 잘 해결해 내는 학교였다.
>
> '자치부'는 절대 강제로 학생들을 선도하지 않는다. 자치 부원으로 학생들의 신발, 복장, 화장, 급식실 질서유지 등 다양한 사항에 강제성을 최소화하며 일하기 위해 노력했다. 화장이나 복장의 경우 학생들의 의견을 수렴하는 토론회와 공청회를 개최하여 개선하려 했다. 학교가 학교다워야 한다는 선생님들이나 일부 학생들은 이런 학교의 방침에 불만을 토로하기도 하였으나 대부분의 학생들은 만족했다. 나도 그런 학생들 중 한 명이었다. 다른 학생들이 나아가기를 원하는 방향과 달라서 갈등을 겪기도 했다. 그래도 학생들과의 토의를 통해 잘 해결할 수 있었다.
>
> (2014년 삼정중학교 학생회 자치부장 이현준)

당시 현준이는 꽤 모범생이었다. 흔히 말하는 '엄친아'였다. 그래서 더 힘들었을 것이다. 그럼에도 늘 학생들과 토론하며 집단지성을 발휘해 문제를 평화적으로 잘 해결해나갔다. 학생들 또한 자율적인 문화 속에서 자신들의 직접적인 이해관계에 대한 토론을 하다 보면 다른 입장들도 다양하게 듣게 된다. 이런 과정들이 반복되다 보면 서로의 입장이 바뀌는 경험도 하게 된다. 역지사지할 수 있는 환경이 만들어지는 것이다. 이런 경험들이 쌓이다 보면 자율적으로 정한 공동의 규칙만큼은 함께 지켜야 한다는 연대의식이 생겨 학교는 한층 더 평화로워질 것이다. 삼정중학교에서의 평화로운 공동체는 우연히 만들어진 것이 아니다. 학생들 사이에서 알게 모르게 생겨난 연대의식이 작용했을 것이 분명하다. 다음 글은 내성적이던 현준이가 친구들과 활발하게 잘 지내게 되었던 경험을 적은 것이다.

> 삼정중학교에서 가장 큰 도움이 되었던 것은 성격과 인성과 관련된 부분이다. 혁신학교 수업을 통해 학생들 앞에서 발표를 하는 것과 모둠원들과 의견 교환하는 것에 익숙해졌다. 고등학교에 진학해서 토론을 하는데 도움이 되었으며, 내성적인 성격을 일부 극복하는 데도 도움이 되었다. 학생회 활동을 통해 다양한 의견을 주고받다보니 남의 의견을 듣는 것이 중요하다는 것을 깨닫게 되어 교우들과의 관계를 유지하는데 큰 도움이 되었다. 다른 사람의 의견을 생각하는 것이 익숙해져 다른 사람을 많이 생각하게 되고, 행동도 조심하게 되는 긍정적인 효과가 있었다. 자율적으로 행사를 기획하고 개최했던 경험들은 고등학교에서 비슷한 일을 원활하게 진행할 수 있는 원동력으로 작용했다.
>
> (2014년 삼정중학교 학생회 자치부장 이현준)

개개인들의 생각들을 모아 공동의 질서로 만들 수 있는 학생들

2015년 학생회장이었던 영민이는 삼정중학교는 자치활동이 가장 큰 특징이며 이는 자신의 삶에 좋은 영향을 미쳤다고 회상했다. 중학교의 자치활동 경험 덕분에 고등학교 학급회장이 되었을 때, 학급회의 시간 친구들과 소통하는 장을 자연스럽게 만들 수 있었다고 했다. 중학교 때의 경험을 바탕으로 활발하게 토론을 이끌며 학급 규칙을 능숙하게 도출해낼 수 있었다고 했다. 공정하게 정한 학급규칙 덕분에 학급이라는 작은 사회의 질서가 금세 자리잡을 수 있었다며 기뻐했다. 다음 글은 2015년 학생회장이 고등학교 3학년 때 학급규칙을 만들어 실천했을 때의 일을 회상하면서 적은 글이다.

> 우선 학생자치가 가장 많이 생각난다.
>
> 삼정중학교에서 많은 학생들을 이끌었던 기억은 고등학교에서도 발휘되었다. (학급)회장에 당선이 된 후 시험기간이 다가올수록 예민해지는 친구들과 교실 내에서 시끄럽게 떠드는 친구들에게 불만을 갖는 친구들이 보였다. 불만을 입 밖으로 꺼내지 않은 채 참는 소극적인 친구들 모습도 보았다.
>
> 나는 이를 해결하고자 불만사항을 개인적인 쪽지로 받아 본격적인 시험기간에 들어가기 전에 전체적인 학급회의를 열었다. 모든 친구들이 학급회의에 참여했다. 친구들은 1·2학년 때의 경험을 바탕으로 학급에서 불편했던 점들에 대한 의견을 내고 함께 토론했다. 이를 통해 학급 친구들 모두가 합의한 규칙을 만들었다. 또한 시험기간 때의 주의사항들을 미리 설정하고 각 문제점들에 대한 해결방안들을 정했으며 규칙을 어겼을 때의 제재 방법도 정하여 더욱 체계적으로 학급을 운영할 수 있었다.
>
> 모두가 합의한 규칙을 지키는 것은 순조롭게 진행되었다. 특히 많은 친구들이 예민해지는 시험기간에 평소보다 쾌적하게 공부할 수 있었다고 말해 주었다. 개인의 생각들을 모아 공동의 질서로 만들 수 있는 힘이 나에게 있다는 생각이 들어 굉장히 뿌듯했다. 이렇게 행동할 수 있었던 근본적인 바탕은 모두 삼정중학교에서 배운 학생자치의 영향이 컸다.
>
> (2015년 삼정중학교 학생회장 김영민)

삼정중학교 졸업생들과의 만남

삼정중학교를 졸업한 학생들은 자신들의 학교를 어떻게 기억하고 있을까? 그리고 어떻게 성장했을까?

삼정중학교 졸업생들의 소식은 간간이 전해 듣고 있었다. 특히 2013년과

2014년 삼정중학교에서 학생회 활동을 했던 학생들은 잊지 못할 많은 추억을 남겨준 학생들로 문득문득 생각이 나곤 했다. 특히 2014년에 활동했던 학생들은 정말 대단했었다. 이 학생들이 고등학교 1학년 때인 2015년에 만난 적이 있었는데 그 뒤로도 간간이 연락을 하고 지냈다.

삼정중학교 졸업생들이 많이 가는 인근 고등학교에서는 타 학교 출신 학생들이 삼정 출신 학생들을 매우 부러워했다고 한다. "너희들은 어쩜 그렇게 친하게 지낼 수 있니?"라며 남녀 구분 없이 '성'을 떼고 이름을 부르는 것에도 의아해했다고 한다. 3년 동안 교실을 비롯한 학교 곳곳에서 이루어진 소통과 협력의 경험을 생각하면 너무나 자연스러운 현상이었을 것이다.

졸업생들은 고등학교에서도 학생회 활동에 적극 참여하고 있었다. 2014년 졸업생 중에는 학생회장으로 당선된 학생들도 5명이나 되었다. 그 외에도 학생회 임원으로 활동한 학생들도 정말 많았다는 이야기를 들었다.

이 학생들을 졸업한 지 4년이 지나 2019년 봄에 다시 만났었다. 아주 훌륭하게 성장한 졸업생들을 보니 참으로 반갑고 대견스러웠다. 옛 추억을 떠올리며 이런저런 이야기들을 나누는데 오랜만에 만난 자리라 친구들의 근황에 대한 이야기가 많이 오고 갔다. 원하는 대학에 진학하기 위해 재수를 하는 학생들도 있었지만 대부분 어엿한 대학생이 되어 있었다. 대학 진학을 목표로 교육하는 것은 아니었지만 주변에서 우려했던 것과는 달리 삼정중학교 졸업생들이 고등학교에 가서도 학생회 활동뿐만 아니라 학습 면에서도 매우 뛰어난 모습을 보여주고 있음을 확인할 수 있는 자리였다. 일부 보수단체나 언론에서 혁신학교를 폄훼하는 말들이 많은데, 그러한 폄훼가 얼마나 왜곡된 것인지 여실히 느낄 수 있었다.

그해 가을, 삼정중학교의 염영하, 박진교 선생님과 함께 이 제자들과 다시 만나 치맥을 함께 했다. 삼정중학교 시절의 추억을 떠올리며 행복했던 중학교 시절로 돌아가 많은 이야기들을 나누었다. 다음은 염영하 선생님께서 그

때 나눈 대화들 중, 핵심만 정리한 것인데 졸업생들에게 삼정중학교는 어떤 학교로 기억되고 있는지 잘 보여주는 대화 내용이다.

> ### 2014학년도 졸업생이 얘기하는 삼정중학교는?
>
> ● 이상적인 학교. 학생들이 누가 시키는 걸 하는 게 아니라 직접 하고 싶은 걸 해 나가도록 해줘요. (윤준기)
>
> ● 어른을 일찍 만들어 준 학교. 스스로 선택하고 그 선택에 책임을 져요. (오승일)
>
> ● 살면서 협동을 제일 많이 한 학교. 협동을 하면서 리더십을 키워 고등학교, 대학교 가서도 학생회 일하는 친구 많아요. (유인지)
>
> ● 다양성을 존중하는 학교. 인간을 만드는 교육을 하는 학교. 공부할 사람 공부하게 하고, 축제 등 참여할 사람은 참여하게 하고, 쉴 사람 쉬게 하고, 실수해도 괜찮은 분위기이고, 서로에게 장단점을 배워요. 많은 일을 했는데, 지금 생각하면 '그걸 우리한테 하게 해줬어?' 믿기지가 않아요. (이성훈)
>
> ● 소심한 성격을 바꿔준 학교. 싫은 걸 싫다고 말할 수 있고, 내 주장을 말할 수 있고, 뭔가 하기를 머뭇거리는 게 아니라 해 보고 후회하자로 바뀌었어요. (이성훈)
>
> ● 좋았던 기억만 있는 학교. 중학교 때는 드라마나 웹툰에서 그리는 빵셔틀이나 애들 괴롭히는 게 지어낸 얘기인 줄 알았어요. (이채민)
>
> ● 모두가 함께 가는 꿈의 학교. 최대 다수가 만족할 수 있는 학교. 현실에 없는 꿈 같은 학교이자 꿈을 꿀 수 있는 학교. (이현준)

민주적인 학교문화 속에 자기결정권을 가지며 자치활동을 경험한 학생들은 여느 청소년들과는 많이 달랐다. 자율과 책임의식이 커졌고, 자신의 권리뿐 아니라 타인의 권리에도 관심 갖는 인권의식도 갖추게 되었다. 존중하고 배려하는 마음으로 소통하고 협력함으로써 성숙한 시민의식을 보여주었다.

자치활동에 적극 참여하면서 참여의 중요성을 알게 되었다. 일상적인 토론문화 속에서 성장하면서 참여민주주의와 숙의민주주의에 익숙해졌다. 문제가 생기면 집단지성으로 지혜를 모아 문제를 해결하는 평화적 문제해결 능력을 갖췄다. 함께 하지 않으면 안 된다는 연대의 중요성을 깨달은 사람이 되었다. 자율·존중·연대의 정신으로 평화롭고 행복한 학교문화를 만들어 성숙한 민주시민으로 성장한 학생들을 만날 수 있었다.

한국경제

삼정중학교, 학생이 규율 만들고 예산집행…學暴 '제로'

학교 혁신현장을 가다 – '학생자치 3년' 서울 강서구 삼정중학교

2014.12.23 03:54

학생회가 학교생활 주도
전교생 3분의 1이 임원 맡아
특별활동·축제 등 직접 운영
문제학교가 모범학교로
자율적 판단이 책임감 키워
징계 '뚝'…학업성취도는 '쑥'

이달 초 서울 방화동 국제청소년센터 회의실에서 인근 삼정중학교 학생회 임원 30여명이 밤 9시가 넘은 시간까지 회의를 하고 있었다. 올해 학생회의 각종 사업에 대한 평가와 내년 사업계획을 논의하는 워크숍 자리다. 브리핑에 나선 한 학생은 파워포인트 자료를 통해 올해 축제에서 쓴 예산 내역은 물론 당초 계획 이행도를 자체 평가했다.

이 학교 자치활동을 지도하는 김승규 교사는 "학생회 활동은 거의 100% 학생 주도로 이뤄지고 교사는 조언하는 수준"이라며 "학생회 임원들은 1년 네 차례 워크숍을 통해 학생회 운영에 관한 전반적인 사안을 점검하고 관리한다"고 말했다.

삼정중 학생회 임원은 150여명이다. 전교생(456명) 세 명 중 한 명이 학생회 임원인 셈이다. 학생회 임원이 많은 이유는 수업을 제외한 △생활규율 제정 △축제, 수련회 등 학교 행사 준비 △에너지 절약 캠페인 △특별활동 등 거의 모든 학교생활을 학생회가 주도하기 때문이다.

학생회가 연간 자체적으로 집행할 수 있는 예산도 약 2000만원에 달한다. 학생회의 분과별 임원이 모여서 회의를 통해 결정한 사안들은 교사나 학생도 100% 수용한다. 김 교사는 "교사가 시켜서 하는 일은 없다"며 "학생들이 학교 운영의 한 축을 담당하는 것"이라고 설명했다.

이 학교에서 학생 자치가 본격적으로 시행된 것은 2012년부터다. '불량 학생이 많고 공부 못하는 학교'로 '교사들이 오기 꺼리는 학교'에 2011년 부임한 학생주임 김 교사는 "학교에 오는 이유를 모르겠다"는 한 문제학생의 이야기를 듣고 학생들에게 학교에서 자신의 역할을 줘야겠다고 결심했다. 학부모와 교사들을 설득해 학생의 자율적 판단을 존중해주는 학생 자치를 시작했다. 통제 불능이 될 것이라는 생각은 기우였다. 학생들은 빠르게 긍정적으로 변했다. 5년 전만 해도 약 190건씩 이뤄지던 학생 징계는 올해 세 건으로 줄었고 서울시 내에서 꼴찌던 학업 성취도도 중간 수준까지 올랐다.

학생회장인 유인지 학생은 "우리 학교에는 '일진'이 없고 따돌림, 학교폭력이 없다"며 "다른 학교에서 '왕따'였던 친구가 얼마 전 전학을 왔는데 정말 학교가 좋다고 하더라"고 말했다. 학생들의 변화에 대해 김 교사는 "학생회에서 역할을 맡으면서 책임감과 자신의 존재 이유가 생겼고 이것이 학생들의 행동을 바꿔 놓았다고 생각한다"고 "학생회의 한 간부는 축제기간 중 손가락이 부러졌지만 행사가 끝날 때까지 병원에 가지 않고 자기 임무를 다했다"고 전했다.

삼정중 학생회는 이제는 학교 운영에도 적극 참여하고 있다. 올 10월 금요일 밤에 축제가 끝나자 학생 100여명이 자발적으로 토요일에 학교에 나와 청소를 했다.

학생회 주도로 '삼정절전소'라는 기구를 만들어 에너지 절약도 시행 중이다. 빈 교실이나 화장실 불끄기 등을 통해 작년 대비 올해 전기요금을 약 25.3% 줄였다. 한 학생회 간부는 "공부를 못해도 학교에 나오는 것이 즐겁다"고 말했다. 김 교사는 "학생들이 행복하고 다니고 싶은 학교를 만들어야 교사들도 행복해진다"고 강조했다.

임기훈 기자 shagger@hankyung.com

【 민주시민으로 성장하는 】
마곡중학교 학생들의 이야기

토론을 즐기고 발표도 잘하는 학생들

　민주적인 토론문화에 익숙한 학생들은 자신의 의견을 주저 없이 표현할 줄 안다. 그래서 대중들 앞에서도 두려움 없이 발표를 곧잘 한다. 2019년 12월 초였다. 강서혁신교육지구 성과 보고회에서 마곡중학교 남학생회장이자 강서연합 대표인 박병선이 강서연합 활동에 대해 발표하였다. 정말 차분하고 일목요연하게 발표를 잘했다. 중학생인데 저렇게 설명을 잘하나 싶어 모두가 감탄했다. 뒤이어 초등학교 선생님께서 발표를 시작하기 전 한 마디 하시는 말씀에 다들 웃지 않을 수 없었다.

"우리 아들도 같은 중학생인데 달라도 너무 다르다. 왜 이렇게 똑똑한 애들은 다 남의 애들인지 모르겠네요."

서울강서혁신교육지구 실무추진위원회에서 2019년의 사업에 대한 청소년들의 의견을 듣기 위해 강서연합 소속 학생들을 중심으로 50여 명을 초청하여 청소년 원탁회의를 개최하였다. 이날 이 회의를 보면서 강서구청 교육청소년과 공무원들과 잠깐 이야기를 나누었는데 그때 한 공무원이 한 말을 그대로 옮겨본다.

"학생들이 우리들이 학교에 다닐 때와는 너무 달라요. 어쩜 저렇게 회의도 잘 하고 똑똑한지, 중학생들 같지가 않아요. 저 애들이 크면 우리와는 비교도 안 될 것 같아요. 정말 멋지네요!"

이 외에도 강서혁신교육지구 한마당의 강서청소년 지역사회정책발표대회, 세종시교육청 교사 워크숍, 2019 대한민국 교육자치 콘퍼런스 등, 크고 작은 자리에서 발표한 학생들이 수십 명인데 듣는 이들 모두가 감탄하곤 했던 기억이 생생하다. 일상에서 실천했던 자신들의 실제 이야기이기도 했지만 일상적인 토론문화 속에서 성장한 학생들이기 때문에 자신 있는 발표가 가능했을 것이다.

민주적인 토론문화가 자리 잡아야 숙의민주주의가 가능해진다. 그리고 이런 문화 속에서 성장한 학생들은 자신의 의견을 주저 없이 표현할 줄 알게 된다. 상대방의 말을 존중하고 주의 깊게 듣는 습관이나 태도를 갖게 된다. 토론에 익숙해지려면 상대방의 의견을 존중해야 하고 경청하는 태도, 상대를 배려하는 마음과 공감하는 능력 등을 두루 갖춰야 한다. 이는 민주시민이 지녀야 할 중요한 덕성이다. 마곡중학교 학생들은 숙의 민주주의 문화를 바탕으로 민주시민으로 올바르게 성장하고 있다.

자율과 책임의식이 강한 학생들

마곡중 학생들은 상대를 배려하는 마음과 함께 의사결정 역량도 잘 갖추고 있다. 마곡중학교에는 늘 회의가 있다. 학생들이 중요한 결정을 할 때는 민주적인 토론을 거치며, 한 번 결정된 일은 책임감을 가지고 추진한다. 마곡중학교 학생들의 민주적 의사결정기구는 매우 촘촘하다. 중요한 일을 결정할 때는 충분한 토론을 거치고 결정된 일은 책임감을 가지고 실천하려고 노력하고 있다. 학생들은 이런 과정을 통해 민주적인 의사결정 역량을 키우고 학생들 스스로 자율과 책임의식을 기르고 있다. 상대방의 자율을 최대한 보장하기 위해 배려심이 필요하다는 것도 잘 이해하고 있다.

마곡중학교 학생회는 교복 개정, 생활협약, 선거규정, 학생회 주관 행사 등 자신들의 관심사나 민주적인 학교문화와 관련된 내용들을 결정할 때 적극 참여하여 자기 목소리를 낸다. 학생회만의 의견이 아니라 설문조사, 학급회의, 대의원회의, 부장회의 등 다양한 회의를 거쳐 전교생의 목소리를 담는다. 때론 교사, 학부모와 격한 논쟁을 벌이기도 한다. 교사들은 이런 학생들 때문에 당혹스러울 때도 있지만 이렇게 적극적으로 자신들의 의견을 낼 줄 아는 학생들을 대견스럽게 생각한다. 부모님들 또한 이런저런 회의석상에서 학생들과 마주하다 보면 마곡중학교 학생들이 얼마나 똑똑하고 자율적인 학생들이라는 것을 새삼 느끼곤 했을 것이다.

2020년의 마곡중학교 3주체 생활협약을 논의하기 위해 교사, 학부모, 학생회 회장단이 모인 자리에서도 우리 학생들이 그동안 참 많이 성장했다는 것을 다시 한번 느낄 수 있었다. 학생생활, 용의복장, 화장 등 다양한 이야기들이 나왔는데, 일부 학부모님들은 좀 더 강력한 통제가 필요하다고 주장했다. 이에 대해 학생들은 자신들의 의견을 명확히 밝혔다. 그 의견은 논리정연하고 설득력이 있었다. 상대를 존중하는 태도를 갖추고 있었다. 교사는 학생과 학부모의 의견을 적절히 조율하며 회의를 이끌어 나갔다. 그때의 모습을 잠깐 소개할까 한다.

"여학생들이 화장을 진하게 하고 다니는 경우가 있는데 학생들은 학생답게 단정한 모습을 보여줄 수 있도록 지도와 단속이 필요한 것이 아닙니까?"

한 학부모님께서 주장하자 여학생 회장인 화은이가 의문을 제기하며 다음 주장을 이어갔다.

"어른들은 우리 학생들에게 항상 '학생답게'라고 말씀하시는데 '학생다움'이 뭘까요?"
"여학생들이 화장을 한다고 하여 누구에게 피해를 주는 것도 아니고 나쁜 영향을 미치는 것도 아닌데 어떤 문제가 생긴다는 것인지 알 수 없습니다. 학생들도 인권이 있고 개성이 있는데 왜 꼭 규제를 해야만 하는지요?"

이어 남학생 회장인 병선이가 나섰다.

"선생님들께서 규제보다는 학생들을 존중해 주니까 서로 관계도 좋고 소통도 잘 돼서 수업에도 훨씬 적극적으로 참여하는 것 같아요."

병선이는 학생들의 입장이 되어 비교적 차분하고 부드럽게 그리고 설득력 있게 화은이의 주장을 뒷받침해 주었다. 교사들은 학부모님들의 우려에 대해 백번 공감한다. 하지만 학교가 빠르게 안정될 수 있었던 것은 교사와 학생들 간의 평화적이고 민주적인 관계 때문에 가능할 수 있었다는 것을 학부모님들께 상기시켜주면서 중재 역할을 했다.

자율적으로 자란 학생들이 버릇없는 사람이 될까 우려하는 어른들이 많다. 하지만 그건 기우일뿐이다. 오히려 자율적인 학생들이 선생님들을 더 존중하고 어른들과의 관계도 훨씬 좋다. 자율적인 학생들은 상대를 존중하고 배려할 줄 알고 책임감도 강하기 때문이다. 어려운 문제에 봉착하면 집단지성을 발휘하여 민주적 의사결정을 해냄으로써 평화적으로 문제를 해결할 수 있는 역량을 갖춘 학생들도 많다. 민주적 의사결정 역량이 부족한 학생들은 어려운 문제에 부딪히면 책임을 상대에게 미루거나 서로 다투는 경우를 흔히 볼 수 있다.

자치활동에 적극적으로 참여한 학생들은 학교에 대한 자부심이 대단하다. 이는 삼정중학교에서도 익히 봐왔던 현상이다. 자율적인 학생들이 성장하기 위해선 서로 존중하는 문화가 필요하다. 우리 학생들이 학교에서 누구에게 무시당하거나 모욕을 받는 일은 없어야 한다.

학생들은 학교에서 누군가로부터 존중받고 인간으로서의 존엄성을 인정받고 있다고 생각할 때, 훨씬 안정감을 갖게 되고 자신감을 가지고 어떤 일에 적극적으로 참여하게 된다. 이 자신감을 바탕으로 자신들이 한 일을 주변에서 인정받게 되면 자긍심까지 갖게 된다. 여기에 더해 자신들이 한 일이 정말 가치 있는 일이라고 느끼게 된다면 성공과 실패를 떠나 학생들은 스스로 자부심을 갖게 된다. 마곡중학교 학생들은 학교뿐만 아니라 학교 밖에서도 큰 칭찬과 격려를 받고 성장하고 있다. 자신들이 하고 있는 일들이 얼마나 의미 있는 일인지 느끼고 있는 것이다. 학교에 대한 자부심은 절로 생길 수밖에 없다. 한 번은 학생회가 마곡중학교 교복을 후드 티로 정해졌다는 소식을 학생회 페이스북에 올린 적이 있다. 전국에서 수만 명의 학생들이 '좋아요'를 누르며 부러워했다.

자신들의 공약을 지키려 애쓰고 신뢰감을 주는 학생들

학교 예산에 대해 한참 고민하던 12월 중순쯤, 행정실에서 2학년 학생 두 명을 소개해달라는 부탁을 해왔다. 2020학년도 학교 예산을 세울 때 학생들의 의견을 반영하겠다는 것이었다. 전례가 없던 일이었다. 행정실에서 먼저 학생들의 의견을 반영하겠다고 하니 참으로 반갑고 고마울 뿐이었다. 2학년 대표인 자윤이와 선관위원장인 예은이를 소개해 주었다. 면담 후, 어떤 이야기가 오고 갔는지 궁금해 행정실장님을 찾아가 여쭤보았다. 행정실장님은 많은 도움이 되었다며 학생들이 어쩌면 그렇게 똑똑하고 예의도 바르냐면서 학생들을 소개해 주어서 감사하다고 했다. 학생들을 신뢰하지 못했다면 먼저 나에게 이런 부탁을 하지도 않았을 것이다. 당시는 행정실장님이 전입해 온 지 몇 달 되지 않았을 때다. 학교 사정을 파악하기도 바빴을 텐데, 그런 생각을 하셨다는 것은 적극적으로 선거운동을 하는 학생들의 모습에 영향을 받았을 거라는 생각이 들었다.

그 무렵은 차기 학생회 정·부회장 선거가 한창이던 때였다. 마곡중학교에서는 후보 등록이 끝나면 선거운동 시작 전에 선거 공약집을 만든다. 공약을 다듬는 과정에서 실천 가능한 공약인지 아닌지 후보들 스스로 검토한다. 2020년 학생회 정·부회장 후보로 2학년 6명, 1학년 3명, 총 9명의 후보가 나섰다. 후보자들은 자신들의 공약을 확정하기에 앞서 검토에 들어갔다. 교장실, 행정실, 교무부, 체육부, 학년부, 급식실 등 각 부서에 가서 문의하고 논의하는 과정을 통해 자신의 공약이 실천 가능한지 정말 꼼꼼히 따졌다.

그중 한 후보 학생이 '모든 학급의 교실에 옷걸이 설치'라는 공약을 검토하기 위해 교장실과 행정실을 찾았다. 전년도 학생회장의 공약에도 있었는데 왜 옷걸이를 설치하지 못했는지 알아보기 위한 것이었다. 교장선생님께서 직접 그 후보와 같이 교실로 가서 현재 교실이 너무 작게 만들어졌기 때문에 교실에 옷걸이를 설치하기 어렵다는 것을 자로 재가면서 설명했다고 한다. 하지만 어느 외국학교처럼 교실에 옷걸이가 있다면 겨울에 외투를 걸어 놓을 수 있어 교육 활동이 훨씬 편할 거란 의견을 굽히지 않았다. 결국 행정실과 상의하여 2020년에는 한 학급만이라도 시범 실시하여 차차 확대 방안을 찾아보기로 타협점을 찾았다.

　체육대회 확대 개최 문제로 학사일정 조정을 협의하기 위해 교무부장과 체육부장 선생님을 찾는 후보도 있었다. 수학여행 장소나 프로그램에 학생들의 의견을 반영하기 위해 3학년 부장 선생님을 찾은 후보, 급식실과 관련해서는 영양교사 선생님을 찾는 후보 등. 공약을 다듬는 며칠 사이 분주히 오가는 후보자들의 모습을 볼 수 있었다. 학생복지예산이나 학사일정, 수학여행 장소나 프로그램 등 학생회의 영역이 아니라고 생각했던 부분들까지 학생들이 물어오니, 약간은 당혹스럽기도 했겠지만 대견하기도 했을 것이다.

　선거가 끝나면 당선자의 공약은 물론이고 낙선한 학생들의 공약, 일반 학생들의 의견을 모두 모아 차기 학생회의 중심 사업을 정하고 이를 실현하기 위해 노력했다. 교실 옷걸이 문제처럼 교실의 사정이나 예산 문제로 간혹 약속이 지키지 못한 경우도 있었지만 대부분의 공약은 잘 실천되었다. 적극적이면서도 책임감 있는 학생들의 모습에 행정실장님은 학생들과 의논해 예산을 책정해도 좋겠다는 신뢰감을 갖게 되었을 것이다.

후배들의 롤 모델이 된 선배들

이제 졸업생들의 이야기를 해보려 한다. 마곡중학교 학생자치활동은 18년에 변곡점을 맞이했다. 학생자치부장 김구영 선생님은 "우리 학교 1,2학년 학생들은 롤모델이 아이돌이 아니고 3학년 선배들이에요."라는 말을 자주 했다.

보통 사춘기 학생들은 아이돌이나 스포츠 스타들을 보면서 꿈을 키우지만, 마곡중학교 1,2학년 학생들은 선배들을 보면서 꿈을 만들어 갔다. 3학년 선배가 하는 것처럼 학생회에서 어떤 부서를 맡아서 해보고 싶다는 이야기를 하는 학생들을 종종 본다. 한 번은 나중에 ○○부장을 하고 싶다고 말하는 1학년 학생의 말을 듣고 "왜 그런 생각을 하게 됐니?"라고 물어보니 "행사부장인 ○○언니가 너무 멋있어요!"라고 말했다.

2018년 마곡중학교 학생회는 전교생들의 의견을 최대한 반영하기 위하여 '토론기획부'를 신설하였다. 그 효과를 주변 학교와 공유하여 강서연합 소속 몇몇 학교에도 비슷한 부서가 생겨났다. 학교 내에서도 존재감이 매우 커져 2019년에는 토론기획부 활동을 하겠다는 학생들이 몰려들어 부원만 30명이나 되었다. 이런 배경에는 전년 토론기획부장인 원유빈의 역할이 매우 컸다. 유빈이는 마곡중학교 학생회의 롤 모델 원조 학생 중의 한 명이었다. 2018년 토론기획부장으로서 보여준 강한 책임감과 성실한 모습, 그리고 뛰어난 기획력 등이 학생들 눈에 멋지게 비쳤을 것이다. 다음은 유빈이가 당시를 회상하며 쓴 글의 일부이다.

> 수업에서 모둠활동이 익숙하지 않았을 때는 잘 참여하지 않거나 따라오지 못하는 친구들과 함께 하려는 노력 없이 내가 단독으로 진행했고 그것이 최선의 결과라고 생각했다. 하지만 대의원회의에서 퍼실리테이션 기법을 도입하여 모두가 동등하게 자신의 의견을 내도록 했을 때, 내가 생각하지 못한 좋은 아이디어를 많이 얻었다. 학년도 다

로고 친하지도 않아서 모둠 토의가 어려울 것이라고 생각했는데, 각자의 시선과 가치관에 따라 다양한 아이디어를 공유할 수 있었고 마곡중학교에서 그토록 모둠활동을 강조하는 의미를 깨닫게 되었다. 서로의 의견을 비난하지 않고 서로 보완해가려는 노력을 통해 평소의 관계도 좋아졌다.

수업 주제에 대해 모둠원끼리 토의하고, 교과서를 읽으며 답을 찾는 수업 방식을 통해 항상 정답을 말해야만 하는 것이 아니라 함께 머리를 모아 도출해 낸 답을 공유하고 맞는 답을 찾아가는 것이 더 중요하다는 것을 알게 되었다. 많은 선생님들이 항상 강조하신 점이다. 또 단순 강의식 수업이 아니기 때문에 혼자 공부할 수 있는 방법을 알게 된 수업 방식이었다. 학업에 대한 부담감이 적어서 중학교 3년 내내 즐겁게 공부했다.

(2018년 마곡중학교 학생회 토론기획부장 원유빈)

2018년의 마곡중학교 학생자치활동의 일화를 소개하면 학생회장 서지혜를 이야기하지 않을 수 없다. 지혜는 3년 내내 정말 탁월한 활동을 보여주었기 때문에 가장 많이 회자되는 학생 중 한 명이다. 중학생이 어떻게 저리 똑똑하고 일을 그리도 잘하는지 언제나 칭찬이 자자했다. 롤 모델이 된 지혜를 동경하며 많은 후배들이 성장해 나갔다. 2학년 대표였던 병선이도 선배인 지혜 곁에서 늘 함께 활동했다. 지혜를 존경의 눈으로 바라보며 성장해 가던 녀석의 모습이 지금도 눈에 선하다. 청소년 시기에는 롤 모델이 미치는 영향이 정말 크다. 같은 학생회 활동을 하더라도 누구를 보고 배우고 닮고 싶어 하는지에 따라 학생들의 성장이 전혀 다른 방향으로 전환된다는 걸 자주 목격하곤 한다.

사회적 공감 역량으로 인권·평화교육의 기틀을 만들어 온 학생들

서울 강서·양천 지역의 강서학생자치연합회 소속 중학교 학생들은 새 학년이 시작되기 전 매년 2월에 제주 4·3 평화기행단 활동을 실시한다. 제주도에서 2박 3일 동안 제주 4·3 유적지를 탐방하는 활동이다. 3월부터 5월까지 중점적으로 진행되는 인권·평화·통일 주간 행사는 마곡중학교 학생회의 역점사업으로 제주 4·3 관련 행사가 매우 큰 비중을 차지하고 있다. 인근의 여러 학교에서도 제주 4·3 관련 등굣길 행사 등을 실시한다.

이는 2017년의 마곡중학교 2학년 자치활동기획단의 활동이 그 출발점이었다. 지혜는 이 활동을 주도한 학생 중 하나로 사회적 감수성이 정말 높은 학생이었다. 자치활동기획단은 민주시민 부스를 준비하기 위해 제주 4·3에 대해 조사하면서 유족들의 억울함을 알게 되었다. 학생들은 유족이 겪었던 일이 너무 슬퍼 그냥 지나칠 수가 없었다. 친구들과 함께 제주 4·3 진실 규명을 위한 서명운동을 벌였다. 유족을 위한 손 편지 쓰기 운동을 펼쳐 제주 4·3 유관단체에 서명지와 편지를 보냈다. 이것이 제주 4·3 관련 행사를 해마다 진행하는 계기가 되었다.

이처럼 마곡중학교 학생들은 우리 사회의 비극적인 역사에 대해 개인적인 슬픔이나 공감을 넘어 친구들과 함께 사회운동에 동참하는 사회적 공감 역량으로까지 키워나가고 있다. 이 학생들이 3학년이 되면서 학생회 차원의 인권·평화교육으로 발전시켜나갔다. 강서연합 및 지역사회단체들과도 협력하여 지역사회 차원의 연대 사업으로까지 확대 발전시켰다. 지역사회 차원의 민주시민교육의 단초를 마련한 셈이다. 다음은 당시에 이 일을 주도적으로 이끌어왔던 지혜와 유빈이의 글이다.

마곡중학교는 지역 및 우리 마을과 함께 성장하는 학교라고 말하고 싶습니다. 이건 정말 마곡중학교의 가장 큰 장점이자 자랑입니다. 마을에 계시는 마을공동체 분들께서 학교의 창체 수업을 진행해 주시고, 그 외에도 학생자치활동에 필요한 장비를 지원하시고 작업을 도와주십니다. 실제로 광화문에서 열린 강서학생자치연합회 '제주 4·3 국민문화제'에 참가했을 때 '동백꽃 비누'를 마을 분들께서 직접 만들어 주시고, '배지 만들기'에 필요한 기계를 대여해 주셨습니다. '마곡중학교축제'에서는 특별공연을 해 주셨기 때문에 많은 학생들이 마을에 계시는 어른들과 소통하고 알아가는 계기가 되었습니다. 강서학생자치연합회와 마을공동체가 함께 주관한 축제에서 마을에서는 '장애인 인식개선 부스', '다도체험', '걱정인형 만들기' 등의 부스를 운영하여 축제를 더욱 풍요롭게 해주셨습니다. 덕분에 축제에 대한 만족도와 그 의미가 더욱 높아질 수 있었습니다.

(2018년 마곡중학교 학생회장 서지혜)

2학년 때 차기학생회 준비위원회가 제주 4·3사건을 주제로 행사를 진행했다. 우선 학교 담장에 대형 벽화를 제작하고 지속적으로 교내 서명운동을 벌였다. 4·3 피해자와 유가족에게 편지쓰기 대회, 4·3 상징 동백꽃 배지 나눔 행사는 강서연합 내 다른 학교에서도 진행했다. 선생님들과 회의를 거쳐 역사교과에서 교과서에 잘 나오지 않은 제주 4·3에 대해 자세히 공부하고, 미술 교과에서 4·3사건에 대한 학급별 합동작품을 완성했다. 국어 교과에서는 4·3 관련 작품을 읽고 독후감 대회를 열었다. 광화문

자신의 말과 행동이 '힘'을 가졌다는 것을 알고 실천하는 학생들

졸업생들은 자신들이 '자유롭고 건강한' 청소년으로 성장한 것, 부당한 일에 대해 말과 행동의 힘을 믿고 나설 수 있는 것이 모두 마곡중학교에서의 경험 때문이라고 입을 모았다. 실제 마곡중학교 학생들은 자신들의 관심사에 대해서 자기결정권을 가지고 적극적으로 의견을 개진한다. 선생님들이나 학부모님들과도 논쟁을 피하지 않는다. 그렇다고 무례하게 구는 일은 없다. 그런 경험은 졸업 후에도 힘이 되는 것 같다. 2017년 학생회장이었던 두하는 고등학교에 진학하여 학생회 예산이 터무니없이 적은 것을 보고 직접 예산을 검토하고 개선하려 노력했다고 한다. 학생회장으로 당선된 후에는 더욱 적극적으로 활동했단다. 다음은 2018년 마곡중학교 학생회장이었던 지혜가 고등학교에서 겪었던 글이다.

저는 고등학교에 올라가서 '병영체험'을 하게 되었습니다. 병영체험 중에 '레펠 체험'이 있어요. 몸에 밧줄을 매달고 높은 곳에서 뛰어 내려오는 체험이었죠. 근데 '레펠 체험'을 하기 위해 3시간을 추위에 떨며 기다린 여학생들이 '시간이 늦고, 점점 하늘이 어두워져서 너희는 못할 것 같다.'라는 말로 해산해야 했습니다. 레펠을 체험하기 위해서 서 있던 줄의 질서도 제대로 관리하지 못하는 상황에서 '새치기'를 하는 친구도 많았습니다. 추운 날씨에 불편한 군복을 입고 3시간을 기다렸던 저와 아이들은 크게 실망했습니다.

그래서 저는 학교 선생님들께 찾아갔어요. 그리고 현재 레펠을 타지 못한 학생들의 사정을 이야기하고 이것이 부당하다는 제 심정을 이야기했습니다. 일부 선생님들께서는 제 이야기를 귀담아듣지도 않으시는 것 같았어요. 하지만 선생님 한 분께서 저에게 '일단 춥고, 힘든 것 같으니 돌아가라.'고 하시더군요. 저는 돌아가면서 기분이 좋지는 않았지만 조금은 후련했습니다. 친구들은 제가 선생님께 찾아가서 이야기를 했다는 사실에 놀랐어요. 저는 말하면 조금이라도 '달라질 수 있다'는 것을 알기 때문에 말했어요. 제가 말하고 행동하는 것이 작든 크든 '힘'을 가졌다는 것을 중학교 때 경험했기 때문입니다. 그리고 실제로 그날 저녁 레펠 체험을 하지 못한 인원을 수요 조사하러 선생님께서 오셨고, 다음날 저와 친구들은 레펠 체험을 할 수 있었습니다.

(2018년 마곡중학교 학생회장 서지혜)

긴 호흡으로 성장한 학생들

서지혜, 원유빈, 장산은 학생회에서 함께 맹활약을 했던 학생들이었다. 1학년 민주시민교육을 위한 자유학기제 프로그램, 2학년 학생회 및 자치활동 기획단, 3학년 학생회 등 3년 내내 학생회 활동에 적극 참여했다. 1학년 때부터 수업과 자치활동을 통해 성장한 학생들이다. 특히 지혜는 사교육을 전혀 받지 않았기에 자치활동에 누구보다 더 적극적으로 참여할 수 있었다. 사교육을 받지 않았기에 더 많이 성장한 학생 또한 지혜가 아닐까 싶다. 병선이 또한 1학년 때부터 적극적으로 참여한 학생이다.

나는 3년 동안 이 학생들을 아주 가까이서 지켜봤다. 3년 동안, 볼 때마다 성장해 가는 이들의 모습을 보면서 청소년 시기가 얼마나 중요한지 실감할 수 있었다. 그리고 우리 교육이 무엇을 놓치고 있는지 생각하지 않을 수 없었다. 학년 단위 민주시민교육의 필요성을 다시 한번 절감했다. 1학년 때부터 민주시민교육을 위한 교육과정을 마련해야 한다. 민주시민교육은 모든 교과에서 가능하지만 자유학년제라면 더욱 유리한 면이 있으니 적극 활용할 필요가 있다. 다음은 1학년 때부터 민주주의에 대해 관심을 가지고 성장했던 지혜와 유빈이의 1학년 자유학기제 경험 중 일부를 적은 글이다.

마곡중학교의 경험 중에서 기억에 남는 것은 아무래도, 학생자치활동입니다.

제가 1학년 때 경험했던 마곡중학교에 대해 말하고자 하면 '새로움'과 '도전' 두 가지 키워드가 떠오릅니다. 먼저 '새로움'은 자유학기제와 교과 교실 수업을 경험했던 것입니다. 특히 자유학기제에서 '토론기획반'이라는 수업을 들었는데, 그때 김승규 선생님께서 '민주주의'에 관한 수업을 진행해 주셨습니다. 1학년 학생들에게는 다소 어렵고, 집중하기 힘든 내용이었지만 '민주주의'라는 단어와 그 의미, 역사에 대해서 미디어 자료를 활용한 수업을 진행해 주셨어요.(EBS 기획프로그램 -민주주의 등등) 그때부터 '학생자치'라는 것에 대해서 '소중하다, 중요하다'라는 인식을 가지고, 다른 친구들보다 더 '민주주의'라는 단어에 관심을 가질 수 있었습니다.   (2018년 마곡중학교 학생회장 서지혜)

1학년 자유학기제 프로그램에서 학생자치 프로그램이 있어서 처음으로 학생회 활동을 접하게 되었다. 민주주의에 대해 배우고, 실제로 학기말 교과 페스티벌에서 체험부스를 운영했다. 1학년은 시험을 보지 않아서 2,3 학년 시험기간에 다른 곳으로 현장체험학습을 하거나 창의적 체험활동을 했는데, 그때 1학년 학생자치회에서 영화관 프로그램을 제안하여 1학년 학생들에게 설문조사를 통해 선정한 영화를 상영했다. 학생들에게 창의 체험활동을 기획하고 직접 실행할 수 있는 기회를 준다는 것이 신기했고, 학생들에게도 좋은 평가를 받아 그다음 해에도 1학년 학생들이 진행하였다. 큰 의미를 가진 사업은 아니었지만 1학년들이, 학생들이 원하는 활동을, 민주적인 절차를 거쳐 준비한 최초의 경험이라서 기억에 남는다.

(2018년 마곡중학교 학생회 토론기획부장 원유빈)

민주학교를 위한 제언

민주적인 학교문화와 민주시민교육이 학교를 바꾼다

'평화로운 학교, 교육이 가능한 학교는 어떻게 만들어질까? 어떻게 하면 우리 학생들이 민주공화국의 건강한 시민으로 성장할 수 있을까?'는 오늘날 우리 학교들이 당면하고 있는 핵심적 과제다. 이를 위해 지난 10여 년 동안 전국의 많은 학교에서 끊임없이 시도해온 결과나 외국의 사례들을 볼 때 희망적인 메시지들이 적지 않다. 물론 우리나라의 경우 철저한 경쟁 중심의 입시교육이 커다란 장벽으로 가로막고 있어 한계 또한 명확하다. 하지만 그렇다고 손 놓고 있을 수는 없는 일이다.

독일이나 북유럽의 시민교육은 '교육이란 무엇인가?'라는 근본적인 질문을 우리 사회에 던져 준다. 사회문제에 관심을 가지고 직접 행동에 나서는 독일의 초등학생들, 기후변화 문제를 해결하고자 세계를 향해 소리치는 툰베리와 같은 청소년들이 어찌 그냥 나오겠는가? 우리라고 못하겠는가 싶지만, 혹여 경쟁에 뒤처질까 두려워 인간다운 삶 자체에 대해선 아예 생각조차 하지 않으려 한다. 그리고 이런 욕망들을 끝없이 부채질하는 세력들을 보고 있자면 좌절감이 먼저 들지만 그래도 우리에게는 아직 희망이 보인다.

크게는 공교육 개편을 위한 거대 담론들이 우리 교육을 혁신하고자 하는 시민사회를 중심으로 줄기차게 논의되고 있다. 작게는 정말 어렵고 어려운 대내·외적인 교육 환경에도 불구하고 역발상의 지혜로 우리 교육을 혁신하고자 하는 학교들이 여기저기 나타나고 있다. 이런 노력들이 민주시민교육을 위한 작은 등불이 될 수 있을 거라 믿어 의심치 않는다.

우리 교육을 혁신하고자 하는 학교들을 깊이 있게 살펴보면 하나같이 민주적인 학교라는 것을 발견하게 될 것이다. 학교혁신의 첫걸음이 '민주적인 학교문화'라는 것이다. 학교폭력이 난무해 행정보다 교육이 뒷전으로 밀리는 학교에서 어느 순간 학교폭력이 사라지고, 학교가 즐겁고 행복한 곳이라는 학생들을 만나볼 수 있게 될 것이다. 단순히 교사들의 가르침에 맹종하는 학생들이 아니라 당당히 학교의 주권자로 서있는 학생들을 발견하게 될 것이다. 학교의 주권자인 민주시민이 학교에서 성장하기 위해서는 시민교육이 얼마나 중요한지 알게 해야 한다. 민주적인 학교문화와 이를 바탕으로 이루어지는 민주시민교육이 학교혁신의 기본 토대가 되어야 하는 이유다.

민주적인 학교문화부터 만들자

　내가 지난 10년 동안 근무했던 삼정중학교와 마곡중학교는 민주적인 학교 문화가 잘 갖추어진 학교였다. 이런 학교에서 10년 동안이나 근무할 수 있다는 것은 아무에게나 주어지지 않는 행운이었지만 그렇다고 운 좋게 그냥 된 것도 아니었다.

　이들 학교에서는 학교의 중요한 결정을 하는 교무회의의 의사결정과정에서 교장도 교감도 1/N을 너무나 당연하게 생각했다. 오히려 스스로 말을 아끼는 경우를 더 많이 봤다. 회의를 할 때 모든 사람의 의견은 동등하게 소중하다는 것은 민주주의의 기본 중에 기본이었다. 마곡중학교에서는 학생들도 회의를 할 때면 '모든 사람들의 의견은 동등하게 소중하다.'라는 말부터 시작한다.

　민주적인 의사결정에 따라 교육 활동에 참여하는 교사들은 더 이상 교장과 교감의 지시에 의해 움직이는 피동적인 교사들이 아니었다. 스스로 교육이 무엇인지 자신에게 질문을 던지고 동료 교사들과 소통했다. 어떻게 하면 학생들이 스스로 서고 더불어 배워 이웃과 함께 살아갈 수 있는 민주시민으로 성장할 수 있는지 고민하는 교육의 주체가 되었다. 교사들은 단순 지식을 주입식으로 가르치지 않았다. 어떻게 하면 학생들이 스스로 적극적으로 참여하고 학생들이 주체가 되어 더불어 배우고 성장할 수 있을까? 늘 고민하고 늘 새롭게 수업을 설계하고 동료들과 협력했다. 수업에서부터 학생들이 민주시민으로 성장할 수 있도록 세심하게 신경을 썼다.

　이런 학교에서 학생들 또한 단순한 가르침의 대상이 아니었다. 당당한 학교의 3주체로서 학교의 주권자로 활동했다. 학생들의 자치활동은 질과 양의 측면에서 일반 학교와 비교되지 않을 정도로 활발했다. 삼정중학교나 마곡중학교에서는 전교생의 절반 가까운 학생들이 학생회 부원으로 자원하여 참여하고 있다. 일반 학교들과는 전혀 다른 경험을 통해 학생들은 학교의 주권자로서 다양한 활동에 참여함으로써 자신감과 자긍심을 키워나가고 있다. 열심히 활동하는 학생들 중에는 학교뿐만 아니라 자기 자신에 대한 자부심까지 느끼고 있는 학생들을 쉽게 찾아볼 수 있다. 학생들을 교육의 대상으로 볼 것인지 교육의 주체로 볼 것인지에 따라 학생들의 성장 모습이 전혀 다르다는 것을 지난 10년 동안 지켜보며 확인할 수 있었다.

삼정과 마곡중학교에서의 직접적인 경험과 타 학교를 방문하거나 다양한 경로를 통해 유의미한 변화를 이끌어낸 많은 사례들을 확인하고 얻은 결론은 '폭력 없는 평화로운 학교, 교육이 가능한 학교, 학생들이 민주시민으로 성장할 수 있는 학교'는 민주적인 학교문화의 토대가 없다면 기대하기 어렵다는 것이었다. 교사들은 교무회의의 의사결정기구화를 통해서, 학생들은 소통, 협력, 배움 중심 수업과 자기결정권에 바탕을 둔 민주적인 학생회 운영을 통해서, 학부모들은 민주적인 학부모회 운영을 통해서, 학교의 3주체가 톱니바퀴처럼 유기적으로 맞물려 돌아갈 때 학교자치가 가능해지고 우리는 새로운 변화를 꿈꿀 수 있게 된다.

전국에서 모인 '민주시민교육을 위한 교사네트워크' 선생님들과 함께 삼정과 마곡중학교의 학생자치활동 사례에 대해 공유한 적이 있다. 학교에서 민주시민교육 어떻게 할 것인가?에 대해 토론하는 자리에서 한 선생님으로부터 교장 선생님의 역할에 대해 질문을 받은 적이 있었다.

> "우리 학교 교장선생님은요, 늘 교장 선생님이 적극적으로 주도해서 일을 진행하고 있는데요, 이럴 경우에는 어때요?"
>
> "글쎄요. 지금까지 내가 보고 들은 바로는 교장이나 교감이 주도하고 교사가 따라가는 형식의 혁신학교도 적지 않은데, 이런 학교들의 경우 대부분 교사들은 힘들어하지만 혁신학교의 성과는 잘 나타나지 않는 것 같습니다."

실제 내가 10년 가까이 직접 경험하고 들어왔던 여러 혁신학교에서 유의미한 성과를 낸 학교들과 그렇지 못한 학교들에 대한 사례를 들어 답하였다. 거기에 덧붙여 학교 혁신의 한 주체인 교사가 스스로 서지 못한다면 학교의 변화가 어떻게 가능하겠냐고 반문했다. 질문했던 선생님은 깊이 공감하며 다시 이야기했다.

"그렇죠! 우리 학교는요, 교장선생님 자신이 혁신학교에 대해 정말 많이 알고 있고 의욕도 넘쳐서 교장선생님께서 먼저 이렇게 하자, 저렇게 하자 하시는데 정말 답답해요. 교장 선생님이 앞장서서 다양한 요구를 쏟아내지만 선생님들은 힘들어하시는데 정작 효과는 거의 없는 것 같아요."

이 선생님은 학교의 답답한 상황을 질문을 통해서 확인하고 싶었던 것 같았다. 나는 일을 할 때 정말 어쩔 수 없는 상황이 아니라면 그 일들을 감당해야 할 사람들이 주체가 되어야 한다고 생각하고 그렇게 하도록 유도하고 있다. 한두 사람이 아니라 학교의 모든 교사들이 주체가 되어 변화를 이끌어가려면 '교무회의 의결기구화'가 반드시 필요하다.

교사들만 민주적으로 잘 한다고 해서 되는 일이 아니다. 학교의 3주체에는 학생도 있고 학부모들도 있다. 특히 나의 경험으로 보건대, 학교 변화의 가장 중요한 주체는 학생이다. 학생들이 대부분의 일반 학교처럼 교사나 어른들로부터 일방적인 가르침을 받고, 부모나 교사의 지시에 의해 이런저런 일들을 해야만 한다면 학교의 변화는 기대하기 어렵다. 학교의 변화는 결국은 학생들의 변화를 통해서 일어나기 때문이다. 학생들 또한 민주적인 학교문화 속에서 성장할 수 있어야 한다. '학생들의' 자기결정권에 의한 '학생들의' 자치활동이 중요하다.

민주적인 학교문화 속에서 성장한 학생들은 교사들보다 이를 더 잘 알고 있다. '14년 서울시교육청 교사 직무연수'에서 삼정중학교 학생회 임원들이 직접 나서서 자신들의 경험을 바탕으로 학생들의 자치활동 사례를 발표한 적이 있었다. 자치활동을 담당하는 40명의 교사들 앞에서 학생들이 직접 사례를 발표했는데 질의응답 시간에 교사의 질문이 쏟아졌다. 그중 하나를 소개할까 한다.

"삼정중학교 학생회의 권력은 얼마나 되나요?"

"삼정중학교의 학생회는 권력이 없습니다. 단지, 학생들의 의견을 민주적으로 모아 실행할 뿐입니다."

2014년 삼정중학교 학생회장 유인지의 답변이었다. 교사들 앞에서 중학생이 이런 답변을 할 거라곤 그 누구도 상상하지 못했을 것이다.

학생회는 권력을 행사하는 조직이 아니라 학생들의 의견을 민주적으로 모아 내는 민주적인 의사결정 기구이며, 한편으로는 민주적으로 결정된 일을 책임 있게 실행하는 민주적인 집행기구라는 것을 정확히 파악하고 있는 답변이었다. 이는 삼정중학교가 민주적인 학교문화를 가지고 있지 않았다면, 학생들이 자기결정권을 가지고 학생회를 민주적으로 운영해 본 경험이 없었다면 기대하기 어려운 답변이었다.

또 다른 발표자였던 당시 학생회 자치부장은 삼정중학교 학생회 자치부장으로서의 활동 경험을 다음과 같이 '조언-5대 원칙'으로 정리하여 40명의 교사들 앞에서 당당하게 설명하였다.

조언 - 5대 원칙

- **본인 스스로부터 변화할 것**
  ⇨ 본인이 변하지 않고서는 남을 변화시킬 수 없다는 것을 기억할 것

- **단기적으로 보지 말고 장기적으로 볼 것**
  ⇨ 학생들은 쉽게 변화하지 않는다는 사실을 기억할 것

- **최대한 많이 연구하고 최대한 많이 시도해볼 것**
  ⇨ 경험보다 중요한 자산은 없다. 최대한 많이 시도해볼 것

- **나무가 아닌 숲을 볼 것**
  ⇨ 학생 개개인보단 학교문화를 바꾼다는 생각으로 임할 것
- **적당한 선을 지킬 것**
  ⇨ 자유와 방임은 천지 차이라는 것을 기억할 것

(2014 삼정중학교 학생회 자치부장 이현준)

자신이 학생회 활동을 하면서 5대 원칙을 갖게 되었다고 설명하였는데 "나무가 아닌 숲을 볼 것"이란 대목이 눈에 띈다. 이 학생은 민주적인 학교문화를 만들어 가는 것이 얼마나 중요한지 충분히 알고 있음이다. 내용 하나하나가 자치부 활동을 하면서 겪었던 어려움을 통해 깨달은 것이 분명했다. 수많은 시행착오를 겪으면서도 의견이 다른 친구들과 만나 서로 토론하며 성장하고 있다는 것 또한 느껴졌다. 무엇보다 옳고 그름을 떠나 자신만의 생각을 정립했다는 것 자체만으로도 너무나 훌륭하게 성장하고 있다는 증거였다. 실패 속에서도 서로 토론하고 소통, 협력해가며 성장하고 있는 것이다.

민주시민교육의 필요성을 인정하자

폭력적인 학교 문화를 어떻게 평화로운 학교, 교육이 가능한 학교로 바꿀 것인가? 민주적인 학교문화가 필요하다고 앞서 강조한 바 있다. 여기에 더해 민주시민교육이 꼭 필요하다.

먼저 '시민교육'의 필요성을 인정하는 것이 매우 중요하다. 삼정중학교와 마곡중학교의 경험은 이런 확신을 분명하게 해주었다. 삼정중학교는 14년에 이르러 학교폭력이 거의 사라졌다. 더불어 학교 오는 것이 즐겁고 행복하다는 학생들이 정말 많아졌다. 학생들의 입에서 "우리 학교는 학교폭력이 없어요."라는 말이 나오기 시작했다. 학생회 임원들 또한 학교에 대한 자부심이 대단했다. 이런 변화에 연도별 징계 건수는 2014년 이후 매년 1건 정도에 불과하고 그것도 아주 사소한 경우뿐이었다.

서울 삼정중학교의 연도별 징계 학생 수

구분	혁신학교 이전의 4년				혁신학교 이후							
					성장기			정착기				
년도	'07	'08	'09	'10	'11	'12	'13	'14	'15	'16	'17	'18	'19
징계 학생 수	78	30	129	51	10	25	20	3	3	1	3	6	6
합계	288명				55명			22명				
평균	72명				18명			3~4명				

삼정중학교의 연도별 징계 학생 수는 혁신학교 이전 4년과 이후가 뚜렷하게 대비된다. 2009년 징계 학생 수가 무려 129명이나 되었다. 4년 동안 한해 평균 72명이나 되었다. 혁신학교 이후 성장기인 처음 3년 동안은 한해 평균 72명에서 18명으로 대폭 줄었다.

혁신학교 2년 차인 12년엔 대구 학생 자살 사건 여파로 학교폭력이 사회문제로 대두되었다. 그로 인해 아주 사소한 일이라도 징계가 가해졌다. 그럼에도 불구하고 징계 학생 수가 눈에 띄게 줄어들었음을 확인할 수 있다. 특히, 혁신학교가 정착되어 안정화 단계에 이르던 14년엔 더욱더 눈에 띄게 줄어들었음을 볼 수 있다.

학교가 이렇게 변화할 수 있었던 원동력은 수업이나 학급 운영 등에 민주적인 요소들이 견고하게 자리 잡았기 때문이다. 학생들의 자기 결정권에 의한 민주적인 학생회 운영이 정착된 것 또한 큰 역할을 했다. '탄소 줄이기 통합교육과정' 운영과 토론 중심의 배움이 있는 교실 수업 등을 통해 민주시민으로서의 소양을 길렀다. 자치활동을 통한 민주시민의 가치(觀)와 태도를 내재화했기에 가능한 일이었다.

마곡중학교에 있을 때, 시민교육의 필요성을 절감했던 적이 있다. 아무리 학교가 민주적이고 학생들의 자치활동이 활발하더라도 시민성이 제대로 갖춰지지 못했다면 학생들의 생활문화 변화로까지는 이어지지 않았다. 혁신학교로 개교한 처음 3년 동안 학생들의 자치활동이 비약적으로 발전하였다. 자율성이나 권리의식, 책임감 등은 한층 커졌다. 하지만 학생들 간에 상호 존중의 문화나 연대의식이 부족해 기대했던 효과를 얻을 수 없었다. 이런 고민들을 해결하기 위해 배움·나눔 민주시민교육과정을 통해 시민교육을 강화한 결과 개교 4년째인 18년부터는 학교폭력이 거의 사라지다시피 했다. 학생들 간의 갈등도 눈에 띄게 줄어들었다. 학생들의 생활문화가 획기적으로 변하는 것을 목격할 수 있었다.

김원태 선생님이 쓴 「교과로서의 유럽 시민교육과 그 함의」(전교조 2018 참교육 실천발표대회 자료)를 살펴보면 유럽도 '1980년대를 전후하여 시민의 권리와 책무, 학교폭력, 정치적 무관심, 선거 참여율 하락 등 사회적 요구에 적극적으로 대응하고자 시민교육 과목을 도입하였음'을 알 수 있다. 독일은 1970년, 프랑스는 1985년, 영국은 2002년부터 시민교육이 실시되었다. 이 책에 기술된 '영국에서 (시민교육) 과목이 신설되어 청소년 폭력이 줄어들었나?'라는 내용을 소개해 본다.

영국은 1997년 노동당 집권(수상 토니 블레어) 이후, 시민교육 과목 신설 준비에 들어갔다. 2002년부터 국가교육과정에 적용되어 4년간의 정착기를 거쳤다. 2007년 노동당(수상 고든 브라운)이 재집권하게 되고 비로소 학교에 안착하게 되었다. 이후 2011년 보수당(수상 데이비드 캐머런) 집권하게 되었지만, 종단연구 및 횡단 연구를 통해 시민교육의 필요성이 입증되자 그 후로도 지금까지 존속하게 됐었다고 한다.

영국의 잉글랜드와 웨일즈의 청소년(10~17세) 범죄의 변화

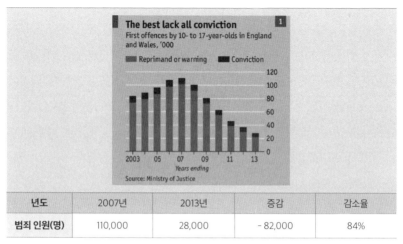

년도	2007년	2013년	증감	감소율
범죄 인원(명)	110,000	28,000	- 82,000	84%

※ 범죄 인원은 초범으로 유죄선고 또는 경찰의 주의(훈방 등)를 받은 청소년들의 수임

청소년 범죄가 심각했던 영국에서 시민교육의 안착기인 2007년부터 13년까지 범죄 감소율이 84%나 됐다. 이런 결과는 시민교육이 청소년 범죄를 감소하는 데 어느 정도 영향을 미쳤다고 짐작케 한다. 특히 관심이 더욱 가는 것은 독일의 시민교육이다. 최근 독일의 정치교육인 '보이텔스바흐 합의'안이 국내에도 많이 소개되었다. 시민교육에 관심이 많은 교사라면 익히 알고 있을 것이다. 독일 교육 전체를 관통하고 핵심적인 교육은 성교육, 정치교육, 생태교육이라는 점에서 '교육이 무엇인지' 우리에게 근본부터 다시 생각하게 만든다. 이런 독일 교육에 대해 중앙대학교 김누리 교수[1]의 강의를 들은 적이

----

1) JTBC '차이나는 클라스' 147화에서 '새로운 나라를 만든 독일의 교육'이라는 주제로 강연한 적이 있고 『우리의 불행은 당연하지 않습니다』라는 책도 펴냈다.

있다. 힘닿는 데까지 나름 열심히 하고 있다고 생각했는데……. 강의를 듣고 나니 정말 많은 것들이 부족하게 느껴졌다. 하지만 우리 교육의 현실 또한 존재하기에 부족하더라도 끊임없이 시도하며 자기 성찰을 통해 올바른 길로 인도할 수 있도록 더욱 노력해야겠다고 마음먹었다.

유럽 외에도 호주, 뉴질랜드, 캐나다, 싱가포르 등이 시민교육을 교과 수업으로 채택하고 있다. 같은 아시아권인 싱가포르의 시민교육은 어떠한지 자못 궁금하기만 하다. 우리나라에서는 1997년 교육기본법 2조에 규정된 교육 목적과 1997년 7차 교육과정 이래 교육과정상 이미 시민교육이 실시되었어야만 했다. 하지만 이 지침들은 20년간 철저히 무시되었다. 참으로 안타까운 일이다. 당장은 입시경쟁교육의 벽을 넘어서기 어렵기 때문에 독일처럼 훌륭한 시민교육으로 나아가기는 힘들 것이다. 다만 민주 정부와 진보교육감 시대를 맞이했으니, 어느 정도 숨통이 트였다고 말할 수 있겠다. 이젠 학교마다 시민교육이 시도되고 있다. 더 이상 외면해서는 안 된다. 학교 차원의 민주시민교육과정이 어떤 어려움 속에서도 꿋꿋하게 운영돼야만 한다.

민주적인 학교문화와 민주시민교육을 위한 제언

지금까지 민주적인 학교문화와 시민교육의 필요성에 대해 주장했다. 이제부터는 좀 더 세밀한 제안을 하고자 한다. 우리 학생들이 한 인간으로서 존엄성을 보장받고 인간다운 삶을 살아갈 수 있도록 돕기 위해 우리 학교나 교사들이 무엇을 어떻게 해야 하는가? 많은 논쟁이 있으리라 생각한다. 유의미한 결과를 도출할 수 있다면 이런 논쟁은 많으면 많을수록 좋다고 생각한다.

나는 우리 학생들이 집이나 학교에서, 부모와 교사와의 관계에서, 그리고 친구들 간의 관계에서 충분히 인정받지 못한 채 살아가고 있다고 생각한다. 심지어 무시나 모욕을 당하고 살아가는 것이 일상인 학생들도 종종 목격하

게 된다. 결국 이런 과정을 못 견디고 비극에 다다르는 학생들도 적지 않다. 한국은 OECD 회원국 가운데 자살률 1위 국가다. 한두 해의 일이 아니다. 2003년부터 2018년까지 16년 동안, 2017년 한 해만 2위였던 걸 제외하면 줄곧 1위였다. 여성가족부와 통계청에 따르면 우리나라 9~24세 청소년 자살률은 2017년 기준 인구 10만 명당 7.7명이다. 특히 국내 청소년 사망 원인 1위는 자살이다. 지난 3년간 자살 혹은 자해를 시도한 청소년은 매년 2,000명 이상인 것으로 조사돼 심각한 사회적 문제로 대두되고 있다.

우리 청소년들이 가정이나 학교에서 제대로 인정받지 못하고 무시나 모욕을 당하면 어떤 심정일까? 우리는 학교에서 분노 조절이 안 되는 학생들을 자주 목격한다. 이러한 분노들은 우리 청소년들이 일상의 삶에서 늘 무시나 모욕을 당했던 결과의 산물은 아니었을까? 이런 점에서 악셀 호네트의 '인정 투쟁'은 좋은 참고 자료가 될 것이다. 악셀 호네트에 의하면 자기 정체성을 인정받지 못하고 무시나 모욕을 당하면 분노라는 심리적 반작용을 일으킨다고 한다. 이는 상호 인정에 이를 때까지 계속된다고 한다. 긍정적 자기 관계에 도달하지 못한 사람들은 자신의 삶 전체에 위협을 느끼게 된다. 그리고 인정투쟁에 지속적으로 실패할 경우 자살에 다다르게 된다고 한다.

우리 청소년들을 다시 한번 주의 깊게 살펴봐야만 한다. 그들이 얼마나 인정받고 있는가? 일상의 삶에서 무시나 모욕을 당하고 있지는 않은가? 가정이나 학교에서 또는 우리 사회에서 인정받지 못하는 청소년이 너무나 많다는 것을 발견할 수 있을 것이다. 자기 뜻대로 하기에는 아직은 어리다는 이유로, 학생이라는 이유로, 공부를 해야 한다는 이유로, 늘 제동을 건다. 이러니 제대로 자기 생각을 가지고 살아갈 수 있는 자아가 언제 생기겠는가? 우리는 너무나 오랫동안 입시·경쟁교육에 포섭되어 왔다. 이제는 그 폐해에 대해 너무 무감각해지지는 않았는지, 우려가 든다. 나부터 우리 교육의 문제를 지적할 때, 또 '입시·경쟁교육인가?'하는 식상함이 묻어날 것만 같다.

하지만 조금만 더 깊이 생각해 보자. 우열반까지 있는 치열한 입시경쟁교육 속에서 모든 학생들이 과연 존엄한 인간으로서 인정받고 살아갈 수 있을까? '수포자', '과포자'란 말속에 자신감을 잃어버린 우리 학생들. 주입식 수업으로 하루 6~7교시를 힘들게 버티는 교실 환경 속의 교사와 학생, 가정폭력을 겪는 아이, 늘 어른들의 지시를 받고 싫은 일을 억지로 하는 수동적인 아이, 당연히 해야 할 일을 하지 않으면 나쁜 학생으로 취급받는 일상이라면 우리 학생들에게 건강한 자아가 생겨날 수 있을까? 어떤 일을 스스로 결정하고 자신 있게 해나갈 수 있을까? 자존감이나 자부심은?

우리는 진정 우리 학생들이 건강한 민주시민으로 성장하길 원하기는 할까? 그걸 원한다면 학생들이 학교의 주권자라는 것부터 인정해야 한다. 학생들을 학교의 주권자가 되게 하려면 학교는 민주시민교육의 장이 되어야 한다. 학교에서부터 우리 학생들 모두가 학교의 주권자로 인정받아야 한다. 인간으로서의 존엄성을 보호받는 가운데, 자기실현이 가능하고 스스로 가치 있는 삶을 살고 있다는 자부심을 품은 채 살아갈 수 있게 해주어야 한다. 학교는 그것을 할 수 있고 그렇게 해야만 한다. 그럼 어떻게 하는 것이 좋을까? 그동안의 경험으로 몇 가지 제안을 해본다.

첫째, 학생들의 자기결정권을 존중해 주자.

학생들이 어떤 결정을 할 때, 필요하다면 조언이나 제안을 해줄 수 있다. 하지만 결정은 반드시 학생들이 하게 하자. 학생들이 민주적으로 결정한 일이라면 학생들 스스로 책임 있게 실천하게 하자. 나의 경험상으로 자기결정권의 효과는 결코 적지 않았다.

12년에 삼정중학교 학생자치부장 업무를 맡았다. 부서 이름은 전년도까지 '생활지도부'였다. 학생들의 자치활동에 '지도'라는 단어가 어울리지 않는다고 생각하여 이름부터 바꿨다. 이름만 바꾼 것이 아니었다. 실제 학생들의 자치활동을 지도하는 것이 아니라 '지원'하는 것에 역점을 두었다. 그러기에 앞서 전년도부터 교보교육문화재단의 지원으로 매해 약 1,000만 원씩, 3년 동안 3,000만 원의 예산을 지원받아 '탄소 줄이기 통합교육과정'을 운영했다. 실천활동으로 학생회와 함께 교내 에너지 절약을 위한 삼정절전소를 운영했다. 10월에는 생태환경교육을 주제로 학생회 주관 학교축제를 개최해보는 게 어떻겠냐고 학생회에 제안했다. 학생들에게 충분한 예산과 축제 계획에서 준비 및 실행까지 모든 과정을 자율적으로 운영할 수 있는 권한도 주겠다고 했다. 축제는 반드시 학생들만의 역량으로 해내야 한다고 했다. 학생회는 이 제안을 흔쾌히 받아들였다.

학교에서 처음으로 축제를 열었다. 그것도 학생들이 모든 것을 주관한 축제. 학생들 입장에서는 신나는 일이었을 것이다. 실제로 모든 과정을 학생들에게 맡겼다. 하지만 학생들이 축제의 전 과정을 준비한다는 것은 정말 만만치 않은 일이었다. 예정일을 일주일 앞두고 있었지만 축제는 제대로 준비되지 않았다. 학생들이 어떻게 일을 하는지 지켜보면서 상황을 면밀히 파악하고 학생들을 자극하기 위해 이런저런 질문도 하고 조언과 제안을 해주었다. 축제 일주일 전, 결국 결단을 내렸다. 학생들만의 역량으로는 준비가 너무도 미흡하여 도저히 전교생이 참여하는 학교축제를 개최하는 것이 힘들어 보였다.

그렇다고 교사가 나서서 대신해 주진 않았다. 교사회의를 거쳐 축제일을 한 달 후로 연기하기로 하고 학사일정을 조정해 주었다. 학생들이 맡은 일은 학생들이 해야 하고, 교사가 담당해야 할 일은 교사가 해야 한다고 생각했다. 준비가 안 되면 못할 수도 있고, 준비가 될 때까지 기다려줄 생각이었다. 철저히 학생들 스스로 해내도록 하는 것이 무엇보다 중요하다고 생각했었다.

예정했던 날짜를 넘기고 축제가 미뤄지자 학생들은 바짝 긴장한 채로 준비하기 시작했다. 결국 한 달 뒤, 학생들만의 역량으로 학교축제를 멋지게 치러냈다. 학생들도 얼마든지 스스로 해낼 수 있다는 것을 보여주었다. 지금은 이런 경험들을 공유하며 서울 강서지역 10여 개의 중학교에서 학교축제 정도는 학생들 스스로 해내고 있다. 그 경계가 어디까지인지는 늘 논란이 될 수 있다. 하지만 나는 학생이 할 일은 학생이 하고 교사가 할 일은 교사가 하자고 주장한다. 학생들이 해야 할 일을 교사가 다 해주면 학생은 학생대로 성장할 기회를 놓칠 뿐만 아니라 교사는 교사대로 엄청 힘든 시간을 보내게 된다. 축제는 학생들의 축제여야만 한다. 교사의 잡무가 되어서는 안 된다. 축제가 학생들의 축제로 자리 잡을 때 축제는 또 하나의 민주시민교육의 장이 될 수 있다.

학생들에게 자기 결정권을 준다는 것은 단순히 학생들의 의견을 존중하는 것 이상의 의미를 지닌다. 학교 축제와 같은 큰 행사를 학생들 스스로 치러내고 나면 학생들은 자신도 모르는 사이 어느새 부쩍 성장하게 된다. 학교에 대한 주인의식이 생겨나게 되고, 자율과 책임의식이 확고해지며 자신들의 권리와 한계 또한 깨닫게 된다. 토론 능력, 평화적인 문제 해결 능력 등 민주시민으로 갖춰야 할 다양한 역량들을 고루 갖추게 된다. 교복 입은 시민으로 어느새 성장해 있다. 당당한 학교의 주권자로 늠름하게 성장하고 있는 것이다.

둘째, 민주적인 토론문화(숙의민주주의) 정착을 위해 노력하자.

마곡중학교는 학생회 활동에 많은 학생들이 참여한다. 그럼에도 불구하고

학생회만의 학생회란 비판이 나올 때가 많았다. 오늘날 세계 각국에서 선거 참여율이 떨어지는 것을 걱정하는 나라들이 많아졌다. 이를 해결하기 위한 다양한 제도들이 생겨나고 있다. 이런 이유로 유럽은 시민교육을 강화하고 있다. 참여민주주의는 정말 중요한 문제다. 학교에서부터 참여민주주의의 중요성을 깨닫게 하려면 학생 개개인의 의견을 반영해야 한다. 참여를 통해 자신이 하고 싶은 일을 할 수 있도록 기회가 충분해야 한다. 그런 경험들이 쌓여 참여민주주의가 자신도 모르게 내면화되는 것이다. 진정 '참여민주주의'가 가능하려면 '숙의민주주의'부터 가능해야만 한다.

전교생의 의견을 적극 반영하고 많은 학생들의 참여를 이끌어내려면 토론문화가 필수적이다. 학급회의까지 잘 이루어지면 금상첨화일 것이다. 마곡중학교 학생회는 2018년부터 학급회의 활성화에 초점을 맞췄다. 민주적인 토론문화를 정착하기 위해 학급회의를 통해 민주적 의사결정 구조를 만들고자 노력하고 있다. 그 결과 상당한 진전이 있었다.

학생회의 토론문화 활성화는 토론기획부가 맡고 있다. 토론기획부는 학급회의를 원활하고 내실 있게 준비하기 위해 18년부터 새로 생긴 학생회 부서이다. 토론기획부는 회장단과 상의하여 부장회의 자료를 준비하고 회의록을 작성하며 회의 자료를 관리한다. 부장회의 결과를 바탕으로 대의원회의 자료를 준비한다. 회의록을 작성하며 학급회의를 지원하고 있다. 그중에서도 가장 역점을 두고 있는 것은 학급회의 활성화를 위한 지원 활동이다. 이를 위해 학급회장을 대상으로 학년별로 나누어 퍼실리테이션[2] 교육을 실시하고 있다. 다음은 학급회의 준비와 진행 및 처리 과정이다.

먼저 학급회의 진행을 위해 자료를 제작하고 안내를 준비한다. 토론기획부에서는 대의원회의 결과를 참고하여 안건 토의 자료를 만든다. 보통 PPT와 영상 제작물을 만들어 학급회장들이 학급회의에 활용할 수 있게 한다. 학급회의 전 주에는 토론기획부에서 학년별로 학급회장을 모아 학급회의 자료 활용 방법과 회의 진행을 위한 퍼실리테이션 교육을 진행한다. 잘 참여하는 학급회장도 있고 그렇지 못한 학생도 있는데, 퍼실리테이션 교육에 잘 참여한 학급의 경우 학급회의가 더 원만하게 잘 진행되었다. 따라서 학생회 차원에서 퍼실리테이션 교육에 학급회장들이 적극 참여하는 방안을 찾기 위해 노력하고 있다.

내실 있는 학급회의가 진행되려면 충분한 준비과정이 필요하다. 토론기획부에서는 보통 3주나 4주 정도의 주기로 학급회의를 준비하고 있다. 첫째 주는 학생회 부장회의를 통해 학급회의 제안 내용이나 부서별 제안 내용을 수렴한다. 이에 따라 대의원회의에 제안할 안건들을 만든다. 둘째 주에는 대의원회의를 개최하여 학생회 차원의 학급회의 주제를 정한다. 둘째 주 월요일에 학급회의 주제가 정해지면 토론기획부에서는 학급회의에 사용할 회의 자료와 퍼실리테이션 교육 자료를 만든다. 금요일에는 학급회장 대상 퍼실리테이션 교육을 실시한다. 그리고 셋째 주 월요일에 학급회의를 개최한다. 학급회의에서는 대의원회의에서 결정된 안건을 비롯한 각 학급 또는 학년에 필요한 안건들도 다룬다. 학생회 차원의 안건들에 대한 학급별 결정 내용들은 토

2) 퍼실리테이션 : 회의 진행을 활발하게 하고 민주적인 결론을 도출하기 위한 회의 프로세스를 말한다.

론기획부에서 학급회의록을 모아 정리한다. 수요일 부장회의를 통해 실천 방안들을 논의하여 실행하는 과정을 거치게 된다.

일	월	화	수	목	금	토
1	2	3	4 부장 회의	5	6	7
8	9 대의원 회의	10	11 부장 회의	12	13 퍼실리테이션 교육	14
15	16 학급 회의	17	18 부장 회의	19	20	21
22	23	24	25 부장 회의	26	27	28
29	30	31				

학생회 부장회의 : 매주 수요일 진행되며 학급회의에 보고할 내용이나 논의할 내용들을 정한다.
대의원회의 : 학생회 차원의 학급회 주제를 정한다.
퍼실리테이션 교육 : 학급회장(23개 반 46명)을 대상으로 학급회의 진행 교육을 실시한다. (퍼실리테이션 기법)
학급회의 : 학생회 보고 내용을 전달하고 피드백을 받는다. 그리고 학생회, 학년, 학급 차원의 주제를 가지고
학급회의를 진행한다.

학급회의 준비 과정(대략 3주 정도 걸린다)
부장회의, 대의원회의, 학년회의, 퍼실교육, 학급회의, 대의원회의, 결과 공지

토론과 회의가 많이 열리면 어떤 변화가 있을까? 서울 강동 지역의 K 중학교 혁신부장이었던 최 선생님이 마곡중학교에서 강의할 때 했던 이야기를 그대로 전해본다.

"처음 혁신학교로 지정받았는데 갑자기 교육감이 바뀌었습니다. 정말 어려웠습니다. 하지만 매주 1회 전교사가 참여하는 협의회와 학부모와의 간담회 등을 3년 동안 꾸준히 진행했더니 학교에 변화가 생겼습니다. 교사들 사이에 자발적인 수업 연구모임이 생기고, 교무실의 문화가 민주적으로 바뀌었습니다."

그 말이 오랫동안 기억에 남았다.

"교사 협의회를 3년 동안 지속적으로 해온 교사들과 새로 전입해온 교사들 간에는 확연히 다른 몇 가지가 보입니다. 서로 상대방을 대하는 자세가 다르고, 토론하는 모습도 다르며 생각하는 것까지도 다른 것을 느낍니다."

이런 현상은 삼정이나 마곡중학교 학생자치활동에서도 쉽게 찾아볼 수 있어서 공감이 갔다. 일상적인 토론 문화 속에는 소통과 협력의 문화가 자연스럽게 생겨나고 그 속에서 집단지성이 발휘된다. 민주적인 토론문화가 자리 잡지 못한다면 민주적인 학교문화도 기대하기 어렵다.

셋째, 많은 경험을 쌓게 하자.

마곡중학교에서는 학년 단위의 자치활동 활성화에도 힘써왔다. 1학년은 자유학년제를 활용하기도 한다. 1학년부 차원에서 다양한 활동들을 기획하여 학생들이 주관하도록 하고 있다. 학생회 각 부서의 부원으로 참여하거나 1학년 대표 선출을 위한 선거관리위원회 활동 등의 다양한 자치활동에 참여하게 함으로써 경험을 쌓게 한다.

2학년이 되면 차기 학생회를 준비하는 차원에서 더욱 적극적으로 활동할 수 있게 한다. 각 학급의 남녀 회장들은 자기 학급의 자치활동 책임자인 동시에 2학년의 대의기구 역할을 한다. 그리고 학년 차원의 다양한 사업을 기획하고 실행하기 위하여 2학년 '자치활동 기획단'을 따로 운영하고 있다. 17년에는 이 기획단이 중심이 되어 학교축제에서 민주시민교육 관련 4개의 부스를 운영하였다. 특히, 제주 4·3을 주제로 운영한 부스와 그 이후 2학년 학생들이 전개한 제주 4·3 진상 규명을 위한 서명운동, 유가족을 위한 손편지 쓰기 활동은 마곡중학교의 인권·평화교육의 기틀이 되었다.

18년에는 마곡중학교 2학년 민주시민교육과정 운영에 학생회가 적극 결합하였다. 그 영향으로 19년 학생회에서는 3·1운동 및 대한민국 임시정부 수립 100주년을 맞이하여 제주 4·3, 4·16세월호, 4·19혁명, 5·18광주 민주화운동 등을 함께 묶어 대한민국의 민주주의 역사를 바탕으로 한 마곡의 인권·평화·통일교육으로 자리매김하게 되었다.

19년에는 강서 청소년 지역사회 정책 발표대회를 기획하여 운영하고 있다. 17년부터 운영했던 2학년 자치활동 기획단 활동은 교내에서 차기 학생회를 준비하는 과정으로서 훌륭하게 작동했다. 학생들이 주관하는 마곡중학교 인권·평화교육으로 자리매김하게 되었고, 서울 강서·양천 지역 10여 개의 중학교 학생회가 참여하는 강서연합과도 공유했다. 그 결과 매년 2월 봄방학 때 2박 3일로 실시되는 강서연합의 제주 4·3평화기행단 활동, 강서 청소년 지역사회 정책 참여 발표대회, 제주 4·3 70주년 추념 광화문 국민문화제 참여 등, 지역사회 차원의 민주시민교육으로 발전하였다.

3학년이 되면 이런 경험을 바탕으로 학생회를 책임지고 민주적으로 운영할 수 있는 역량을 갖추게 된다. 마곡중학교에서는 학생회 부장과 차장을 선출할 때, 부·차장 선출 위원회를 구성하여 지원서 서류심사, 면담, 각 학년 전체 학생들을 대상으로 한 설문조사, 활동 경험 등을 종합적으로 합산하여 민주적으로 선발한다. 대부분 1,2학년 때 활동을 통해 역량이 검증된 학생들이 부·차장으로 임명된다. 이렇게 구성된 학생회는 학생 생활협약 같은 학생들과 관련된 규정의 제·개정 활동, 인권·평화·통일 주간 행사, 학교축제, 구기대회 등 다양한 학생회 주관 행사들을 책임지고 운영하게 된다. 3학년은 연간 8시간 진행하는 창·체 수업의 인권교육까지 담당하고 있다.

18년부터 학생회 활동을 적극적으로 한 학생들 중에는 뛰어난 활동으로 많은 사람들의 칭찬을 받은 학생이 적지 않은데, 이 학생들은 대부분 1학년 때부터 충분한 경험을 쌓은 학생들이었다.

넷째, 너무 서두르지 말고 긴 호흡으로 준비해야 한다.

눈에 보이는 성과에 집착하지 말고 학생들의 성장에 초점을 맞춰야 한다. 학생들이나 학교의 문화가 바뀌는 것은 쉬운 일도 아니고 하루아침에 되는 것도 아니다. 자질이나 역량이 뛰어난 교사가 적지 않다 하더라도 학교문화를 바꾸기란 쉽지 않다. 삼정이나 마곡에서도 3,4년 동안 꾸준히 지원하고 기다린 후에야 민주적인 학교문화가 정착되면서 학생도 변하고 학교도 변하는 것을 경험할 수 있었다.

교사들은 학생들이 하는 일이 자신의 성에 차지 않으면 조급해하며 학생들의 일에 간섭하기 시작한다. 그러다 보면 학생들의 자기결정권은 어느새 사라지고 민주주의는 껍데기로만 남게 된다. 교사들은 일을 준비하는 과정에서 학생들이 스스로 책임감을 가지고 해내는지, 민주적인 토론이 잘 이루어지고 있는지 살펴야 한다. 일을 해나가는 과정에서 어려움이 닥쳤을 때, 어떻게 소통하고 협력하며 어떤 방식으로 갈등을 다루는지를 지켜봐야 한다. 그 과정 속에서 학생들이 어떻게 성장할 수 있을까에 초점을 맞춰야 한다. 이렇게 하루하루 성장하는 학생들이 모여 스스로를 바꾸고 학교도 자연스럽게 바꾸게 된다.

다섯째, 학생들에게 안목을 길러주고 자신들이 하고 있는 일의 가치를 깨닫게 해주자.

이제껏 많은 학생들의 활동을 지켜봐 왔다. 책임감을 가지고 자기 역할을 매우 잘하는 학생이 있는가 하면 중요한 역할을 스스로 자원해 맡았음에도 불구하고 자신이 무엇을 할지 몰라 넋 놓고 있는 학생도 많았다. 대의원회의를 소집해놓고 그제야 설문조사 통계를 내느라 학생들을 1시간 동안 기다리게 해놓고 1분 만에 발표를 끝내 버리는 경우도 있었다. 이런 경우 어떻게 해야 할까? 어떻게 대처하느냐는 상황마다 다르겠지만 긍정적인 결과를 기대하려면 학생들의 안목을 길러주라고 말하고 싶다.

　나의 경험으로 보면 어른이건 아이건 어떤 일이 중요한지 알지 못하는 경우가 허다하다. 앞으로 해야 할 일을 보지 못하는 사람은 주위에서 아무리 비난하고 비판하더라도 자신이 해야 할 일을 하지 않는다. 일이 싫어서 하지 않는 사람도 일부 있겠지만 대부분은 지금 어떤 일이 벌어지고 있는지, 자신이 무엇을 해야 하는지 알지 못해서 그냥 넋 놓고 있는 경우가 많다. 나도 게으른 편이지만 내가 해야 할 일이 생기면 계속 생각나 눈에 아른거리면 안 할 수가 없었다. 열정적으로 일을 하는 사람들 대부분은 지금 중요한 일이 무엇인지 알고 있다. 그 일들이 항상 눈에 아른거리기 때문에 일을 손에 놓지 못한다. 학생들도 마찬가지다. 학생회 활동을 적극적으로 하는 학생들 중에는 집에 일찍 가서 쉬라고 해도 늦게까지 남아 일을 하는 경우가 많았다. 일이 보이지 않고서야 그리 못할 것이다.

　교사가 학생에게 일에 대한 안목을 길러주는 방법은 다양하다. 학생이 맡은 일에 대해 자주 대화를 나누고 계획에 대해 이야기하고 다른 학교에서는 어떻게 하고 있는지에 대한 정보를 제공한다. 자치캠프를 통해 다양한 사례를 살펴보고 토론을 하게 하는 등 다양한 방법을 통해 안목을 길러 자신이 해야 할 일을 깨닫게 하는 것이 중요하다.

　무엇보다 중요한 것은 자신들이 하고 있는 일에 대한 가치를 깨닫게 하는 것이다. '내가 하는 일이 얼마나 가치 있는가?'에 관한 자기 긍정이 일에 대한 의욕을 불러일으키고 자기성장의 동력이 된다는 것을 강조하고 싶다. 생각해 보자. 어떤 사람이 죽어라 열심히 일을 했는데 "왜 그런 일을 그렇게 열심히 하는데?" 의미 없다는 듯이 한 마디 던지고 나면, 그 말을 들은 사람은 일을 하고 싶은 의욕이 사라질 것이다. 의욕에 차 열심히 하던 일이 불이 꺼지듯 금방 사그라지고 말 것이다. 하지만 한 사람이라도 "정말 누군가는 꼭 해야 할 그 중요한 일을 네가 그렇게 열심히 했구나! 정말 장하다!"라고 칭찬한다면 아무리 힘든 일이어도 힘든 줄 모르고 하게 될 것이다. 특히 자치활동을 지원하는 교사들의 경우, 학생들이 하고 있는 일의 가치를 살필 줄 아는 능력이 필요하다. 학생들은 의욕에 차 열심히 일을 하지만 그 일의 가치까지 파악하지 못하는 경우가 많다. 그때는 상황을 파악하고 있다가 입에 바른 칭찬보다는 구체적인 사실을 바탕으로 그 일에 대한 가치를 이야기해 주자. 그 행위만으로도 학생들은 자기 긍정에 이르게 되고 성장의 동력을 스스로 만들어낼 것이다.

나는 삼정중학교와 마곡중학교의 학생자치의 성과를 이야기할 때 "삼정의 자치는 삼정이 만들었다."라는 말을 종종 한다. 이 말은 학생자치활동의 성과는 어느 한두 사람에 의해 이뤄진 것이 아니라 학교의 모든 성원들의 관심과 협력 속에서 이뤄졌다는 것임을 강조하기 위한 것이다. 특히 학생들은 자신들이 한 일에 대해 많은 사람들이 인정해 주고 그 가치를 깨닫게 될 때 큰 자긍심을 가지게 된다. 동료 교사들의 관심과 도움 또한 큰 힘이 되어 빠르게 성장한다. 많은 동료 교사들이 내가 발견하지 못한 학생자치활동에 대한 가치들을 발견하고 이야기해 주었다. 그뿐만 아니라 적극적으로 옹호해 주었기 때문에 오늘날의 성장 기반이 되었다고 확신한다. 혁신학교를 함께 만들어갈 때 우리가 가장 많이 사용했던 용어가 '동료성'이었다.

민주시민교육을 할 때 어떤 일에 대한 가치, 특히 학생 자신들이 했던 일에 대한 가치를 이야기해 줄 때만큼 효과가 큰 경우는 없었다. 자율과 책임감이 중요하다는 것을 설명한다고 해서 얼마나 효과가 있겠는가? 하지만 "방금 너희들이 했던 일들이 얼마나 중요하고 의미 있는 일인지" 서로 대화나 토론을 통해서 깨닫게 하고, 그 일들이 "너희들의 자율과 책임의식 때문에 가능했다."라고 이야기한다면 자율과 책임의식이 학생들에게 어떻게 다가올지 극명하게 보여주게 된다.

'차이는 인정하되 차별은 안 된다.'라고 아무리 강조해도 한 귀로 듣고 한

귀로 흘려보내기 십상이다. 14년 삼정중학교 학교축제에서 배려가 필요했던 학생을 오디션을 통과시켜 공연 무대에 올린 일에 대해 왜 이렇게 많은 선생님들께서 감동하고 칭찬했는지에 대해 학생들과 이야기를 나누었다.

> "난 너희들이 자칫 소외되기 쉬웠던 친구들의 감정을 끝까지 놓지 않고 일주일 넘게 토론에 토론을 거쳐 삼정의 어떤 친구들도 행복할 권리가 있다고 주장하며 이 친구가 무대에 올라가 마음껏 끼를 발휘할 수 있도록 최선을 다한 모습에서 정말 감동을 받았다. 혹시나 이 친구가 무시당할까 봐 학생회가 자청해서 백댄서로 함께 춤을 추는 모습도 그렇고, 학생들의 흥을 돋기 위해 관중석을 뛰어다니면서 친구들의 호응을 불러내는 모습을 보고 어찌 감동을 받지 않겠느냐. 난 너희들이 너무나 자랑스럽고 대견하다."

이야기를 나누면서 학생들의 표정을 보니 '우리가 정말 의미 있고 가치 있는 일을 했다.'는 생각에 자긍심을 크게 느끼고 있음을 금방 알아차릴 수 있었다. 이런 기억들은 잘 잊히지 않는다. 5년이 지나 19년에 이 학생들을 다시 만났을 때, 학생들은 누가 어떤 이야기를 했고 무엇을 어떻게 했는지까지 생생하게 기억하고 있었다. 자신들이 했던 가치 있는 일들을 주변에서 인정해 줄 때, 학생들은 자신감을 넘어 자긍심과 자부심까지 드높아지며 그것은 성장의 동력이 된다.

민주시민의식을 실천을 통해 내재화하려면 학생들 주변에 그들이 행했던 일에 대한 가치를 이야기해 줄 수 있는 어른들이 많아야 한다. 그것들이 학생들 성장에 큰 동력이 될 것이다. 학생들이 했던 구체적인 가치에 대해 이야기하고 인정해 주는 행위는 지난 10년의 경험으로 확신하건대, 아이들의 성장 동력에 지대한 영향을 미치고도 남는다. 칭찬은 고래도 춤추게 한다는 말도 있지만 무조건 칭찬만 하는 것은 때론 오히려 독이 된다는 것도 유념하자.

끝으로 그동안 학생들을 지켜보면서 책임감이 강한 학생들은 어떻게든 성장한다는 것, 여기에 더해 타인의 아픔이든 기쁨이든 공감할 수 있는 따뜻

한 감성을 지닌 학생들이 민주적인 리더십을 더욱더 잘 발휘했으며 성장 속도 또한 매우 빠르다는 것을 알 수 있었다. 나의 이런 경험들이 언제나 맞는 것은 아니겠지만, 우리 학생들이 민주시민으로 성장하기를 바라는 분들께 작은 도움이 되었으면 한다.

제 2 장

학교교육과정 차원의 민주주의

삼정중학교
민주시민교육 이야기

혁신학교에서의 수업 혁신과 돌봄 교육

삼정중학교에서 근무를 시작한 2010년도에는 서울에도 마침내 진보 교육 감이 탄생했다. 이를 계기로 교육 운동에 관심 많은 교사들이 중심이 되어 혁신학교를 운영해보자는 의견들이 모이기 시작했다.

학교를 혁신한다는 것. 하지만 새로운 일을 시작할 때, 선뜻 나서지 못하는 것 또한 인지상정이다. 그럼에도 교육개혁 요구를 원하는 교사들의 정서는 그 어느 때보다 뜨거웠다. 암묵적인 동의가 교사들 저변에 깔려 있었다. 다만, 그동안 해왔던 익숙한 수업방식과 생활교육 방식과 생각을 새롭게 바꿔야 했기에 쉽게 결정할 일은 아니었다. 마음 한편으로 두려움 또한 컸다.

반대 의견에 솔깃해지는 것 또한 자연스러운 것이었다.

이런 복잡한 사정들이 얽혀, 전체 교사들이 참여한 치열한 찬반 토론이 여러 차례 진행되었다. 결국 혁신학교 공모사업 참여 안은 58%의 찬성표를 받아 가까스로 통과 되었다. 공모사업 참여 안이 통과되기까지 6개월 동안 내내 정말 열심히 연구하고 토론했다. 결정했던 내용들을 바탕으로 10쪽짜리 공모계획서를 준비했다. 쉽게 가려 했다면 경기도 혁신학교들의 내용을 적당히 참고하면 됐을 것이다. 하지만 우리는 쉽게 가는 길 대신 어려운 길을 택하기로 했다.

서울형 혁신학교의 공모 취지를 철저히 분석했다. 우리의 목적과 실현 가능한 부분들에 대해 심도 있는 토론을 했다. 그 결과, 학생생활교육, 수업평가, 교육과정, 학교운영, 교육복지, 문화예술체육 및 생태환경교육의 6가지 혁신 영역이 정해졌다. 학생과 교사가 함께 행복할 수 있는 학교를 위한 학교운영 기본 방침을 써 내려갔다. 마침내 그렇게 탄생한 슬로건이 '배움과 돌봄 그리고 꿈이 있어 행복한 학교'였다.

여러 차례의 치열한 토론과 투표를 거쳐 혁신학교로의 첫걸음을 시작했다. 하지만 안착할 때까지 수많은 우여곡절이 겪었다. 그럼에도 어려운 과정을 잘 헤쳐 나올 수 있었던 것은 돌이켜 보건대, 민주적 절차와 철학에 토대를 두고 동료들과 서로 소통하고 협력했기 때문에 가능했을 것이다. 어떤 일을 하던 난관은 생기기 마련이다. 누구 한 명의 독선으로 그러한 난관을 어찌어찌 넘기게 될지라도 결국 내실 없는 결과로 이어질 뿐이다. 그러니 무슨 일을 하든 함께하는 이들 간에 서로의 판단을 믿고 존중하며 의견을 조율해 나가야 한다. 상호 존중과 신뢰가 반드시 필요하다고 말하고 싶다.

그렇게 2011년 삼정중학교는 '배움과 돌봄 그리고 꿈이 있어 행복한 학교'란 슬로건 아래 혁신학교로서의 발돋움을 시작했다. 당시 삼정중학교의 혁신학교 운동은 크게 세 가지 축으로 돌아갔다. 수업혁신으로는 '배움의 공동체 수업', 한 명도 포기하지 않겠다는 일념을 담은 '돌봄 교육', 마지막으로 지역 사회와 함께하는 '탄소 줄이기 통합교육과정 운영'이었다.

이 중 첫 번째 맞닥뜨린 난관은 '수업 혁신 부분'이었다. 계획을 세웠을 때는 무난하게 잘 되기만 할 줄 알았는데, 막상 시행해보니 어려운 점이 한두 가지가 아니었다. 게다가 학부모님들은 수업에 관한 부분만큼은 인내하고 기다려주지 않았다. 처음 시작은 제법 호기로웠다. 하지만 한 달이 조금 지난 중간고사 시작 직전, 첫 번째 고비가 생겼다.

첫 번째 수업 혁신 시도는 'ㄷ자 책상 배치 수업'이었다. 처음 10분 정도는 'ㄷ자형'으로 마주 보고 앉아 선생님의 설명을 들었다. 그 후, 약 20-25분 정도는 토론 중심의 협력 수업을 진행했다. 이때는 서로 책걸상을 돌려 모둠 형태로 바꾸어 앉았다. 마지막 10-15분은 다시 'ㄷ자 책상 배치'로 바꾸어 앉아 발표나 질문 시간을 진행했다. 수업 중 2번 정도 자리 배치가 바뀌는 셈이다. 그런데 학생들은 매시간 책상을 옮기는 게 번잡스럽고 어려웠던 모양이다. 처음에는 하자는 대로 따랐지만 한두 주가 지나면서 불만이 터져 나오기 시작했다.

이런 불만은 수행평가 부분에선 더 크게 터져 나왔다. 무임승차 논란이었다. 모둠 수업을 할 때면 토론이나 학습지 작성 등에 성실히 임하는 학생이 있는 반면, 다른 학생의 학습지를 그냥 베껴내는 학생들도 있었다. 그런데도 수행평가 점수가 거의 같으니 성실히 임한 학생 입장에서는 불합리하다 생각을 할 수밖에 없었다. 모둠별 평가 과제를 내줄 때도 비슷한 불만들이 쏟아졌다. 모둠 평가를 실시한 선생님들은 소통과 협력의 중요성을 강조하고 싶었겠지만 공정성의 문제가 불거졌다. 학부모님들에게도 평가가 불공정하다는 것은 참을 수 없는 문제였다. 선생님들의 철학도 존중받아야 하겠지만, 당시 상황으로는 불만이 터져 나올 수밖에 없었다. 결국 삼정중학교 개교 이래 처음으로 학부모님들이 스스로 개최한 학부모 총회가 열렸다. 도서관이 앉을 자리도 없이 꽉 들어 차, 서 있는 사람들도 꽤 많았다.

　수업을 진행한 교사들의 입장에서는 한숨이 절로 나왔다. 배움의 공동체 수업은 학생들의 소통과 협력을 전제로 이루어진 수업이었다. 수행평가 점수보다는 주어진 주제에 대해 서로 토론하며 더불어 배우고 성장하는 모습을 상상하며 진행된 수업이었다. 하지만 학생들은 수행평가 점수에 더 관심이 많았던 것이다. 동상이몽이었다.

　앞서 연구회를 꾸려 무척이나 열심히 준비하고, 적극적인 토론을 통해 모두가 함께 공유했건만 실천과정에선 많은 난제들이 불거져 나오니 속상했다. 낙관적이었던 미래에 암운이 드리우기 시작했다. 시간이 지나면 나아지려나 싶었지만 쉽지 않았다. 정말이지 무척이나 힘들었던 기억이다. 뭔가 이루어지는 것 같다가도, 결국 그저 그런 상태로 주저앉고 말았다. 그래도 포기하지 않았다. 치열하게 준비하고, 어려운 과정 속에서도 선생님들의 동의를 얻어나갔다. 나름 연구하고, 또 배운 대로 충실히 수업을 진행해 나갔다. 하지만 막상 수업을 진행해보면 허점이 많았다. 결국 학부모 총회는 '배움의 공동체 수업'에 관한 성토장이 되고 말았다.

어떤 드라마틱한 극복 방법이 있었던 것은 아니었다. 그보다는 절치부심, 문제점들을 다시 찾고, 개선방향을 모색해 학부모님들께 양해를 구해나갔다. 답이 보이지 않는 답답한 상황이었지만, 우리는 서로에 대한 믿음과 존중을 기반으로 허심탄회한 대화를 이어갔다. 이를 토대로 문제점과 개선방향을 찾아 학부모님들을 다시 한번 설득하여 양해를 구했다.

이번에는 우리 교사들이 먼저 나서 학부모 총회를 요청했다. 이번에도 도서관이 꽉 찼다. 다시 한번 협력수업에 대한 취지 설명과 최대한 빠른 보완을 약속했다. 학부모님들 입장에서도 참으로 어려운 결정이었을 것이다. 다행히 혁신학교를 준비하는 과정을 지켜봤던 학부모님들이라 교사들의 진정성을 믿어 주셨다. 다시 한번 믿고 기다려 보자고 의견이 모아졌다. 그렇게 한고비를 넘길 수 있었다.

수행평가의 경우 선생님마다 각자의 철학이 달랐다. 나의 경우에는 두 가지 원칙을 학생들에게 제시했다. 첫째, 수행평가는 수업하는 과정으로 하고, 숙제로 평가하지 않는다. 둘째, 수업은 서로 협력하여 모둠별 토론 방식으로 진행하되 모둠별 평가는 지양하고, 개인별 평가 위주로 한다. 이렇게 정하고 나니 수행평가에 대한 불만은 더 이상 나오지 않았다. 다행스럽게도 1학기 기말고사를 볼 때쯤에는 모든 것이 한결 나아져 안정화로 접어들었다. 모두가 서로에 대한 신뢰와 존중을 바탕으로 함께 노력한 결과였다. 한번 '수업혁신'이 자리 잡기 시작하자 학교는 한층 안정되었고, 학생들도 빠르게 성장했다.

선생님들 각자의 철학이 다르다거나 학생들의 이해와 참여가 부족한 문제들은 얼핏 각자의 문제처럼 보일 수 있다. 그래서 누군가 좋은 해결책을 제시하면 그저 따르기만 하면 될 것처럼 보일지도 모른다. 하지만, 그리해서는 좋은 결과를 얻기 힘들다. 아무리 치밀하게 준비하여도 막상 실행에 들어가면 예상치 못한 문제가 드러날 수 있다. 어떤 문제가 닥칠지는 아무도 모른다. 그렇기에 처음 추진할 때부터 함께 치열하게 토론하고, 공부하는 과정을 거쳐야 한다. 그렇지 못했다면 삼정중학교의 혁신은 진즉에 무너졌거나 내실 없는 결과물이 되었을 것이다. 이런 일을 할 때는 늘 서로에 대한 신뢰와 존중이 필요했다.

삼정중학교의 혁신학교를 이야기할 때, 돌봄 교육의 훌륭함을 빼놓을 수 없을 것 같다. 학교마다 마음의 치유가 필요한 학생들이 있기 마련이다. 삼정중학교의 '돌봄 교육'은 이런 어려움을 잘 극복하게 해주었다. 이는 학생뿐 아니라 담임 활동과 수업활동의 원활함으로 이어져 서로에게 많은 도움이 되었다. 돌봄 교육은 단 한 명의 학생도 포기하지 않겠다는 책임교육의 의지였다.

학교에는 정말 어떻게 통제할 수 없는 학생이 있기 마련이다. 삼정중학교에도 그런 학생들이 있었다. 한편에선 강제 전학을 보내자는 의견도 없지는 않았다. 하지만, 이 위기의 학생을 담당하고 있던 이돈집 선생님은 단 한 명의 학생도 포기할 수 없다며 책임교육에 최선을 다했다. 교육을 담당하는 부서에서 끝까지 책임지겠다고 하는데, 단지 징계 업무만 담당하는 학생자치부 입장에서 이를 딱히 반대할 수는 없었다.

삼정중학교에서는 학생 사안이 생기거나 돌봄이 필요할 때는 진로상담부, 담임선생님, 학년부, 자치부 선생님들이 수시로 모여 충분한 숙의 과정을 거쳐 결정한다. 담임선생님이나 학년부 차원에서 감당이 어렵다고 판단되면 진로상담부에 돌봄 교육을 맡겼다. 진로상담부에서는 이런 학생들을 위한 대안교실을 운영했다. 하지만 이마저 어려운 학생들은 외부 단체와 협력하여 도움을 받기도 했다.

삼정중학교의 혁신 성과들은 이렇듯 '돌봄 교육', '수업혁신', 그리고 학생들의 자기 결정권에 의한 '학생자치활동'의 세 가지 핵심 축이 톱니바퀴처럼 유기적으로 맞물려 만들어진 결과라고 할 수 있을 것이다.

'탄소 줄이기' 통합교육과정을 만들다

강서지역의 송정, 경서 두 중학교를 거치며 지역의 여러 시민사회단체 활동가들과 연을 쌓을 수 있었다. 이분들과 협력하여 체험학습을 진행했다. 나무 줄기에 청진기를 대고 수액이 흐르는 소리를 들어보거나, 논이나 한강의 둔치에 있는 습지 등을 찾아다니며 생물들을 관찰·연구하였다. 체험 중심의 생물 다양성 교육은 학생들의 감수성 함양과 정서에 좋은 영향을 주었다. 에너지 적정기술에 관한 것이나, 학교 이곳저곳에 야생초를 심거나 뜯어 음식을 해먹는 것 또한 학생들이 좋아하는 체험학습이었다. 이렇게 체험학습의 경험이 쌓아가면서 지역사회와 함께 만드는 생태환경교육을 위한 '강서·양천 생태환경교육 네트워크'가 만들어졌다.

그간의 쌓인 경험들을 바탕으로 통합교과교육, 체험학습, 학생자치활동이 서로 상호작용할 수 있는 교육과정으로 만들어야겠다는 생각이 들었다. 그 결과 2010년에는 '탄소 줄이기 통합교육과정'을 구상하기에 이르렀다. 때마침 '교보교육문화재단'에서 공모사업이 진행되던 터였다. 이 공모 사업에 '삼정중학교 탄소 줄이기 통합교육과정'이란 제목으로 신청하였고 운 좋게도 선정되었다. 2011년부터 3년간 총 3000만 원이란 예산도 지원받았을 뿐만 아니라 '교보교육문화재단'으로부터 청주교대 이선경 교수님을 비롯한 생태환경교육 전문가 집단의 컨설팅까지 받을 수 있게 됐다. 2011년은 삼정중학교가 혁신학교로 지정된 해였기에 더욱 힘을 받을 수 있었다.

이 통합교육과정의 목적은 지구온난화에 따른 기후변화에 대처하기 위한 교육과정에 초점이 맞춰졌다. 크게 세 영역으로 나누어졌는데, 교사들에 의한 통합교과교육, 지역사회에 의한 체험학습, 학생자치에 의한 실천 활동이 그것이었다. 교사들은 원전 하나 줄이기 프로젝트 수업을 위해 여러 교과가 상호 협력하는 학습 공동체를 만들어 '통합교과교육'을 실시하였다. 한편, 강서·양천 생태환경교육 네트워크의 활동가들은 생태환경 감수성을 기르기 위한 체험학습을 담당해 주었다. 학생들은 원전 하나 줄이기 에너지 절약과 다양한 학생회 주관 행사들을 통해 에너지 절약을 실천하고 홍보하는 등의 실천영역을 책임졌다.

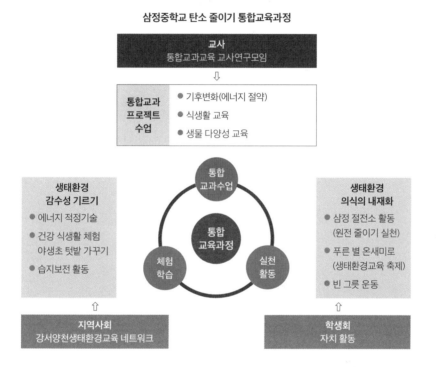

삼정중학교 탄소 줄이기 통합교육과정

기후변화, 생태환경에 관한 교육은 각 교과가 서로 소통하고 협력하여 하나의 주제를 중심으로 프로젝트 수업을 진행하면 효과가 커질 수 있다. 체험학습이 함께 이뤄진다면 효과는 더더욱 커질 것이다. 수업을 통해 얻은 지식과 정보는 돌아서면 잊기 쉽다. 의식으로까지 발전하기 어렵다. 이에 반해 체험학습은 학생들의 흥미를 끌어낼 수도 있고 감수성까지도 길러줄 수도 있다. 여기에 더해 우리 지역에서 이뤄지는 체험학습은 지역사회에 대한 관심이 한층 커지게 하는 효과도 있다. 학생들이 우리 지역에 대한 관심을 갖는다는 것은, 지역사회 차원의 민주시민교육의 토대가 되는 매우 중요한 사항이다. 그리고 에너지 절약과 같은 실천 영역은 학생자치활동을 통해서 이루어진다. 학생들은 자신들이 배우고 느낀 것들을 직접 실천함으로써 생태민주주의자로서의 자질과 습관을 기르고 시민성을 함양하게 된다.

탄소 줄이기 통합교육과정의 운영 : 통합교과 프로젝트 수업 연구회

혁신학교 1년 차였던 2011년에 처음 시작한 프로젝트는 '원전 하나 줄이기 에너지 절약 프로젝트 수업'이었다. 통합교육과정의 취지와 앞선 두 중학교에서의 경험을 교사들에게 설명, 제안하였다. 이를 바탕으로 10명의 교사들이 모여 '통합교과 연구회'가 꾸려졌다.

1학년은 과학, 도덕, 생활국어 교과, 2학년은 기술·가정 교과, 3학년은 과학, 사회, 국어, 미술 교과에서 다양한 주제로 생태환경교육이 이뤄졌다. 하지만 잘 짜인 프로젝트 수업은 아니었다. 혁신학교 2년 차인 2012년에도 좀 더 익숙해졌을 뿐, 여전히 미흡했다. 제대로 된 모형을 갖추게 된 것은 3년 차에 들어섰던 2013년이었다. 국어 교과의 미디어 교육과 기술·가정 교과를 중심으로 한 2학년 '탄소 줄이기 통합교과 프로젝트 수업'이 3년 차가 돼서야 비로소 우리가 그토록 추구하고자 했던 수업의 틀을 갖추게 되었다.

'탄소 줄이기 통합 교과 프로젝트 수업'이 만족스러운 모형이 될 수 있었던 것은 국어 교과의 염영하 선생님과 가정 교과의 김동원 선생님의 공이 컸다. 두 분 선생님이 서로 긴밀하게 소통·협력하여 2학년 수업을 주도적으로 이끈 덕분이다. 이 두 분이 긴밀하게 소통하고 협력할 수 있었던 것은 같은 교무실 바로 옆자리에 나란히 앉아 수업 준비했던 것이 크게 작용했다. 소통·협력을 필요로 하는 프로젝트를 진행할 때에는 공간 또한 매우 중요한 요소가 된다.

2학년 프로젝트 수업은 우리 모두를 뿌듯하게 했다. 하지만 누구보다 특히 가정과의 김동원 선생님은 감회가 남달랐던 것 같다. 김 선생님의 말씀에 따르면 지금까지 가정 교과 수업은 학교에서 별 관심을 받지 못했는데, 이 수업을 진행하면서 가정교사로서 자긍심이 생겼다고 했다.

기술·가정 교과서를 살펴보면 소비나 식생활 습관 등을 포함한 대부분의 내용이 기후변화 수업과 바로 연계할 수 있는 내용들이다. 기술·가정 교과서는 교사가 생태환경교육 철학만 갖추고 있다면 바로 생태환경교육 교과서로 탈바꿈도 가능해 보였다. 이는 기술·가정 교과만의 이야기도 아니다. 생태민주주의 교육은 교사의 마인드에 따라 모든 교과에서 가능하다. 이렇듯 파편화된 단편 지식과 정보를 전달하는 교육방식을 넘어, 교과 간 유기적 협력에 의한 '종합적인 생태환경교육'으로 전환이 필요한 시기다.

그간의 과정을 바탕으로 2014년에는 일반화 모형을 만들기로 했다. 우선 학년별로 분산되었던 프로젝트 수업을 2학년에 집중하기로 했다. 7개 교과(국어, 영어, 수학, 과학, 기술가정, 음악, 도덕 교과)와 2개의 비교과(영양, 진로 교과)의 총 11명의 교사가 참여한 '탄소 줄이기 프로젝트 수업 연구모임'이 재조직되었다.

요즘의 교원학습공동체라 생각하면 될 것 같다. 교육의 내용과 질을 한 단계 더 높이기 위해 매월 1회의 정기 모임을 가졌다. 그 외에도 모두 한 공간에 근무했기에 수시로 만나 서로의 수업에 대해 논의하였다.

다음은 당시 2학년 통합교과 프로젝트 수업 진행과정을 한눈에 볼 수 있도록 정리한 표이다.

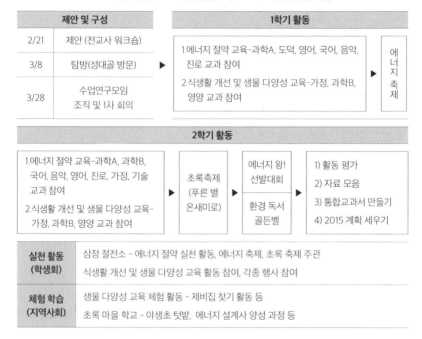

2014년 삼정중학교 2학년 통합교과 프로젝트 수업 진행 과정

제안 및 구성		1학기 활동	
2/21	제안 (전교사 워크숍)	1.에너지 절약 교육-과학A, 도덕, 영어, 국어, 음악, 진로 교과 참여	에너지 축제
3/8	탐방(성대골 방문)	2.식생활 개선 및 생물 다양성 교육-가정, 과학B, 영양 교과 참여	
3/28	수업연구모임 조직 및 1차 회의		

2학기 활동			
1.에너지 절약 교육-과학A, 과학B, 국어, 음악, 영어, 진로, 가정, 기술 교과 참여 2.식생활 개선 및 생물 다양성 교육-가정, 과학B, 영양 교과 참여	초록축제 (푸른 별 온새미로)	에너지 왕! 선발대회 환경 독서 골든벨	1) 활동 평가 2) 자료 모음 3) 통합교과서 만들기 4) 2015 계획 세우기

실천 활동 (학생회)	삼정 절전소 - 에너지 절약 실천 활동, 에너지 축제, 초록 축제 주관 식생활 개선 및 생물 다양성 교육 활동 참여, 각종 행사 참여
체험 학습 (지역사회)	생물 다양성 교육 체험 활동 - 제비집 찾기 활동 등 초록 마을 학교 - 야생초 텃밭, 에너지 설계사 양성 과정 등

우선, 학교의 모든 교사가 참여한 워크숍에서 프로젝트 수업에 참여한 교사들의 평가를 실시한 후 '14년도 프로젝트 수업에 참여를 희망하는 교사들을 모집하였다. 그 후, 3월 8일에는 성대골 어린이 도서관의 김소영 관장님의 안내를 받아 절전소 현황이나 에너지 적정기술을 활용한 시설들을 둘러보았다. 다음으로 2학년 수업을 담당하고 있는 7개 교과·비교과 교사 11명이 참

여한 수업연구 모임을 조직하였다. 3월 28일에는 1차 회의를 진행하였고, 2팀으로 나눠 프로젝트 수업을 진행하였다.

1학기의 수업 주제는 각 교과의 특성과 개별 교사들의 관심사에 따라 나누었다. 그 결과를 모아 1학기 말에 에너지 축제를 실시하였다. 2학기에는 학교축제인 '푸른별 온새미로'의 생태환경교육 부스 운영과 연계했다. 이후 '환경 독서 골든벨'을 개최하는 데까지 이르렀다.

비록 '에너지 왕 선발대회'와 학년말에 통합교과서를 만들고자 했던 계획까지는 이루지 못했지만, 훨씬 안정적인 프로젝트 수업 모형이 만들어졌다. 만일 한해 정도 더 수정·보완했다면 일반화 모형까지도 발전할 수 있는 상황이었다. 하지만 15년도에 주축 교사들이 학교를 옮기게 되었고, 염영하 선생님도 1학년 부장을 맡게 되어 더 이상 진전을 이루지 못했다. 이는 정말 아쉬운 대목이 아닐 수 없다.

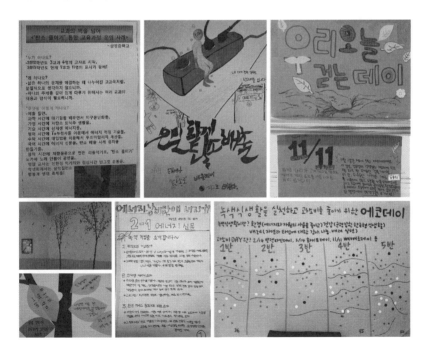

탄소 줄이기 통합교육과정의 운영 : 체험학습

2014년 ○월 ○일, 삼정중학교 2학년 학생들 60여 명이 점심을 먹고 습지체험을 위해 버스를 탔다. 김포공항 뒤편에 내리니 꽤 넓은 습지들이 눈에 들어왔다. 습지 뒤편으로 넓게 펼쳐진 논들이 고즈넉했다. 그간 이런 곳에 습지가 있었다는 사실조차 몰랐다. 현장에서 기다리시던 강서지역의 여러 시민단체에서 오신 강사님들이 우리를 반갑게 맞아줬다. 10여 명 정도로 구성된 각 조의 학생들 또한 체험학습을 도와줄 강사선생님들과 반갑게 인사를 나눴다. 탐사활동에 대한 안내가 먼저 이루어졌다. 망원경과 작은 생물을 확대해서 볼 수 있는 루페 등의 탐사 도구가 분배된 후, 본격적인 탐사활동이 시작되었다.

습지에는 개구리, 맹꽁이를 비롯한 크고 작은 생물들과 다양한 새들이 머무르고 있었다. 학생들은 루페나 망원경들을 이용하여 습지의 생물들을 자세히 관찰한 뒤, 미리 준비해온 학습지에 자세히 기록하였다. 이 관찰 학습지는 학교로 돌아가면 생물 다양성 수업에 활용될 것이다.

공항 습지는 정말이지 다양하고 아름다운 생물들이 가득 살고 있는 우리 지역의 생물 다양성의 보고였다. 김포공항 측은 새떼가 비행기의 이착륙에

방해가 된다며 습지를 없애고 골프장을 만들려 계획하고 있었다. 개발을 반기는 사람들도 있을 것이다. 하지만 이렇게 풍부한 생태계를 품고 있는 훌륭한 습지를 개발 논리만 앞세워 없애버리는 것은 결코 좌시할 수 없는 문제였다. 하인리히 법칙이라는 것이 있다. 대형 사고는 어느 순간 갑작스럽게 발생하지 않고 그 이전에 반드시 경미한 사고들이 반복되는 과정 속에서 발생한다는 법칙이다. 오늘날 전 인류를 위험에 빠트린 기후변화와 같은 위험은 어느 날 갑자기 터진 사고가 아니다. 우리가 자연 생태계의 중요성을 망각하고 개인들의 소소한 이익들에 눈이 먼 결과였다. 작은 습지 하나에 유난이라는 사람도 있을지 모르겠다. 하지만 작은 것을 우습게 보는 이는 큰 것도 우습게 보기 마련이다.

지역의 생태환경단체들은 강서지역 생물 다양성의 보고인 공항 습지를 보호하기 위해 애쓰고 있었다. 무엇보다도 먼저 지역주민들에게 공항 습지를 알리는 일이 중요했다. 지역 생태환경단체들과 함께하는 체험학습이라면 생물 다양성 교육으로도 매우 의미 있는 수업이 될 거라는 생각이 들었다. 그래서 학생들과 지역주민들에게 습지의 중요성을 알리는 생물 다양성 교육을 위한 체험학습을 기획했다. 김포공항은 걸어서 갈 수 있는 정도의 거리에 사는 나도 김포공항 뒤편에 이런 습지가 있는지 전혀 몰랐다는 생각에 착안했다. 공항 습지 체험학습은 생물 다양성 수업에 큰 도움을 주었다. 그리고 우리 학생들에게 지금 지역사회에 무슨 일이 일어나고 있는지 일깨워주기도 했다. 이처럼 우리 지역에 대한 체험학습은 생태환경의 감수성을 길러줄 뿐 아니라 우리 지역에 대해 관심을 갖게 할 수도 있다.

김포공항 습지 체험학습은 수업 시간에 이뤄졌다. 통합교과 프로젝트 수업에 참여한 교사들의 시간을 조정하여 매주 2개 반씩 3주 동안, 2학년 여섯 개 반 전체가 참여했다.

이 외에도 강서지역 생활협동조합의 도움으로 장 담그기, 매실차 만들기,

텃밭 가꾸기 등의 체험 중심의 상설 동아리 활동을 실시하였다. 생태보전시민모임이나 환경운동연합 등의 도움을 받아 개화산 숲 습지 체험활동, 맹꽁이 살리기 행사나 환경영화제 참여 활동 등의 다양한 동아리 활동들도 체험학습의 형태로 이뤄졌다. 그뿐만 아니라, 환경호르몬과 기후변화의 문제점 등을 학습하고 이를 개선하기 위해 친환경 샴푸나 대안생리대 등의 '친환경 생활용품 만들기 체험학습'도 진행되었다.

이 밖의 체험학습 활동들과 지원 단체를 잠시 나열해 보겠다. 우선 강서생활협동조합 아이쿱과 홍성 풀무 생협, 식생활교육 네트워크를 통해 지원받은 '충남 홍성 문당리 마을' 농촌체험 봉사활동이 있다. 또 강서양천생태환경교육 네트워크 6개 단체의 지원을 받은 '전일제 생태체험 봉사활동'과 성대골에너지 사립마을의 도움을 받은 '에너지 석성기술에 관련된 활동들', 방화농초록마을학교의 지원을 받은 '야생초 텃밭 가꾸기' 등, 많은 활동들이 체험학습 형태로 진행되었다.

삼정중학교 탄소 줄이기 통합교육과정의 체험학습은 교과수업시간, 창·체수업, 동아리 활동, 봉사활동 등 다양한 형태로 진행되면서 통합교과수업과도 연계되어 운영되었다. 학생자치활동과도 연계되어 운영되었다. 생명의 신비와 소중함을 느끼게 하는 생태환경 감수성을 기르는 교육이기도 했지만, 학생들이 우리 지역사회에 대한 관심을 갖게 하는 계기로 만들 수 있는 좋은 수업이었다. 따라서 생태민주주의 교육은 지역사회 차원의 민주시민교육으로도 매우 중요한 위치를 점하고 있다. 앞으로 더욱 관심을 가지고 추진해야 할 이유다.

탄소 줄이기 통합교육과정의 운영 – 학생자치활동

수업을 통해 지식과 정보를 얻거나, 체험학습을 통해 감수성과 의식들을 기르는 것도 중요하지만, 직접적인 실천까지 더할 수 있다면 교육의 효과는 배가 될 수 있다. 학교에서 생태환경교육을 하고는 있었지만 그냥 배움에서 그치는 부분이 있어 항상 아쉬웠다. 그래서 이 통합교육과정의 실천영역을 담당 부서인 생활지도부와 협의 후 학생회에서 맡기를 제안하였다.

학생회는 '에너지 절약을 위한 등굣길 행사', '에코마일리지 가입운동', '에너지 수호천사 활동', '생태환경교육 축제'를 비롯한 다양한 학생회 주관 행사를 맡아 홍보활동을 펼쳤다. 2012년부터는 학생회 산하에 삼정절전소라는 부서를 두고 학생들이 직접 자기 교실에서부터 전기에너지를 줄여나가기 시작했다.

2011년 3월 11일 후쿠시마 핵발전소가 폭발했다. 핵발전소가 우리 인류에 어떤 재앙을 불러오는지 극명하게 보여준 사건이다. 미국의 스리마일 핵발전소 폭발, 구소련의 체르노빌 핵발전소 폭발사건까지 재조명되면서 탈핵운동이 활발해졌다. 서울시에서는 에너지 절약을 통한 원전 하나 줄이기 운동을 펼쳤다. 삼정중학교도 이에 발맞춰 원전 하나 줄이기 실천 활동에 참여하였다. 때마침 성대골 어린이 도서관에서 전기에너지 절약을 위한 절전소를 운영한다는 사실을 접하게 되었고, 학생회에서 절전소를 직접 찾아가 보기로 했다.

수업을 마친 후, 학생회 임원들 10여 명과 함께 동작구 상도동에 있는 성대골 어린이 도서관을 찾았다. 1시간 넘게 지하철을 이리저리 갈아타고, 묻고 물어 한참을 걸은 끝에 도착한 도서관은 생각보다 작고 아담했다. 기다리시던 김소영 관장님이 우리를 반갑게 맞아 주셨다.

도서관장님의 안내로 들어선 도서관은 책 보단 색연필로 그려진 막대그래프들이 먼저 눈에 띄었다. 마을 행사 때 사용했었다는 탈, 깃발 등의 소품들도 눈에 들어왔다. 하지만 무엇보다 궁금한 것은 절전소였다. 그런데 알고 보니 도서관 벽에 붙여진 그 막대그래프들이 바로 성대골의 절전소라 했다.

절전소는 발전소와 대비되는 의미에서 지어진 명칭이다. 전기에너지를 절약함으로써 그만큼의 에너지를 생산한 효과를 가져온다는 뜻이다. 그 막대 그래프들은 바로 성대골 각 가정의 매월 사용한 전기에너지의 양을 표시한 것이었다. 자세히 들여다보니 그래프 아래에 사람들의 이름이 적혀있었는데, 실로 많은 양의 전기를 아끼고 있었다. 이 마을 사람들은 절전소 활동에 대해 큰 자부심을 가지고 있는 듯했다.

관장님께서는 마을에 도서관의 건립 유래와 에너지 적정기술을 활용한 주택, 교회 등을 보여주셨다. 성대골에서는 정말 다양한 방식으로 에너지를 절약하고 있었다. 학교로 돌아온 학생들은 이를 벤치마킹하여 우리 학교의 전기에너지를 절약하기 위한 삼정절전소를 만들었다. 다음 표는 2014년 3월부터 9월까지 절약한 교내 전기에너지의 양이다.

삼정 절전소의 절전량(kwh)

월별	사용량(kwh)		증감량(kwh)	증감율(%)
	2013년	2014년		
3월	197	169	-28	-14.2
4월	210	175	-35	-16.7
5월	194	166	-28	-14.4
6월	209	165	-44	-21.1
7월	231	178	-53	-22.9
8월	372	237	-135	-36.3
9월	257	182	-75	-29.2
합계	1,670	1,272	-398	-23.8
평균	239	182	-57	

학생들이 스스로 삼정절전소를 만들어 에너지 절약 활동에 나서니 가장 먼저 반기는 것은 행정실이었다. 학생들은 매월 전기에너지 사용량 점검 및 당월 전기에너지 사용량 실태를 조사했다. 에너지 절약 스티커 붙이기, 등굣

길 홍보 활동, 에코마일리지 가입 홍보 등 다양한 방식으로 에너지 절약을 위한 활동을 펼쳤다. 학년별 반별 책임자도 정해 특별실이나, 운동장 수업 또는 방과 후에 교실 불 끄기 활동 등을 벌였다. 이를 통해 적지 않은 전기 에너지를 절약할 수 있었다. 학생들은 삼정절전소 활동을 통해 학교의 통합교육과정의 커다란 한 축을 담당해 나가기 시작했다. 무엇보다 학생들 스스로 큰 자부심을 느끼고 있었다.

다음은 학생들의 활동 소감문인데, 아이들의 자부심과 적극성이 얼마나 컸는지 알 수 있는 대목이다.

삼정절전소 운영위원들이 학생들에게 에너지 절약 방법을 홍보하고 각 반의 활동을 도와주었다. 각 반에 한 명씩 운영위원들이 있어서 교실에서의 에너지 절약이 효율적으로 잘 운영되었다. 교실에서는 창가 쪽 전등이나 교실 이동 수업 시 사용하지 않은 전등과 선풍기를 잘 끄는 등의 방법으로 에너지 절약을 실천하였다. 처음에는 아이들이 신기해하면서도 불만이 많았는데, 지금은 아이들이 먼저 에너지 절약을 실천하고 있어 뿌듯하다.

여름에는 절전소 활동이 가장 활발했던 시기임과 동시에 아이들의 불만이 가장 많았던 시기였다. 여름인데 에어컨도 많이 틀어주지 않고, 기온도 예년에 비해 높아서 불만이 많았다. 이 번 여름이 특히 더웠다. 아침에 창문을 열어 환기를 시킨 후, 에어컨을 켜면 더 시원하다는 것을 모르는 아이들이 많아서 좀 아쉬웠다. 이 불만도 오래가지 않아서 다행이었다.

내년에 절전소를 운영하는 학생들이 올해 활동의 부족한 점을 보완하여 더욱 훌륭한 절전소가 되었으면 좋겠다. 1년 동안 힘들고 어려운 일들도 많았는데 끝나고 나니 아쉽기도 하고 시원섭섭하다. 앞으로 이런 좋은 활동이 또 있으면 참가하고 싶다.

(삼정절전소 운영부장 3학년 김잔디)

2012년 한 해 동안 삼정절전소 활동을 하면서 많은 경험을 하였고 배웠습니다. 나는 학교와 가정에서 에너지 절약 활동 및 에코마일리지 가입 홍보활동을 책임지는 역할을 하였습니다.

우리는 에너지 절약을 위해 아침이나 점심시간 또는 방과 후에 만나 회의를 했습니다. 방화근린공원에서 강서동화마을 축제에 참여해 에코마일리지 가입 홍보를 위한 부스를 운영하기도 했으며 학생들의 각 가정에 가정통신문 보내기, 등굣길 홍보 활동도 했습니다.

학교축제 푸른별 온새미로에서도 저희 삼정절전소가 에코마일리지 가입 홍보를 하였습니다. 에코마일리지에 가입하는 학생들을 선착순으로 모아 캐리커처도 그려주었는데 많은 학생들이 즐겁게 참여하여 좋았습니다. 이처럼 많은 활동들을 중학교 3학년 한 해 동안 할 수 있어서 너무 좋았고 이런 활동을 할 기회가 주어진 것이 정말 행운이었던 것 같습니다.

우리들의 노력으로 학교의 에너지도 절약하고, 새로운 경험도 해보고 평생 잊지 못할 소중한 경험이었습니다. 앞으로 많은 사람들이 삼정절전소를 시작으로 에너지 절약을 실천하였으면 좋겠습니다.

(삼정절전소 운영2부장 3학년 안홍현)

내가 지금 다니고 있는 혁신 삼정중학교는 작년부터(2011년) 에너지 절약 활동을 펼치고 있다. 에너지 교육, 절전소 활동, 에너지 절약 운동 등 많은 활동을 하였다.

에너지 절약 학습을 위해 여러 교과 선생님들께서 에너지 절약의 필요성에 대해 설명해 주시고, 물 재생센터를 견학하는 등 학교 차원의 노력도 엿볼 수 있었는데 견학을 통한 즐거움과 에너지의 소중함과 에너지 절약의 필요성을 깨달을 수 있었다.

학교에서 에너지를 절약하는 방법은 간단했다. 첫째, 날이 밝을 때는 뒤쪽 전등은 끄고 앞쪽 전등만 켠다. 둘째, 덥거나 춥지 않을 때는 히터, 선풍기를 켜지 않는다. 셋째, 교실을 비울 때는 주번이 전등과 히터, 선풍기를 끈다. 계속하다 보니 어느 정도 몸에 밴 것 같다. 나의 이런 작은 실천들도 도움이 될 수 있다니 참 뿌듯하다.

마지막으로 가장 인상 깊었던 것은 초록축제다. 축제에서는 송이라는 화폐를 사용하여 아나바다 운동을 위한 알뜰시장은 물론 자기가 직접 에너지를 만들어 갈아먹는 생과일주스 만들기에 참여할 수 있었으며, 닭강정과 같은 먹거리도 사 먹고 재생비누 만들기, 생태퀴즈 맞히기 등 많은 놀 거리가 있었다.

난 우리 학교에서 이 축제가 제일 맘에 든다. 에너지 절약 교육이라 하면 교실에서 따분하게 앉아서 듣고만 있는 것이라고 생각했을 텐데, 이렇게 재밌고 유익한 축제를 통해서 '에너지 절약'이란 단어를 이렇게 즐기면서 의미 있게 가슴속에 새길 수 있다는 게 신기하다.

이 소감문을 쓰면서 내가 예전에 생각했던 것들을 반성할 수 있었다. 에너지 절약은 마냥 피곤하기만 한 것이라 생각했고 왜 하필 우리 학교가 에너지 절약을 해야 하는지 의문이 들었다. 하지만 지금은 생각이 다르다.

남이 해야 내가 하는 것이 아니라 내가 먼저 실천해야 한다는 것. 그리고 조금 피곤한 것이 우리나라 우리 미래를 밝혀주는 등불이 된다는 것을 가슴에 새길 수 있었다.

앞으로 내가 이 학교에 다닐 수 있는 시간은 거의 2년 나는 나에게 주어진 2년이란 시간을 틈틈이 사용하여 에너지 절약을 생활화할 것이다. 내가 3학년이 되었을 때 이렇게 또 소감문을 쓰면서 나의 활동을 되새겨 보는 시간을 가져야겠다.

(1학년 윤지선)

당시 1학년이었던 지선이는 자신의 말대로 3학년에 올라와 삼정절전소의 운영부장을 맡아 적극적으로 활동했다. 벌써 대학교 2학년이 된 지선이는 삼정중학교 시절이 가장 행복했던 시절이었다고 말했다. 모든 교육 활동이 모든 학생들을 만족시킬 수 있거나, 들어맞을 수는 없겠지만, 학생들의 마음이 스스로 우러나 참여하는 교육 활동들이 얼마나 긍정적 영향을 미치는지를 다시 한번 확인할 수 있었다.

마곡중학교
민주시민교육 이야기

민주시민교육을 중심으로 학교교육과정을 만들다

학생들을 민주시민으로 양성하기 위해서는 학교 차원의 민주시민교육과정이 필요했다. 이를 위해 마곡중학교 학생자치부는 2017년 교사워크숍에서 학교차원의 공공선 프로젝트란 이름의 실천적 민주시민교육을 제안했다. 이후 많은 논의와 연구를 통해 마곡중학교 교육목적에 맞게 다듬어졌고, 이는 마곡중학교 배움·나눔 민주시민교육으로 자리매김 되었다.

마곡중학교 배움·나눔 민주시민교육과정은 교원학습공동체 교사들과 함께 여러 권의 책을 읽고 토론하는 과정에서 나온 이야기들을 많이 참고했다. 독일의 정치교육 보이텔스바흐 합의와 관련된 도서, 『선생님, 민주시민교육이 뭐예요?』(염경미), 『시민교육이 희망이다』(장은주) 등의 도서와 경기도 민주시민교육 교과서, 『학교 민주시민교육의 기본 개념 및 추진원칙 연구』(정원교 외) 등의 자료들을 참고하였다. 여기에 마곡중학교의 교육 활동을 종합적으로 검토하여 마곡중학교 배움·나눔 민주시민교육과정이 만들어졌다. 하지만 아직 미홉하거나 수정·보완해야 할 것이 많을 것이다. 앞으로 실천과정에서 나타난 여러 모순들을 살피고, 더 많은 논의와 연구를 통해 다듬어 가야 할 것이다.

『학교 민주시민교육의 기본 개념 및 추진원칙 연구』란 연구보고서에서는 '존중, 자율, 연대의 사회적 가치 추구, 시민상, 시민적 역량을 위한 민주시민교육'의 필요성을 강조했다. 또한 『시민교육이 희망이다』란 책에서는 민주시민교육의 핵심 이념과 학교정규교육과정 차원, 학교문화 차원, 지역사회 차원의 민주시민교육 필요성을 강조했다. 이는 마곡중학교의 배움·나눔 민주시민교육(학생들의 자기결정권에 의한 민주시민교육, 학년 차원의 창의체험 민주시민교육, 마을결합형 민주시민교육 등)과 일맥상통했다. 따라서 마곡중학교 배움·나눔 민주시민교육과정의 완성도를 높이는데 이들 연구보고서와 책들의 연구 내용이 많이 인용됐음을 미리 밝혀둔다.

마곡중학교 민주시민교육의 패러다임은 민주주의가 핵심축이며 민주시민 양성이 핵심 이념이다. 민주시민 양성은 주권자 교육을 통해 가능하다. 따라서 마곡중학교 배움·나눔 민주시민교육과정은 주권자 교육을 통해 우리 학생들을 민주시민으로 양성하는 것이 목적이었다. 그리고 '학교의 정규 교육과정'과 학생들의 일상적 생활과 관련된 잠재적 교육과정을 포함한 '민주적 학교 문화', '지역사회'라는 세 가지 차원을 포함하는 종합적인 교육과정을 염두에 두었다.

이를 바탕으로 일상적 민주시민교육을 추구하였다. 나아가 학교 밖 지역사회의 일상적인 삶을 포괄하는 민주시민교육에 이르기 하기 위한 학교교육과정에 힘썼다. 학생들은 시민적 역량을 기르고 민주적 가치(관) 및 태도를 함양하여 실천적 수준의 민주시민의 자질과 습관을 갖게 됨과 동시에 안전하고 평화로운 학교를 스스로 만들어 나아가게 된다. 더 나아가 지역사회에 관심을 가지고 참여하며 인권·평화의식을 바탕으로 인류평화를 염원하는 세계시민으로 성장하게 된다. 즉, 마곡시민은 마곡 배움·나눔 교육과정을 통해 교육되고 형성되는 것이다.

마곡중학교의 배움·나눔 민주시민교육과정을 통한 민주시민 양성교육의 근거는 우리 헌법과 교육기본법 상의 교육 이념이다. 우리나라 헌법 1조 1항과 2항 및 교육기본법상의 교육이념이 마곡 배움·나눔 민주시민교육과정의 주요 근거이다.

마곡 배움·나눔 민주시민 교육과정

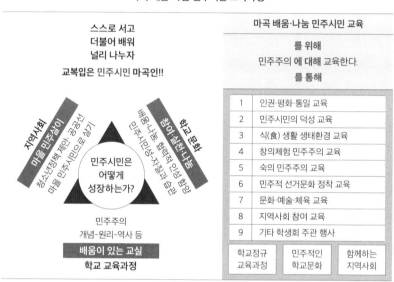

목적	민주주의를 위한 민주시민의 양성 - 주권자 교육
근거	● 헌법 1조 1항 : 대한민국은 민주공화국이다. ● 헌법 1조 2항 : 대한민국 주권은 국민에게 있고 모든 권력은 국민으로부터 나온다. ● 교육기본법 제2조(교육이념) 교육은 홍익인간(弘益人間)의 이념 아래 모든 국민으로 하여금 인격을 도야(陶冶)하고 자주적 생활능력과 민주시민으로서 필요한 자질을 갖추게 함으로써 인간다운 삶을 영위하게 하고 민주국가의 발전과 인류공영(人類共榮)의 이상을 실현하는 데에 이바지하게 함을 목적으로 한다.

필요성

인간이 민주시민의 자질을 길러 인간으로서의 존엄성을 보호받고 인간다운 삶을 살아가려면 '민주주의 교육 패러다임'이 필요하다. 민주주의 교육 패러다임은 민주주의가 핵심 축이고 민주시민의 양성이 핵심 목표이다.

민주주의를 신봉하고 민주화를 위해 나름 노력을 했다고 자부하는 사람들이라 할지라도 우리 사회나 일상의 삶에서 민주주의를 얼마나 실천하며 살아왔는지는 나 자신부터 많은 의문이 든다. 특히, 가정에서는 정말 그렇지 못한 것 같다. 또 회의를 하거나 일을 같이 할 때도 자성해야 할 경우를 적지 않게 보았다. 민주적이지 못한 행위들이 많은 주변 사람들이나 우리 사회 곳곳에서 빈번하게 일어나고 있다. 따라서 민주시민교육은 사회의 여러 차원 및 생애 전 과정에서 이루어져야 한다. 시민은 가정이나 학교뿐만 아니라 개인의 일상적인 삶의 전 과정을 통해 형성되기 때문이다.

대한민국은 민주공화국이다. 하지만 민주주의가 온전히 작동하려면 민주주의를 살아낼 수 있는 역량을 갖춰야 한다. 그러한 역량을 갖추기 위해서는 사람들 각자가 주권자임을 자각해야 한다. 자신이 누릴 수 있는 권리와 의무가 무엇인지 알아야 한다. 존중, 자율, 연대 등의 사회적 가치를 지향하기 위해선 존중, 배려, 신뢰 같은 시민적 덕성을 길러야 한다. 또한 사회적 공감 역량, 사회적 의사결정 역량, 사회적 참여 역량, 성찰 역량 등이 무엇인지 배우고 갖춰야 한다. 사람은 주권자 교육을 통해 민주주의를 살아낼 수 있는 역량을 갖추었을 때만이 비로소 진정한 시민이 될 수 있는 것이다.

이러한 역량은 단순히 교과 수업을 통해서 이루어질 리 없다. 수업을 통해 배우는 것도 있지만 일상에서 배운 것을 실천할 수 있는 체험의 장도 많아야 하고 기회도 많아야 한다. 배움을 실천으로 이어가 내면화하는 과정이 필요하다. 다양한 논쟁과 토론을 통해 숙의 민주주의를 체득하는 것도 필요하다. 무엇보다 좋은 삶에 대한 성찰이 필요하다. 따라서 제대로 된 민주시민 교육을 위해서는 다양한 차원에서 민주시민교육이 이뤄져야 한다. 그 방법과 수단도 다양해야 한다.

학교에서도 민주시민교육이 제대로 이루어지려면 다양한 차원과 다양한 방법과 수단을 유기적으로 연계할 수 있는 교육체계가 필요하다. 학교정규교육과정, 민주적 학교문화를 바탕으로 한 잠재적 교육과정, 지역사회 차원의 민주시민교육과정과 이들을 유기적으로 연계하여 교육의 효과를 배가하기 위한 다양한 방법과 수단을 강구해야 한다.

마곡중학교 배움·나눔 민주시민교육과정은 학생들을 주권자 교육으로 안내한다. 민주공화국의 시민인 우리 학생들이 존중/자율/연대의 사회적 가치를 바르게 이해하고 추구할 수 있도록 돕는다. 이를 위해 각 개인들이 지녀야 할 존중/배려/신뢰와 같은 시민적 덕성과 이에 상응하는 사회적 공감 역량/사회적 의사결정 역량/사회적 참여 역량/성찰 역량 등을 갖출 수 있도록 돕는다. 학교는 학생들이 자신과 동료 시민들을 주권자로서 존중하는 사람, 자율의 원칙에 따라 자신의 주권을 실현할 수 있도록 배려하는 태도를 지닌 사람, 사회적 연대의 수준과 범위에 따라 적절한 수준의 신뢰 관계를 바탕으로 자신의 주권을 행사할 수 있는 사람으로 성장할 수 있도록 최대한 지원한다.

민주시민으로서의 마곡중학교 학생상

학교는 '주권자 교육을 통해 구체적으로 어떤 학생을 양성하고자 하는가?'

에 대해 묻고 찾아야 한다. 학교의 모든 구성원들이 함께 참여하여 민주시민의 모습을 만들어간다면 왜 민주시민교육을 하는지 보다 명확해질 것이다. 특히 당사자인 학생들이 참여한다면 자신들이 어떤 덕성과 역량을 쌓아 어떤 가치를 추구할 것인지 보다 명확해질 것이다. 그리고 이는 우리 학생들 삶의 동력으로 작동하기에 충분할 것이다. 이를 위해 민주시민으로서의 마곡중학교 학생 상을 다음과 같이 제시한다.

민주시민으로서의 마곡중학교 학생상[3]

- 민주주의를 이해하고 생활 속에서 실천하는 사람
- 상호 존중의 민주시민의 덕성을 지닌 사람
- 모든 사람의 자율적인 삶을 위해 배려하는 마음을 지닌 사람
- 서로를 신뢰하는 마음을 바탕으로 연대의 삶을 살아가는 사람

첫째, 민주주의를 이해하고 일상생활 속에서 민주적인 삶을 살아갈 수 있는 사람이다. 민주주의의 이념과 원리를 이해하고 민주주의의 제도와 절차를 정확히 알아서 충분히 활용할 수 있으며, 민주주의를 자신의 삶의 양식으로 받아들이고 실천할 수 있는 사람을 말한다. 그럼으로써 한 인간으로서 존엄성을 보장받는 주권자로 살아갈 수 있어야 한다.

둘째, 사회적 공감 역량을 갖춘 사람으로서 상호 존중에 의한 민주시민의 덕성을 지닌 사람이다. 민주주의 사회에서 자신의 주권을 인정받기 위해서는 어떤 식으로든 상대의 주권도 인정해야 한다. 주권자에 대한 상호 존중은 민

---

3) 우리의 교육 이념, 2015 개정 교육과정에서 '자주적인 사람', '창의적인 사람', '교양 있는 사람', '더불어 사는 사람'이라는 4가지 인간상을 제시하고 있다. 그리고 경기도교육청에서 발간된 민주시민교육 교과서에도 학생상이 나와 있다. 우리의 교육이념, 2015 개정 교육과정, 민주시민교육 교과서도 좋은 참고가 되었지만, 학교 민주시민교육의 기본개념 및 추진원칙에 대한 연구 보고서를 많이 참고하였다. 이 보고서가 마곡중학교의 민주시민교육을 설명하는데 적절했기 때문이다. 학교 민주시민교육의 기본 개념 및 추진원칙에 대한 연구 보고서를 참고하고, 마곡중학교 배움·나눔 민주시민교육과정을 운영하면서 추구해왔던 내용을 중심으로 민주시민으로서의 마곡중학교 학생 상을 위와 같이 제시하였다.

주주의 국가의 시민이 지켜야 하는 가장 기본적인 가치이자 태도라는 것을 이해해야 한다. 그리하여 모든 사람들이 자유로운 존재로서 인간의 존엄성을 최대한 보장받아야 된다는 것을 인정하고 서로를 존중할 줄 아는 사람이 되어야 한다.

셋째, 자신을 포함한 모든 사람들이 최대한의 자율적인 삶을 살아갈 수 있도록 배려가 기본 바탕이 되는 마음을 가진 사람이다. 여기서 '배려'라 함은 자신의 가치관이나 이해 관심을 배제하지 않으면서도, 상대에게 최대한 넓은 행위 가능성을 열어주는 태도를 말한다. 그리고 자율적인 삶을 살아가는 사람이란 '배려'하는 마음을 기본 바탕으로 가진 사람이다. 주권자들 각각의 의사를 최대한 반영하면서도 사회적 필요를 충족시키거나 합의를 이끌어낼 수 있는 사회적 의사결정 역량을 지닌 사람이 되어야 한다. '가장 합리적인 방안은 모두가 합의하는 적절한 규칙을 세워서 공동으로 준수하는 것이다.'라는 것을 이해하고 실천할 수 있는 사람이 되어야 한다.

넷째, 우리 모두는 공동체의 일원임을 서로 인정하고, 공동체의 평화와 번영을 위해 상호 신뢰를 바탕으로 연대적 삶을 살아가는 사람이다. 아무리 주권자라 하더라도 어떤 식으로든 신뢰의 태도를 지니지 않고서는, 사회적 연대에 동참하는 것은 쉽지 않기 때문에 공동체의 평화와 번영을 위해 신뢰의 태도를 지닌 사람이 되어야 한다.

마곡중학교 배움·나눔 민주시민교육과정의 운영 원리

민주시민 교육은 다양한 방법과 수단을 통해 여러 차원에서 이루어져야 한다. 마곡중학교에서는 지식 교육, 체험과 실천을 통한 내면화, 사회참여 활동 등을 유기적으로 결합시켜 실효성 있는 교육이 되도록 했다. 이를 위해 자치활동, 동아리활동, 봉사활동 등 다양한 방법과 수단을 활용하였다. 각 학년별로는 작은 학교 개념으로 중학교 3년 과정 동안 체계적인 민주시민교육을 통한 민주시민으로서의 역량을 갖추는 교육과정으로 구성하였다. 교육의 효과를 높이고 다양한 차원에서 민주시민의 삶을 경험할 수 있도록 준비했다. 학교정규교육과정 차원, 학교문화 차원, 지역사회 차원의 세 차원에서 민주시민교육과정을 운영했다.

마곡중학교의 배움·나눔 민주시민교육과정은 지식 교육, 참여 및 실천 활동과 연대 활동이 유기적으로 결합된 민주시민교육과정이다. 교사 조직인 민주시민교육을 위한 전담 부서 및 교원학습공동체, 학생조직인 학생회, 마을 조직인 마을 및 지역의 유관 기관들이 상호 협력하여 서로를 지원할 수 있는 시스템을 구축하고 있다.

민주주의 교육 (지식)	참여와 실천 (내면화)	지역사회 활동 (사회 참여)
● 민주주의의 이념과 원리 ● 민주주의의 제도와 절차 ● 민주주의의 역사	● 학생회 주관 행사 ● 봉사활동 ● 선거 ● 동아리 활동	● 강서학생연합회 ● 청소년 정책 발표 ● 강서혁신지구 사업
교과 & 창·체 수업	학생 자치활동	마을결합형 자치활동
전담부서 & 교원학습공동체	전담부서 & 학생회	학부모회, 마을, 지역기관

학생들은 민주주의의 이념과 원리, 역사 및 제도와 절차 등의 기본 지식은 교과 수업이나 창·체 수업 같은 비교과 수업을 통해 배운다. 한편 자기결정권을 바탕으로 학생회주관 행사나 동아리활동, 선거, 봉사활동 등의 자치활동을 통해 민주시민의 가치(㉮) 및 태도와 자질, 역량을 갖춘 민주시민으로 성장하게 된다. 또 학생들은 강서지역의 지자체 및 교육기관, 시민사회단체와 연대하여 강서학생자치연합회, 강서혁신지구 사업의 청소년 자치활동, 강서청소년 지역사회정책발표대회 등, 지역사회 활동에도 참여하게 된다.

이때 교과 및 창·체 수업과 학생 자치활동을 서로 유기적으로 연계하여 운영하는 게 효과적이다. 학생들은 이를 통해 민주주의에 대해 배우게 되고, 실천하는 활동으로 내면화 과정을 거치게 되면서 민주주의를 자신의 생활양식으로 받아들이게 된다. 이 일련의 과정은 교사(전담부서/교원학습공동체)와 학생회가 협의를 통해 진행하였다.

마곡중 학생회는 마을 결합형 학생자치활동을 통해 학부모회, 마을학교, 시민사회단체와 연대하여 배움을 실천하고 널리 나누는 공공선을 행하고 있다. 지역의 기관이나 제도를 최대한 활용함과 동시에 사회적 참여 역량을 길러 지역의 한 성원으로 당당히 성장해 가고 있다.

마곡중은 배움·나눔 민주시민교육을 학교 차원에서 체계적이고 안정적으로 운영하기 위해 다음과 같이 학년별 민주시민교육과정을 운영하고 있다.

학년별 교육과정

1학년 경험 단계	경험 중심의 민주시민교육을 위해 생태환경교육과 평화적 문제 해결 능력(회복적 치유 활동, 협력적 인성 함양 등)을 기른다.
2학년 준비 단계	민주주의 역사와 기본 원리를 배우고 실천함으로써 민주시민성을 기른다. (1학기-민주주의 역사와 원리, 2학기-민주적 선거문화 정착) 강서 청소년 지역사회 정책 발표대회에 참여한다.
3학년 책임 단계	인권·평화 의식을 바탕으로 학생회 주관 자치활동을 책임지고 운영함으로써 자율과 책임의식을 기르고, 학생들 스스로 안전하고 평화로운 학교를 만들어 가는데 앞장선다.

1학년은 경험 단계로 식생활과 기후변화 교육 등의 생태환경교육과 회복적 치유 활동을 통한 평화적 문제해결 능력을 기를 수 있는 교육 활동이 중심이다. 2학년은 차기 학생회를 책임지고 운영해야 하는 준비 단계이므로, 민주주의 교육을 통해 민주주의 역사와 기본 원리를 배우고 제도와 절차들을 익혀 활용할 수 있도록 한다. 그리고 청소년 지역사회 정책 발표대회에 참여함으로써 지역사회 활동에도 참여하게 된다. 3학년이 되면 인권·평화교육을 바

탕으로 학생회를 책임지고 운영한다.

수업 방식과 민주시민교육

마곡중학교는 학교정규교육과정 차원의 민주시민교육을 적극 권장하고 있다. 교과 수업, 창의체험 수업, 자유학년제, 봉사활동 등 다양한 방법으로 진행한다.

수업내용 면에서는 사회와 역사뿐 아니라 국어, 도덕, 미술 등, 많은 교과에서 민주주의 개념, 원리 및 역사, 제도와 절차 등을 교육한다. 민주시민의 기본 소양을 함양하기 위해 생태환경 교육이나 인권·평화 교육도 함께 실시한다. 그리고 이들 수업이 단순 지식 교육에 머무르지 않고 창·체 수업 및 봉사활동, 학생들의 자치활동과도 연계되도록 운영하고 있다. 이에 학년 차원의 민주시민교육으로 자리 잡아가고 있으며 학교 차원의 민주시민교육과정으로 발전할 수 있도록 최선을 다하고 있다.

수업 방식 면에서는 토론 수업과 협력학습을 통해 민주시민교육이 이루어지고 있다. 마곡중학교는 기본적으로 모둠별 토론 수업과 협력학습을 실시하고 있다. 학생들은 토론 수업과 협력학습을 통해 교사와 학생의 관계 및 학생들 상호간 경청, 존중과 배려, 토론 능력 등 민주시민으로서의 자질과 습관을 기르고 있다.

민주주의 교육은 모든 교과에서 가능해야 한다. 민주주의를 통해 교육되어야 한다는 점에 비추어볼 때 수업 방식은 수업 내용 못지않게 중요하다. 교과 수업은 학교교육과정 중 가장 많은 비중을 차지하고 있다. 때문에 토론과 협력을 통해 진행하는 모둠별 협력학습은 일상적 민주시민교육에 좋은 바탕이 된다. 마곡중학교는 수업내용과 수업 방식을 통해 거의 모든 교과에서 민주주의를 통한 민주시민교육의 방법을 찾고 있다.

교과 교육과정과 민주시민교육

마곡중학교 민주시민교육은 교사 개개인의 학습과정이나 학년부 차원의 교육계획 및 교원학습공동체의 제안, 또는 학생회의 요청에 의한 교육 등, 다양한 방식으로 진행했다.

1학년의 경우 도덕 교과를 중심으로 생태환경교육을 활발하게 진행했다. 1학기에는 1학년 대표 선거가 있고, 2학기에는 차기 2학년 대표 선거가 있기 때문에 국어와 사회 교과를 통해 선거의 중요성, 선거공약 만들기, 대통령 선거 계기 수업 등의 선거 관련 교육을 진행했다.

2학년 1학기에는 학년부 차원에서 대한민국 민주주의 역사를 통한 민주주의 교육을 계획하여 매우 체계적으로 진행했다. 2학기에는 학년말에 차기 학생회 정·부회장 선거가 있기 때문에 이를 지원하는 차원에서 선거 관련 교육을 진행했다. 지역사회 차원의 민주시민교육을 진행하기도 했다. 국어 교과를 중심으로 학생독립운동기념일(11.3) 계기 수업을 진행하기도 했다. 인권·평화 교육 행사를 준비하기 위해 학생회가 각 교과에 요청하여 독서교육을 비롯한 다양한 교과교육을 함께 진행했다. 2019년 과학 교과에서는 지역사회 차원의 민주시민교육을 위해 '강서 청소년 지역사회 정책 발표대회' 준비를 위한 생태환경교육을 실시하였다.

다음은 2019학년도 1학기에 실시한 학생회 주관 인권·평화·통일 교육 행사와 연계한 학년별 각 교과 민주시민교육 내용이다.

학년	내용(교과)	기간
1학년	미술 : 4·3 영상 시청하고 이미지 그리기	3월 ~ 4월
2학년	역사 : 3·1운동의 배경, 전개 및 의의 국어 : 기미독립 선언문 읽기 음악 : 3·1항일 음악 수학 : 상해임시정부의 의의 과학 : 민주주의의 필요성(과학교육과 민주시민의식) ※ 민주주의 창·체 사전	3.18 ~ 4.5
3학년	국어 : 민주주의 교육 프로젝트 수업 - 모의재판 등 미술 : 대한민국 민주주의 역사 캐릭터 그리기 등	1학기

이는 학생들의 자치활동과 맞물려서 학생들의 실천 활동으로 이어져 배움을 실천하고 또다시 공공선을 지향하는 교육으로까지 진행되었다. 결과적으로 배움·나눔의 민주시민교육이 자연스럽게 이루어졌다.

교과교육을 통한 민주시민교육은 담당 교과 교사들의 의지가 없으면 힘들다. 매년 학년부 구성원도 달라지기 때문에 안정적으로 지속될 수 있는 방안이 필요하다. 따라서 한두 사람이 주도하는 방식보다는 그동안의 교과 수업의 경험들을 공유하고 다양한 방안을 찾아 진행하는 것이 바람직하다. 그러기 위해서는 민주주의 교육 교원학습공동체 등의 실천적 연구 그룹과 주관부서가 컨트롤 타워 역할을 해줄 필요가 있다.

자유학년제와 민주시민교육

자유학기제나 자유학년제 수업은 마음먹기에 따라서는 가장 적합한 민주시민교육과정일 것이다. 일반 교과 수업과는 달리 매우 열린 수업이기 때문이다. 특히 1학년부터 민주주의 교육을 경험하는 것은 학생 자치활동 활성화에도 큰 영향을 미친다.

실제 마곡중학교에서는 16년에 자유학년제 수업으로 '민주주의 교육 프로그램'이란 명목하에 토론반을 운영했는데, 이 학생들은 그 이듬해 2학년 학생회의 주축이 되어 2학년 민주시민교육의 실천을 주도하였다. 3학년이 되어서도 학생회 주요 임원으로 활동하면서 마곡중학교 인권·평화 교육의 기틀을 마련하는, 학생자치활동의 일대 전환점을 맞게 한 주인공이 되었다. 19학년도 학생회에서 맹활약을 한 학생들도 1학년 때부터 민주주의에 대한 경험을 쌓은 학생들이었다는 점을 생각해 보면 자유학년제를 통한 민주시민교육을 적극 계발할 필요가 있다.

자유학년제는 지역사회와 함께 소통하고 협력해야 하는 경우가 많다는 점을 생각하면 지역사회 차원의 민주시민교육의 계기로도 안성맞춤이다. 19학년도에 마곡중학교 2학년 학생들이 과학 교과 시간을 이용해 강서 청소년 지역사회정책발표대회를 준비했다. 강서혁신교육지구 한마당에 참여하여 지역의 큰 호응을 받았다. 준비하는 과정에서 많은 어려움을 겪었지만 앞으로 좀 더 치밀하게 준비한다면 다음과 같은 교육과정도 가능하지 않을까 제안해 본다.

학년	1학년(경험)	2학년(준비)	3학년(책임)
활동	지역사회 활동 참여	지역사회 참여 활동 연구	지역사회 참여 활동 주관
수준	지역사회 알아보기	청소년 지역사회 정책 연구	지역사회 정책발표대회 책임

지역사회 차원의 민주시민교육을 위해 1학년은 자유학년제 수업을 통해, 지역사회의 여러 특성을 이해하고 기관 및 제도를 활용하는 경험을 쌓게 해주자. 2학년이 되면 1학년의 경험을 바탕으로 지역사회활동에 어떻게 참여할지 연구하게 하자. 그 과정을 통해 3학년이 되면 '청소년 지역사회 정책 발표

대회'를 책임지고 운영할 수 있게 된다. 2019년에 2학년 학생들이 '강서청소년 지역사회 정책 발표대회'를 개최하여 교내외에서 호평을 받았지만 미흡한 부분도 적지 않았다. 3년 동안 긴 호흡으로 준비한다면 좋은 교육이 될 수 있을 것이다. 교육하고 훈련해야 비로소 민주시민이 될 수 있다.

창의적 체험활동과 민주시민교육

마곡중학교의 창의적 체험활동은 주제별 창·체 수업, 학급회의, 학교폭력 예방 및 인성교육 등으로 짜여있다. 주제별 창의체험 수업은 학기별 4시간씩 1년에 총 8시간 운영하는데, 학년 단위 민주시민교육과정으로 안성맞춤이다. 2학년은 우리의 역사를 통해 인권·평화·통일의식을 기르고, 차기 학생회를 책임지고 운영할 수 있는 자치활동 역량과 자질을 갖추는데 역점을 두고 있다. 3학년은 인권이 살아있는 평화롭고 민주적인 학교문화를 만들 수 있는 자질과 역량을 키우기 위해 인권을 주제로 주제별 창의체험 수업을 진행하고 있다.

다음은 2019학년도 2학년 1학기 창의체험 수업 시간에 진행한 민주주의 교육내용이다.

2학년 창의체험 수업(1학기 4시간)

주제		내용	날짜
민주주의	1차	독립운동가(인물 탐구), 일제의 탄압	4.8
	2차	학급별 체험 활동 준비	4.29
	3차	학급별 민주주의 주간 계획	5.27
	4차	학급별 민주주의 주간 준비	6.24

다음은 2019학년도 1학기 2학년 학급회의 진행 내용이다.

2학년 1학기 학급회의

구분	활동 내용	날짜
1차	3·1운동과 임시정부 개괄 영상 시청 학생회 조직을 위한 홍보 및 토론	3.11(월)
2차	인권·평화·통일 교육의 달 행사 진행 상황 공유 및 평가 학년별 안건(2학년-민주주의 교육 등), 학급 자치 내용 등	4.15(월)
3차	흡연 설문조사, 급식 질서 관련 토론, 학급 안건 토론	5.13(월)
4차	학급별 자치, 교과 페스티벌 준비 등	6.3(월)

학급회의는 학급 자치, 학년 차원의 민주시민교육, 학생회 주관 사업 등의 내용을 공유하거나 관련 안건에 대해 논의하고 결정한다. 2학년은 창의체험 민주주의 교육과 연계하여 진행하기도 한다. 2019학년도 2학년의 창의체험 민주주의 교육은 봉사활동과도 연계하여 운영했고, 사제동행 체험학습과도 연계했다. 학기말에는 민주주의 주간 활동으로 정리하고 평가까지 마쳤다. 이 모든 활동은 2학년 학생들의 자치활동과 긴밀히 연계하여 운영되었다.

다음은 2018학년도의 창의체험 민주주의 수업 시간을 지원하기 위한 2학년 학생회 활동 내용이다.

2018 민주주의 교육을 지원하기 위한 2학년 학생회 활동

구분	날짜	활동 내용
2학년 학생회	3. 22(목)	1차 민주시민교육 준비 - 세부 활동 계획 수립
	4.12(목)	1차 민주시민교육 평가 및 2차 세부 활동 계획 수립
	4·19(목)	학급별 봉사의 날 활동 계획 수립
	5.3(목)	2차 민주시민교육 평가 및 3차 세부 활동 계획 수립
	6.21(목)	3차 민주시민교육 평가 및 4차 세부 활동 계획 수립
	7.12(목)	4차 민주시민교육 평가 및 민주주의 주간 활동 계획 수립
학급회의	7.16(월)	민주주의 주간 준비 - 필요한 물품 정리 및 준비

마곡중학교는 학교폭력예방교육 및 민주시민 덕성교육을 자율 활동 수업 시간을 활용하여 1학기, 2학기 1시간씩 진행하고 있다. 가장 큰 특징은 학생회의 자치부에서 주관하여 학생들이 직접 교육하는 것이다. 외부 강사를 초청하거나 주관부서에서 기획하여 교사들이 진행하는 것이 아니다. 이 방식은 18년에 처음 시도하였는데 효과가 좋아 19년에도 변화·발전시킨 것이다. 학생회에서 주관 부서와 협의를 거친 후, 사전 준비부터 활동 및 평가에 이르는 전 과정을 한 학기 동안의 프로젝트 형식으로 진행했다. 일회성 교육을 탈피하여 실질적인 교육 효과를 얻어낼 수 있었다.

사제동행 체험학습 및 봉사 체험의 날에는 체험 학습을 통한 민주주의 교육 및 인권·평화·통일 교육을 실시한다. 2학년은 민주주의를 주제로 한 창·체 수업과 연계하여 영화 '항거' 시청, 서대문형무소 역사관, 3·1운동의 길, 탑골공원의 독립선언문 낭독 재현, 제암리 순국 기념관, 천안 독립기념관 탐방 등 3·1운동 100주년 기념 독립운동 유적 답사를 진행했다. 3학년은 인권·평화·통일 교육과 연계하여 4·3유적지 탐방을 진행했다. 봉사 체험의 날 또한 주제별 창·체 수업과 연계하여 진행했다.

다음은 3학년 창의체험 인권·평화 교육 내용이다. 3학년 학생회 동아리가 모든 계획을 세워 진행했는데, 먼저 반별로 학급회의를 통해 교육의 주제를 정한 후 실시했다. 3학년이 되면 수업을 진행할 역량이 생기기 때문에 이 수업은 담당교사가 있기는 하지만 계획에서 진행까지 모두 학생들이 책임지고 운영하는 것이 2학년과 다르다.

2019 3학년 창의체험 인권·평화교육

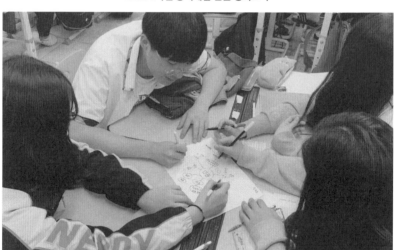

1반 장애 인권	2반 동물의 권리	3반 흑인 인권	4반 아동 인권	5반 노동자 인권	6반 인권	7반 성소수자 인권

학급	차시	주제	내용	날짜
5	1	노동자 인권	비정규직 노동자에 대한 소개 뉴스 영상 및 퀴즈	9.09(월)
	2		감정노동자 소개, 뉴스 시청, 퀴즈	10.21(월)
	3		외국인 노동자	11.11(월)
	4		그들에 대한 대우가 적절한지 인권이 지켜지고 있는지 만약 아니라면 해결방안 토의 의견 정리 후 제출 (준비물 - 마이쮸 등 소정의 상품, B4용지, 포스트 잇)	12.16(월)

- 모든 학생들이 적극적으로 참여할 수 있는 대중적 참여교육에 역점을 둔다. (정규 수업시간을 활용한 민주주의 교육, 역사교육과 연계된 계기 수업 등)
- 민주주의에 대한 기본 개념들을 배우고 가치(관)이나 태도를 기를 수 있게 한다.
- 교과수업/체험학습/봉사활동/학생자치활동 등이 유기적으로 연계된 프로젝트 형식의 통합교육과정이 되도록 한다.
- 주권자 교육과 인권·평화 교육에 역점을 둠으로써 학교에서 학생들이 폭력 없는 평화로운 학교문화를 만들 수 있는 역량을 기르게 한다.

학생회 주관 인권·평화 교육

마곡중학교 2년 차였던 2016년 자유학기제 수업에서 민주주의 교육을 위한 '자치활동 토론반'을 개설한 적이 있다. 토론반 첫 시간에는 민주주의에 대한 설명과 실천적인 민주주의를 위한 자치활동을 강조하였다. 학생들에게는 토론반에서 자신들이 하고 싶은 일들에 대한 계획을 세워오면 일정 범위 내의 예산을 포함 적극 지원하겠다고 약속했다.

바로 다음 날 지혜와 유빈이가 2쪽짜리로 된 활동계획서를 가져왔다. 토론반 수업 첫 시간이 끝나자마자 바로 모여 자기들끼리 토론을 거친 후, 몇 가지 아이디어를 모은 모양이다. 이를 지혜와 유빈이가 정리해서 번듯한 활동계획서로 만들어왔는데, 제법 틀이 갖추어져 있었고 내용 또한 충실했다.

매년 학년마다 학생들의 특성이 다르게 나타나는 것은 어느 학교에서도 볼 수 있는 현상이다. 2017학년도에 들어서는 2학년 학생들에게서 이러한 변화를 볼 수 있었다. 그 해 2학년 학생들은 훨씬 안정된 모습이었고, 학생들의 자치활동도 활발했다.

이때 자치활동의 주축을 이룬 학생들은 1학년 토론반 시절부터 참여한 학생들이 많았다. 당시 김구영 선생님은 3학년을 중심으로 한 학생회에 집중하고 계셨다. 그사이 나는 각 반의 담임선생님과 학생들의 추천을 받아, 2학년 학생 약 20명 정도로 자치활동 기획단을 꾸렸다. 자치활동에 대한 적극적 의지와 자질, 역량을 갖추고 있는 학생들이었기에 더 적극적인 역할을 찾아줄 필요성을 느꼈기 때문이다. 이는 내년을 위한 포석이기도 했다. 이렇게 모인 자치활동 기획단은 2학년 학생회를 지원하도록 했는데, 이후 2학년 자치활동이 눈에 띄게 달라지기 시작했다.

한편, 제주교육청의 제주 4·3 연수에 다녀온 김구영 선생님이 제주 4·3에 대한 자신의 생각을 들려주며, 이번 2학년 민주시민교육 부스 중에 제주 4·3과 관련된 부스도 하나쯤 운영하면 어떻겠냐고 조심스럽게 제안했다. 지혜와 유빈이는 흔쾌히 찬성했고, 민주 항쟁 벽화그리기의 주제를 제주 4·3으로 정했다. 제주 4·3 관련 밑그림을 그려놓고 2학년 학생들이 색깔을 입혀 완성하는 부스를 운영하는 형식으로 진행되었다.

제주도 출신이었던 김구영 선생님에게 제주 4·3 연수는 특히나 감명이 깊으셨던 것 같다. 제주 4·3은 김구영 선생님의 부모 세대에게는 모를 수가 없는 참혹한 사건이었다. 도민의 11%가 학살당한 사건이기에 그 시대의 제주 가정에서는 대개 피해자가 없을 수 없었다고 한다. 그럼에도 어릴 때는 누구도 제주 4·3사건에 대해 이야기해 준 적이 없었단다. 제주 4·3연수에 참여하여 비로소 그 진상들을 듣게 되며, 입 밖으로 꺼내놓기도 힘든 참혹한 기억들을 가슴속에 묻어두어야만 했던 부모님들의 표정에 비치던 그 먹먹함이 자꾸만 떠오른다고 했다.

학생들은 선생님의 제안을 받아들여 제주 4·3을 주제로 벽화 그리기용 이미지를 만들었다. 밑그림으로 이용할 이미지는 인터넷에서 찾았고, 설명 자료를 곁들였다. 이쯤 해도 충분히 잘 준비한 것일 텐데, 아이들은 여기에 그치지 않았다. 어디서 제주 4·3 진상 규명을 위한 서명 작업이 진행되고 있다는 것을 들었는지, 직접 서명지를 작성하기도 했다. 축제 당일에만 200여 명의 학생들에게 서명을 받았다. 축제를 위한 단발성 이벤트가 아니었다. 이후에도 서명을 계속 받아 서명지와 함께 학생들이 제주 4·3 유가족 분께 직접 손으로 쓴 손편지를 동봉하여 제주 4·3 유관 단체에 보내기까지 했다. 이는 이후 제주도의 유수 언론에 기사로 실리기까지 했다. 정말 대단한 녀석들이 었다.

2018 마곡중학교 인권·평화·자유 주간 민주시민교육 의사결정 및 실행 과정

제안 → 대의원회의 → 학년회의(담당교사 참여) → 학급회의 → 학년회의 → 부·차장 회의 → 부서별 회의 및 실행

사업 제안 및 검토	대의원회의	학년회의(담당교사 참여)	학급회의(매월)
● 제주 4·3 평화 기행(2월) ● 인권·평화·자유 주간 행사 기획안(회장단, 행사부 등) ● 부·차장 회의 : 학생회 중점 사업으로 결정(3월 초)	● 인권·평화·자유 주간 행사 계획안 논의·결정 ● 학급회의 준비연수 (퍼실리테이션 교육)	● 대의원회의 결정 내용 공유 ● 학년별 학급회의 진행 지원 계획 논의 ● 인권·평화·자유 교육에 대한 민주시민 교과 교육 지원 요청	● 대의원회의 결정내용 보고 - 인권·평화·자유 주간 민주시민교육 등 2018 학생회 중점 사업 설명 ● 학년회의 결정내용 : 학년 차원의 실행 방안 논의 내용 보고 및 수정 보완 ● 학급 학생 제안 및 학급 참여 방안

부서회의 및 실행	부·차장 회의(매주)	학년회의(매월)	
● 부서별 실행계획 수립 ● 부서별 실행 - 편지쓰기 - 서명운동 - 제주 4·3 독후 공모전 - 등굣길 행사 - 광화문 행사 참여	인권·평화·자유 주간 행사 관련 ● 실행 방안 논의·관련부서 결정 ● 행사부 : 편지 쓰기, 서명운동 ● 문예부 : 제주 4·3 독후 공모전 ● 홍보부 : 등굣길 행사 ● 회장단 : 강서연합 공유·협력	인권·평화·자유 주간 행사 관련 ● 학급 논의 내용 수렴 ● 학년 의견 정리 ● 학년 결정 사항 실행	● 학급활동 : 인권·평화·자유 주간 행사 관련 학급결정 사항 실행 ● 학급 제안 : 인권·평화·자유 주간 행사 관련 학급회의 논의 내용

서울 마곡중 학생들 "제주 4·3, 미국 사과는 당연한 일" 손편지 보내와...

<뉴스투데이 김재훈 기자>

제주 4·3의 아픔을 전국에 알리기 위해 동분서주하고 있는 제주 4·3 70주년 기념사업위원회에 기분 좋은 소식이 전해졌다. 서울 강서구에 위치한 마곡중학교 학생 260명이 제주 4·3 관련하여 국제적인 책임을 묻는 서명을 모아 지난 14일 제주 4·3 70주년 기념사업위원회에 전달한 것. 학생들은 아름다운 제주도에서 상상키 어려운 비극적인 사건이 일어났다는 사실에 놀라며 그와 같은 역사를 잊지 않겠다는 다짐을 전해왔다.

학생들은 제주 4·3에 대해 알게 된 후, 학교 축제 때 제주 4·3을 주제로 한 벽화 그리기 부스를 운영하고 서명운동을 진행하는 등 제주 4·3을 기억하고 알려나가기 위한 활동을 펼쳐왔다. 학생들은 "이러한 비극적인 사건에 대해 미국이 사과를 하는 것은 당연한 일이다", "더 알고, 더 기억하기 위해 노력하겠다", "다시는 이런 일이 일어나지 않도록 노력해야 한다"는 등 제주 4·3진상규명을 바라며 평화를 위한 메시지를 전해왔다.

마곡중학교 학생들은 동봉한 손 편지에서도 이전에 알지 못했던 제주 4·3의 잔혹하고 슬픈 역사를 알게 되었을 때 큰 충격을 받았다며 이러한 역사가 청소년들뿐만 아니라 나아가 많은 사람들에게 알려지기를 희망한다고 밝혔다. 제주 4·3 70주년위원회는 4·3 피해자들과 유가족들에게 도움이 되었으면 좋겠다는 뜻을 밝힌 마곡중 학생들의 소식을 전하며 "다른 지역 중학생들이 제주 4·3에 대해 공부하고 역사를 알려나가는 것은 감동적이고 고무적인 일"이라고 소감을 밝혔다. 제주 4·3 70주년위원회는 앞으로도 서명운동 등을 통해 제주 4·3 문제를 도내 외에 적극적으로 알려나갈 방침이다.

출처: 제주투데이(http://www.ijejutoday.com)

제주도교육청, 4·3 전국화 마곡중 학생·교원 초청

- 1박 2일 간 '평화, 제주 4·3과 함께하는 역사여행'

<제주=연합뉴스) 박지호 기자>

2017년부터 4·3 평화인권교육을 실시해오고 있는 서울 마곡중 학생 및 교직원 42명이 6일 1박 2일 일정으로 제주를 방문했다.

제주도교육청의 초청으로 이뤄진 이번 방문은 '2020년 평화, 제주 4·3과 함께하는 역사여행'이라는 이름으로 진행되고 있다.

전국에서도 4·3 평화인권교육을 지속적이고 다양하게 실시하는 학교로 손꼽히는 마곡중은 2017년 교사들의 4·3 평화인권교육 직무 연수 후 그해부터 학생 자치회와 함께 제주 4·3 벽화 그리기, 전교생 대상 등굣길 서명운동, 제주 4·3 독후감 공모전, 손편지 쓰기 등 다양한 활동을 실시해왔다.

2018년에는 마곡중학교 학생 260여 명이 4·3의 국제적인 책임을 묻고, 진상 규명을 촉구하는 단체 서명과 손편지를 제주 4·3 70주년 범국민위원회에 전달하기도 했다. 또한 마곡중은 강서 학생자치연합회와 공동으로 '4·3 70주년 추념 광화문 국민문화제'에 참여하기도 했다.

도교육청은 마곡중의 4·3 관련 활동에 감사를 표하고, 4·3 전국화를 함께 도모하기 위해 마곡중 학생 및 교원 42명을 초청했다.

1박 2일 동안 마곡중 학생과 교사들은 제주 4·3평화공원 및 북촌리, 대정리, 한림리 4·3 유적지를 이상언 4·3 평화인권 명예교사, 김은희 제주 4·3연구소 실장 등과 함께 돌아본다.

도교육청 관계자는 "마곡중 학생 및 교원들에게 4·3 현장을 답사할 수 있는 기회를 제공하게 돼 매우 뜻깊다"며 "4·3 평화인권교육이 전국으로 확대될 수 있는 교류와 공유의 장을 이어 마련할 계획"이라고 밝혔다.

학생들은 자신들이 한 일이 여러 신문에 나고 제주 4·3 유관 단체들에게서 고맙다는 말을 전해오자, 생각지 못한 반응에 놀라워하며 뿌듯해했다. 그저 진정성 어린 마음으로 시작했을 뿐인데, 아이들은 뜻밖의 반응에 더욱 힘을 얻었다. 이 일은 당시 서울 강서양천지역 13개 중학교가 참여하고 있었던 강서학생자치연합회에 공유되었다. 그래서 2018년부터는 강서·양천 지역의 여러 학교들이 함께 참여하게 되었다.

그 첫 활동은 2018년 2월 26에서 27일, 1박 2일 일정의 제주 4·3 평화기행이었다. 이 평화기행에는 6개 학교 교사 6명과 차기 학생회 회장단을 중심으로 한 학생 9명까지 총 15명이 참가하였다. 이 행사는 제주 4·3을 통한 인권 평화교육이 강서양천지역의 여러 학교로 확산되는 계기가 되었다.

2018년은 세계 인권 선언 제정 70주년이자 제주 4·3 70주년을 맞이한 해였다. 강서학생자치연합회에서도 적극 참여하기로 결정하였다. 2018년 4월 7일 (토) 서울 광화문에서 실시된 제주 4·3 70주년 광화문 국민문화제에 2개의 부스와 3개의 난장을 운영하였다. 강서학생자치연합회의 여러 학교 학생 70명이 참여하였고, 도움을 준 참가자까지 포함하면 200여 명의 학생들이 참여하였다. 특히 4·3 벽화 그리기는 제주도의 한라산을 배경으로 동백꽃을 수놓은 대형 걸개그림 모양이었는데 많은 사람들의 관심을 받았다.

구분	내용
부스	부스1: 제주 4·3 진상 규명 서명받기, 편지 쓰기, 퀴즈 맞추기 부스2: 4·3배지 만들기
난장	난장1: 제주 4·3을 담은 편지 나무 난장2: 제주 4·3 벽화그리기 난장3: 제주 4·3 캠페인

2018년부터 제주 4·3은 4·16 세월호와 함께 마곡중학교 인권·평화교육으로 자리 잡았다. 2019년에 이르러서는 대한민국 임시정부 수립 100주년을 맞아 3·1운동, 대한민국 임시정부 수립일, 4·19 학생혁명, 5·18 광주민주화 운동 등 우리의 민주주의 역사와 연계한 인권·평화교육으로 자리매김 되고 있다.

2019년에는 3·1운동 및 4·11 대한민국 임시정부 수립 100주년을 맞이하여 인권·평화교육을 더욱 확대·강화하여 운영했다. 학생들은 3월부터 5월까지 매 시기마다 대한민국 민주주의 역사를 바탕으로 한 인권·평화·통일 주간 행사를 기획하여 실천했다. 3·1운동 100주년, 제주 4·3, 4·11 대한민국 임시정부 수립 100주년, 4·19 학생혁명, 5·18 광주 민주화운동을 기념하는 행사들을 자율적으로 진행했다.

월	2019학년도 인권·평화·통일 주간 월별 주요 활동내용	
2월	- 학생회 임원대상 토론교육(퍼실리테이션 교육), 3·1운동 행사 준비 - 강서연합회 활동 참여, 등굣길 행사 준비 등	
3월	실천	3·1운동 행사 : 강서구청 3·1절 행사 부스 운영, 등굣길 행사(행사부)
	준비	- 인권·평화·통일 민주시민교육 운영 세부 실천 계획 수립 - 학생회 부서조직 및 계획 발표, 자치캠프(22), - 4월 행사 준비 : 폭력예방교육, 제주 4·3, 4·11 임시정부 수립일, 4·16 세월호, 4·19 학생 혁명 기념행사 준비

월	실천 활동 내용	주안점
4월	- 제주 4·3 : 등굣길 행사, 대형 홍보 조형물 설치(3일), 광화문 행사 부스 운영(6일) - 4·19 학생 혁명 : 등굣길 행사, 학교담장 홍보물 설치(19일)	민주주의 공부하기 역사, 이념, 원리, 제도, 절차 등 가치(관)과 태도 기르기 자질과 습관 등
	- 4·16 세월호 : 등굣길 행사, 학교담장 홍보물 실치(16일), 광화문 행사 참여(13일) ※ 참고 장애인의 날(20일), 지구의 날(22일)	안전한 대한민국과 국가 그리고 우리, 나
	- 폭력예방교육(1일 6교시 자율수업) : 학생회 주관 -폭력예방 창·체 수업(학생안전부 & 자치부)	민주시민의 덕성과 폭력 없는 평화로운 학교문화
5월	- 5·18 광주민중항쟁 : 등굣길 행사, 학교담장 홍보물 설치(17일) 등	민주주의 역사

마곡중학교 인권·평화교육은 몇 가지 중요한 특징이 있다.

첫째, 학생들이 주도하는 실천적인 민주시민교육이다. 행사에 대한 계획을 세우고, 진행할 학생들을 모집하고, 함께 학습하고, 행사를 진행하며, 평가하기까지 모두 학생들 스스로 해내고 있다.

둘째, 대한민국 민주주의 역사를 바탕으로 한 인권·평화·통일 교육이다. 대한민국 민주주의 역사를 배우는 과정에서 민주주의의 소중함을 알고 이념과 원리를 이해하며, 제도와 절차를 배우고, 가치(관)과 태도를 갖추는 등 민주시민의 자질과 습관을 기른다.

셋째, 학교 수업과 연계하여 전교생이 참여하는 대중적인 인권·평화·통일 교육이다. 학생회는 2018년 인권·평화·자유 주간 행사를 진행하기에 앞서 각 교과에 행사와 관련된 계기 수업을 요청하였다. 여기에 호응하여 여러 교과에서 계기수업을 진행했다. 인권·평화교육이 계기수업으로 이어짐으로써 그 효과가 더욱 컸다.

교과수업 연계 2018 인권·평화·자유 주간 행사 (제주 4·3)

전담부서 및 교과	일시	내용
문예부 & 국어	3/26(월) ~ 4/5(목)	- 제주4·3 관련도서 '순이삼촌' (국어 수업) - 제주4·3 〈독후 공모전〉 진행 및 시상(문예부)
미술 & 역사	3/19(월) ~ 3/30(금)	- 제주4·3 관련 역사 교육(역사 수업) - 제주4·3 캐릭터, 포스터 만들기(미술 수업)
행사부 & 방송부	4/2 (월) 아침조회시간	- 제주 4·3 관련 추모 및 홍보 영상 시청 - 제주 4·3 편지쓰기
행사부	4/3 (화) 08:10 ~ 08:30 12:40 ~ 13:10	-등교생 대상 제주4·3 기억하기 캠페인/기념촬영 -참여 학생 4·3 동백꽃 뱃지 증정 (선착순 300명) -점심시간 학생들의 자율적인 참여로 서명운동 진행

넷째, 민주시민성을 바탕으로 평화로운 학교문화, 평화로운 세상을 만들기 위한 교육이다. 민주시민은 그냥 되는 것이 아니라 교육되고 형성되는 것이다. 단순 지식 교육만으로는 한계가 많기 때문에 배우고 느낀 것들을 실천하는 과정에서 민주시민으로서의 덕성과 역량을 길렀을 때 비로소 민주시민이 될 수 있다. 그리고 이를 바탕으로 평화로운 공동체를 만들어 갈 수 있다.

다섯째, 지역사회와 함께 하는 민주시민교육 실천 활동이다. 2017년에 제주 4·3 민주시민 부스를 운영했던 2학년 학생들은 부스 운영에 그치지 않고 서명운동을 전개했다. 이렇게 작성된 서명용지와 함께 손편지를 제주 4·3 유관단체에 보냈다. 이로 인해 마곡중 학생들의 4·3 바로 알기 활동이 제주도를 중심으로 널리 알려졌다. 이 활동은 서울 강서양천지역 13개 중학교 학생회가 참여하고 있는 강서연합에서 공유되었고, 이 지역 많은 학교들이 함께 참여하는 계기가 되었다. 2018년 제주 4·3 70주년 추념 광화문 국민문화제에 강서연합 소속 학생들 200여명이 참여하여 다양한 부스를 운영했다. 제주 4·3 평화기행단을 조직하여 매년 유적지 탐방교육을 실시하고 있다. 지역의 여러 단체들도 이 활동에 함께 참여하여 지역사회 차원의 민주시민교육도 모색할 수 있게 되었다.

제**3**장

학교문화와
지역사회 차원의
민주시민교육

삼정중학교
학생자치활동 이야기

학생자치와의 첫 만남

2005년, 송정중학교에 근무하면서 학생회와 함께 준비했던 '가을녹색 축제' 경험은 나에게 중요한 변화의 계기가 되었다. 학생들의 자치활동에 적극적인 관심을 갖게 된 것도 이때부터였다. 경서중학교로 옮겨와서도 학생부의 협조를 얻어 벼룩시장을 열었던 경험이 있었다. 그래서인지 자신감이 넘쳤고 학생회를 직접 담당해 축제를 준비하고 싶은 욕심이 생겼다. 하지만 쉽지는 않았다.

업무부장을 정할 때였다. 내가 학생회를 맡겠다고 하니, 교장 선생님부터 학생부 선생님들까지 모두 나서 당장 무슨 일이라도 날 것처럼 반대를 했다. 부장도 아니고 당시로써는 유명무실하기 짝이 없는 학생회를 담당하겠다고 한 것뿐인데도 말이다. 아무래도 학생회를 맡기기에는 불안했나 보다. 통제되지 않는 학생들, 그로 인해 엉망진창이 되어버린 학교 모습을 상상했던 모양이다. 이때까지만 하더라도 학생부장이라면, 으레 무서운 선생님을 떠올릴 때였다.

당시 학생들은 학생부장 선생님을 보통 '학주'라고 불렀다. 학생주임의 줄

임말이었다. 다른 부장 선생님들은 누구인지 몰랐을 때에도 학생부장만은 누구인지는 다들 알고 있었다. 당시의 학생부장의 이미지는 학교에서 가장 무서운 교사였고, 당연히 그래야 하는 존재처럼 되어 있었다. 자율과 존중, 인권 같은 것들과는 거리가 멀었고 문서상에만 존재하는 개념들이었다. 상황이 이러다 보니 학생회를 맡을 수가 없었다.

그 기회는 삼정 중학교로 옮기면서 찾아왔다. 삼정중학교가 혁신학교로 지정되면서 학생회와 함께 초록축제를 개최하였고, 자연스럽게 학생부장을 맡게 되었다. 이때까지만 해도 학생부장의 이미지는 크게 변하지 않았던 때라, 내가 맡았다는 소식을 듣고는 대부분 의외라는 표정을 지었다. 나를 잘 알던 선생님들과 학생들도 "선생님이 정말 학생부장이에요?!", "진짜예요?" 의외라는 표정을 지으며 거듭 확인했다. 평소 학생부장을 맡는 선생님들의 이미지와는 영 맞지 않았나 보다.

아무튼 교보교육문화재단의 지원으로 '탄소 줄이기 통합교육과정'을 운영하게 되었고, 학생회가 통합교육과정의 한 축인 실천영역을 담당하게 되었다. 그리고 첫해, 생태환경교육을 위한 초록축제를 학생회 주관으로 개최하였다. 우여곡절은 있었지만 선생님들이 전혀 관여하지 않은 상태에서 학생들 스스로 모든 책임을 지고 학교축제를 진행했다. 처음에는 반신반의하는 선생님들도 많았다. 하지만 학생들 스스로 해내는 모습을 보자 어느 정도 신뢰가 생기기 시작했다.

탄소 줄이기 통합교육과정 1년 차인 2011년의 활동 결과 중 초록축제는 큰 관심사가 되었다. 전교생이 참여한 축제가 처음이었을 뿐만 아니라, 온전히 학생들이 주관 아래 이뤄졌기 때문이다. 이런 과정들을 통해, 2012년부터는 학생들의 자치활동에 대한 중요성이 한층 더 커질 수 있었다. 통합교육과정의 총괄 책임자였던 나는 자연스럽게 학생부장을 맡게 되었다. 공식 명칭은 생활지도부장이었다.

자치활동의 운영 방향과 원칙

학생부장(생활지도부장)을 맡게 되면서 제일 먼저 한 일이 부서 명칭 변경이었다. '생활지도부'에서 '지도'란 단어는 학생들에 대한 '통제'를 염두에 둔 단어였다. 학생들의 자율과 책임의식을 바탕으로 한 학생들의 자치활동을 지원하는 부서가 되려면, 명칭부터 고칠 필요가 있었다. '지도'란 명칭을 '자치'로 바꿔 '생활자치부'로 부서 이름을 변경했다. 이때부터 '학생부장' 대신 '자치부장'이라는 명칭을 사용하게 되었다.

자치부장을 맡으면서 학생들 '지도' 중심 사업이었던 기조를 학생들의 자치활동을 '지원'하는 방향으로 전환했다. 예산편성부터 바꿨다. 많지도 않은 예산 중 가장 큰 부분이 교문지도를 위한 지도교사 수당으로 들어가고 있었다. 그 외, 자치 예산이라곤 대의원회의 다과비와 임원수련회비 등의 명목으로 약간 책정되어 있는 것이 전부였다. 사실상 자치활동 예산은 거의 없는 셈이었다.

부서의 목적이 '지도'에서 '자치 지원'으로 변경한 이상, 기존의 교문지도 예산을 자치 예산으로 바꿨다. 그리고 학생들과 의논하여 학생들이 하고 싶은 사업들을 중심으로 예산을 재편성하여 집행하기로 했다. 교문지도를 학생회 중심의 등굣길 행사로 바꿨다. 기존 통제 중심의 학생회에서 학생들을 반갑게 맞이하는 분위기로 바꿔 나갔다. 찾아보니 당시 학교폭력이 사회적 이슈로 대두됨에 따라 배정된 학교폭력예방을 위한 예산이 적지 않았다. 이 예산을 '학생자치활동을 통한 학교폭력예방'으로 배정하니, 자연스럽게 학생들의 자치활동을 지원하는 예산을 어느 정도 확보할 수 있었다. 여기에 교보교육문화재단에서 받은 지원 예산까지 더해지니 축제 예산까지 포함, 1,500만 원이 넘는 예산을 확보할 수 있게 되었다. 이제 예산은 충분했다.

보통은 이 정도 큰 예산이 학생회에 배정되면 이 예산을 어떻게 써야 할지 고민이 앞서게 될 것이었다. 10~20명 정도의 학생회 임원 활동과 50명 내외의 학생들이 참여한 대의원회의의 다과회비, 1년에 한두 차례 있는 임원수련회가 고작이라면 그럴 만하다. 하지만 학생회만의 활동이 아니라 전교생을 위한 예산으로 본다면 500명 기준 1인당 3, 4만 원 정도에 불과하다. 게다가 일회성으로 들어가는 예산도 아니었다. 일상에서 지속적으로 이뤄져야 할 민주시민교육 차원의 예산이라 생각하면 결코 많은 예산은 아니었다. 그리고 전에는 없던 학교축제 예산까지 포함되어있었다.

우선 자치캠프[4] 예산만 살펴봐도 기존의 예산으론 학기별 1회 연간 2회 정도였다. 그마저도 1차는 학교예산으로 했지만, 2차는 학생들이 부담하는 형식으로 진행되기도 했다. 이럴 때면 수익자 부담 원칙이 내세워지곤 했다. 이후 학생들의 자치활동이 활발해지면서 자치캠프가 수시로 개최되었다. 학교축제와 선거를 위한 캠프 등 연간 4차례 이상 진행되었다. 자연히 참여 인원도 훨씬 많아졌다.

그리고 무엇보다 중요한 것은 학생들의 자치활동의 목적과 방향이었다. 자율과 책임의식에 바탕을 둔 민주적 학생회 운영을 통해 '학생들을 민주시민으로 양성하는 것'이 목적임을 분명히 하도록 했다.

학생회 주관 사업이나 학생생활과 관련된 것들을 정할 때, 학생들이 자기결정권을 가지고 참여해야 한다는 것을 분명히 밝혔다. 초기에는 이와 같은 방침에 반발이 있기도 했다. 하지만 한 해, 두해 지나면서 자연스럽게 자리매김하게 되었다.

- 학생회 주관 사업 결정은 학생들 스스로 민주적인 방식으로 결정한다.
- 결정된 사업 모든 과정(계획, 준비, 홍보, 진행, 평가)을 학생들이 책임지고 운영한다.
- 학생들이 민주적으로 결정된 사업은 학교 차원에서 적극 지원한다.

---

4) 임원수련회 대신 리더십캠프란 명칭을 사용했는데, 지금은 '자치캠프'로 명칭이 바뀌었다.

이와 같이 정한 배경에는 첫째, '민주적인 학생회 운영의 기틀을 마련하고자 하는 것'이였다. 둘째, '결과보다는 사업을 준비·진행하는 과정을 통해 학생들이 민주시민으로서 갖춰야 할 자질과 습관 및 자치 역량 등을 기를 수 있게 하는 것'이 사업 자체보다 더 중요하다고 판단했기 때문이다. 자치부에서 자치활동을 지원할 때는, '학생들 스스로 참여하여 민주적으로 결정했는가?'와 '학생들 스스로 그 일을 해내고 있는가?'에 역점을 두고 지원하였다.

자치활동과 학생생활규정

2012년 6월 21일 오후, 삼정중학교 '학생생활규정'의 제·개정을 위한 공개토론회가 개최되었다. 최초로 학생들까지 참여한 토론회였다. 교사대표 2명, 학부모대표 2명, 학생대표 4명 총 8명의 토론자가 열띤 토론을 벌였다. 강당이 작은 관계로 방청석에는 몇 명의 교사와 학부모, 그리고 각 반에서 선발이 된 50명의 학생들이 앉아 있었다. 나머지 학생들은 각 교실에서 실시간 중계로 시청하였다.

수업 규칙은 큰 이견 없이 합의점을 찾았다. 하지만 용의복장에 대한 규정은 양측 의견이 날카롭게 대립하였다. 학생들은 인권조례 취지에 맞게 규제 완화·폐지를, 학부모님들은 도리어 강화·유지를 주장하였다. 휴대폰 사용 규정에 대해선 첨예하게 양쪽으로 의견이 갈렸다.

규정에 따르면 학생들은 교문에 들어설 때부터, 나갈 때까지 휴대폰을 사용할 수 없었다. 학생들은 해당 규정에 대해 불만이 매우 큰 반면, 수업 진행에 많은 어려움을 겪고 있었던 교사들은 적극적인 규제를 주장했다. 학부모님들 또한 학습에 지장을 줄게 빤한 수업 중 휴대폰 사용을 반길 리 없었다.

방청석에서도 가만히 보고 있지만은 않았다. 방청석의 교사들도 적극적으로 질문을 하고 자신들의 의견을 피력했다. 더 적극적이었던 쪽은 학생들이었다. 어느 쪽도 두발·교복 착용·핸드폰 사용 문제에 대해서는 양보할 기미를 보이지 않았다. 90분의 토론 시간이 흘렀음에도 결과는 얻을 수 없었다. 결국 2차 토론회에 두발과 용의복장, 3차에는 휴대폰 사용 규정만 추가 집중 토론하기로 하고 1차 공청회는 그렇게 서로의 의견만 확인한 채 끝났다.

2차 공개토론회는 7월 12일에 개최되었다. 뜨거웠던 현장 분위기와는 다르게, 교실에서 모니터로 지켜볼 경우 참여도가 떨어진다는 의견이 있어, 방청석의 참여 학생 수를 대폭 늘렸다. 중계방송을 위한 자리도 필요했던지라 100여 명이 넘는 방청객을 수용하고 나니, 강당이 꽉 찬 느낌이었다.

2차 토론회의 주제는 용의복장 등에 대한 것이었다. 처음부터 학생과 학부모님들 사이에 대립각이 세워졌다. 그런데 한 학생이 화장, 피어싱을 적극 옹호하는 발언을 하자 학생들 사이에서도 의견이 갈라지기 시작했다. 방청석에서도 의견을 적극적으로 개진했고, 토론은 더욱 격렬해져만 갔다. 옹호하는 입장에서는 주로 학생인권조례를 기준으로 개성의 존중을 주장했다. 반대측에서는 과도한 화장이나 피어싱, 유색 렌즈 등은 건강에 좋지 않으니 자제하자는 주장이었다.

7월 23일에 개최된 3차 공개토론회는 핸드폰 사용 규정이니만큼 앞의 토론보다 훨씬 더 뜨거웠다. 방청석에서도 의견이 끊이지 않았다. 서로 한 치도 양보할 기색이 없는 가운데 절충점을 찾으려는 노력도 계속 이어졌다. 토론회가 끝나자 학생 대표들 사이에선 부족한 준비로 인해 자신들의 의견을 적극 펼치지 못한 아쉬움을 토로하기도 했다. 사회자가 편파적으로 운영했다는 항의성 주장이 강력하게 제기되기도 했다.

아무튼 3차 토론회까지 모두 마치고 나서 그동안 나왔던 내용을 중심으로 서로 합의하에 폐지와 개정, 그리고 새로 제정할 것들을 정해 나갔다. 그래도 끝내 합의를 보지 못했던 3개의 안건은 학생, 학부모, 학생들의 총 투표에 부쳐졌다. 안건의 문구를 정하는 과정 또한 학생들과 교사, 학부모 대표들 사이에 치열한 논쟁이 벌어졌다. 다음은 총 투표를 통해 제·개정된 내용들이다.

안건 1: 교복 변형 규정
① 규정된 교복을 임의로 변형해서 입지 못한다. 단, 2, 3학년의 경우 개정된 교복 수준까지 변형을 허용한다.

안건 2: 용의 복장 규정
① 남녀 학생의 두발은 자율적으로 하되 단정하여야 한다.
② 인체에 유해한 색조 화장은 지양하고, 과도한 피어싱을 하여 건강을 위협하거나 타인에게 불쾌감을 주어서는 안 된다.
※ 금지 대상: 아이라인, 마스카라, 파운데이션, 볼 터치, 과도한 피어싱

안건 3: 휴대폰 사용 규정
① 휴대폰은 수업 시간에는 꺼놓는다.
② 위반 시 조치 사항
  - 1회 위반은 1주일 보관, 2회 위반은 2주일 보관, 3회 위반은 1달 동안 학교에서 보관 후 돌려준다.
  - 교사의 지시 불응 시는 1차 경고, 2차 교실 밖 지도, 3차 불응 시는 선도위원회에 회부한다.

학생생활규정 제·개정 활동은 많은 효과를 가져왔다. 학생들 자치활동의 원년이었던 만큼 학생들의 적극적인 참여를 이끌어낼 만한 사업이 필요했다. '학생생활규정 제·개정' 활동이 안성맞춤이었다. 예상대로 학생들의 반응은 뜨거웠고, 적극적인 참여로 이어졌다. 학생들의 자치활동에 대한 관심을 끌어내기에 충분했다. 또한 학생들을 자율성을 키워주는 자기 입법이란 점에서도 상징성이 매우 컸다.

공개토론이 거듭될수록 학생들은 공개토론회에 임할 시 더욱 철저하게 준비를 했고 참여 또한 더욱 적극적으로 변했다. 그 과정에서 학생들의 토론 역

량이나 태도들이 하루가 다르게 성장했다. 학생들은 토론에 참여하기 전에 서울시 교육청의 학생인권 조례나 다른 학교 사례도 꼼꼼히 살펴보았다. 인터넷 검색을 통해 자료를 찾아 토의 자료들을 만들기도 했다. 이 토의 자료들은 학급회의와 대의원회의를 통해 학생들의 의견을 민주적으로 수렴하는 데 사용되었다.

학생회는 학급회의와 대의원회를 통해 학생들의 의견을 수렴 후, 토론회에 참여할 학생대표를 민주적으로 추천하였다. 대표로 추천된 학생들은 학생들의 의견을 적극적으로 반영하기 위해 노력하였다. 공개토론회가 끝나면 바로 자체 평가를 한 후, 2차, 3차 토론회에 대비했다. 토론회에 참여할 학생대표도 주제에 맞춰 다시 선출했다.

학생들이 회의에 참여하는 태도는 매우 훌륭했다. 반대 의견을 가진 학부모님들이나 교사들의 의견에도 진지하게 경청하는 태도를 보여줌으로써 상대를 존중하는 모습을 보여주었다. 핸드폰 사용 시 수업에 지장을 줄 거란 의견에 대해선, 위반 시 조치 사항 등의 합리적 대안을 제시함으로써 절충점을 찾아가는 모습을 보여주기도 했다.

공개토론회는 몇 가지 큰 변화가 가져왔다.

첫째, 학생들은 자치활동에 적극적인 관심을 가지고 참여하기 시작했다. 무엇보다 고무적인 효과가 있는 변화였다.

둘째, 학생들 사이에 민주적 토론문화가 자리 잡기 시작했다. 학생들의 토론 능력도 몰라보게 좋아졌고, 토론에 임하는 태도나 자질 면에서 더 큰 긍정적 변화를 가져오게 되었다.

셋째, 이를 계기로 학생들을 보는 교사와 학부모님들의 시각이 크게 달라졌다. 학생들을 신뢰하기 시작한 것이다. 또 하나의 매우 긍정적인 신호였다. 학생들이 민주시민으로 성장하기 위한 자치활동에 좋은 환경이 조성되어 가고 있었다.

2012년은 삼정중학교의 학생자치활동의 원년이 되었다. 학생생활규정 제·개정 외에도 에너지 절약을 위한 삼정절전소 운영, 제2회 초록축제, 학급평화규칙 만들기, 자치캠프 등 학생회가 주관하는 다양한 자치활동이 이뤄졌다. 부서도 이에 맞게 재편되는 등 학생자치활동의 기본 틀이 갖추어진 해가 되었다.

자치활동과 학교축제

2012년도 얼마 남지 않은 12월 말쯤이었다. 2013년 차기 학생회를 준비하기 위하여 새로 당선된 학생회 회장단을 중심으로 '제4차 삼정중학교 학생회 자치캠프'가 열렸다. 차기 학생회의 주축이 될 2학년 학생들이 주로 참여했다. 학생회장과 행사부장 등이 차례로 나와 전년도 사업과 학교축제 등에 대한 자체 평가를 발표했다. 학생들은 차기 학생회 준비를 위한 원탁토론이 이루어졌다.

신임 회장과 부회장으로 선출된 상호와 예원이, 행사부장과 삼정절전소 운영부장으로 내정된 진우와 병준이, 그리고 민재 등 여러 명의 학생들이 토론을 마치고 난후, 자기들끼리 나눈 이야기가 관심을 끌게 했다. "우리 같으면 이렇게 안 해!"라고 하면서 앞으로 학교축제를 어떻게 할 것인지에 대해 서로 의견을 나눴다. 이 장면에서 올해 학교축제와 자치활동에 큰 변화가 일어날 거란 예감이 들었다. 시작부터 학생들이 무엇을 어떻게 하겠다는 생각을 적극적으로 개진하는 것 자체가 큰 희망으로 다가왔다.

이러한 희망에 부응하듯, 혁신학교 3년 차인 2013년은 시작부터 달랐다. 학생회가 처음 한 일은 올해 할 사업 결정과 부서 개편 단행이었다. 전년도 활동 평가를 기준하여 효율성이 떨어지는 부서는 과감하게 폐지하였다. 봉사부, 복지부, 동아리부는 폐지되었다. 그리고 법제부는 자치부로 이름을 바꿨고, 미디어 활동의 중요성이 대두됨에 따라 미디어국이 신설되었다. 이렇게 만들어진 부서들은 어느 부서할 것 없이 활발하게 운영되면서 삼정중학교 학생자치활동에 새로운 전기를 마련해 주었다.

2013년 학생회가 주관한 학교축제 '푸른별 온새미로'는 삼정중학교 학생자치활동이 학교 운영의 중심축의 하나임을 확실히 각인시켜준 사건이었다. 2013년 학생회가 시작부터 달랐던 것은 이미 1년 동안 축제 계획서를 쓰는 것에서부터 축제 준비와 진행의 모든 과정을 선배들과 함께 했기 때문이다. 그간 쌓았던 많은 경험이 큰 힘이 되었다.

2012년도 제2회 학교축제를 준비하던 당시, 제1회 학교축제를 치른 경험이 있음에도 불구하고 준비하는 학생회가 몇% 부족하다는 느낌이었다. 제1회 축제가 3학년 중심으로 준비됐던 탓이 컸다. 2학년 때부터 경험을 쌓을 수 있는 방법이 필요했다. 그래서 학생회 임원들 중 차장들은 반드시 2학년으로 선출하게 했다. 학생회 부장회의에 함께 참여하도록 하였으며, 학교축제를 준비하기 위한 위원회에도 2학년 학생들을 다수 참여하게 했다.

"우리 같으면 이렇게 안 해!"라고 말했던 2013 학생회는 새 학년이 시작되기도 전에 이미 야심찬 계획을 세우고 있었다. 1, 2회 축제의 경우 체험마당 중심으로 부스를 운영한 정도였다. 경험이 부족한 상태였기에, 당시에는 여러 어려운 점이 많았다. 그럼에도 1, 2회 축제에 대한 교사와 학부모님들의 칭찬이 자자했다. 그런데 이 녀석들은 겁도 없이 2부 공연마당과 3부 야간축제를 더해 규모를 3배나 더 키우겠다고 하는 것이 아닌가!

정말 해낼 수 있을까? 나마저도 의구심이 들었다. 의구심도 잠시, 이미 1학기에 전년도 수준과 비슷한 수준의 에너지 축제를 아무 무리 없이 아주 쉽게 진행한 녀석들이었기에 믿음직했다. 무엇보다 학생들 스스로 총의를 모아 민주적으로 결정한 것이니만큼 학생들을 믿고 최대한 지원하기로 했다.

적지 않은 난관들이 기다리고 있었다. 우선 야간축제의 경우, 교사들 부장

회의에서 교장선생님과 일부 선생님들이 강하게 반대했다. 교장 선생님은 자치부장인 내게 학생들을 만류해달라고까지 부탁해왔다. 학생들의 안전에 대한 걱정은 충분히 이해가 가고도 남는다. 하지만 학생들 스스로 안전 준비를 철저히 하겠다는 의지를 확인했고 안전 문제만큼은 선생님들께서도 적극적으로 지원해 줄 거란 믿음이 있었다. 때문에 학생들의 계획을 최대한 지원하기로 내심 마음먹었다. 학생들에게 부장회의에서 나온 이야기를 전하며 다음과 같이 당부했다.

> "아마, 반대가 강해서 어쩌면 야간축제는 어려울지도 모르겠다. 하지만 이왕 하고자 한 일이라면 최선을 다해 준비해라. 너희들은 최선을 다해 준비하겠지만 그만한 이유가 있어 하지 못한다 하더라도 너희들이 준비한 만큼 배움이 있을 것이다. 하지만 미리 포기한다면 아무런 배움도 얻지 못할 것이다."

학생들은 당차게도 선생님들께 야간 축제에 대해 직접 설명을 드리고 싶다며 먼저 나섰다. 그렇게 학생회장 상호, 부회장 예원, 행사부장 진우, 이렇게 셋이 부장선생님들의 회의에 참석했다. 부장 선생님 중 한 분이 물었다.

> "너희들 이거 생태환경교육을 위한 축제 아니니? 그런데 야간 축제에는 '포장마차'나 '귀신의 집' 같은 먹고 노는 축제 중심이고, 1회용이나 쓰레기도 많이 나올 것 같은데 생태환경교육 축제의 취지와 맞는다고 생각하니?"

미처 예상치 못했던 질문이었던 듯, 조용한 침묵이 흘렀다. 한참 후에 행사부장인 진우가 입을 열었다.

> "선생님 말씀도 맞습니다만 아무리 취지가 좋아도 우리는 학생들이 적극적으로 참여하지 않으면 별 소용이 없을 거라고 생각했습니다. 그래서 우리는 학생들이 우리 축제에 적극적으로 참여할 수 있도록 관심을 갖게 하려고 야간축제를 하려는 겁니다."

　진우의 답변을 시작으로 학생들도 말문이 트이기 시작했다. 상호와 예원이도 적극적으로 자신들의 의견을 내놓으면서 선생님들과 학생들 사이에 한참 동안 의견이 오갔다.

　그럼에도 교장·교감선생님의 반대 의사는 그대로였다. 학생들도 계속된 회의를 통해 자신들의 의견을 점검, 또 점검했다. 그리고 마침내 야간축제는 일몰 직전까지만 허용한다는 타협안에 도달하였다.

　축제를 얼마 남기지 않는 어느 날, 교감선생님께서 축제 안내 가정통신문을 가지고 나를 찾아오더니 이 부분을 읽어봤냐며 물었다. "이 축제는 일몰 직전까지이나 사정상 지연될 수 있으니 양해 부탁드립니다."란 문구였다. 삼정중학교에선 학교축제 등의 계획서나 관련 가정통신문까지 학생들이 직접 작성했다. 학생자치부의 담당 교사는 학생들이 작성해온 이 문서들을 가다듬고 편집하여 결재를 받아주는 정도만 해주고 있었다. 난 대수롭지 않게 생각하곤 무심히 넘어갔었는데, 아마 학생들은 내심 일몰 이후에도 조금은 더 할 수 있을 거란 생각이 있었던 모양이다. 하지만, 야간축제에 대해 예민해했던 교장·교감 선생님의 눈을 피해갈 수는 없었다. 어렵게 타협점을 찾은 사항인 만큼, 해당사항은 재수정 후 결재도 다시 이루어졌다.

또 하나의 잊지 못할 기억 중 하나는 학생들이 공연마당을 준비할 때였다. 학생들은 공연마당을 정말 잘해보고 싶었던 모양이다. 홍보부에서는 공연마당을 알리는 포스터를 여러 장 만들어 학교 곳곳에 붙여 대대적 홍보와 함께 오디션까지 개최했다. 오디션 장면을 잠깐 엿본 적이 있다. 그 모습 자체만으로도 대견했지만, 무엇보다 재미가 있어 보여 든든한 마음이 들었다.

강당 무대 앞에 10명 가까운 학생들이 옆으로 나란히 놓인 책상에 앉아 무대에 오르고 싶어 오디션에 참가한 학생들을 하나하나 심사하고 있었다. 한 팀 한 팀 끝날 때마다 회장인 상호는 노래를 부른 팀에게는 춤을 춰보라고 했고, 댄스 팀에게는 노래를 불러보라고 했다. 그런데 그 이유가 재미있었다.

> "내가 노래를 부른 팀에게 춤을 춰보라고 한 이유는 너희들이 처음 무대에 서면 너무 떨릴 것 같아. 그래서 너희들의 담력을 알아보기 위한 거야"

그렇게 오디션을 치르고 난 후, 또 하나의 문제가 생겼다. 학교 강당이 너무 좁아 무대 분위기가 도저히 살지 않을 것 같다는 의견이었다. 무대를 넓혀 달라는 요청이 들어왔다. 행정실에 부탁을 해봤지만 별 뾰쪽한 수가 나오지

않았다. 강당은 좁아서 안 되니 운동장에 무대를 설치해보자고 했다. 학생들의 적극적인 요청이니 어떻게든 해주고 싶었다.

다시 행정실에 무대 설치에 드는 비용을 문의했다. 그런데 1,000만 원 가까이 든다는 것이었다. 이쯤이면 도저히 안 되겠다 싶어 포기 쪽으로 마음이 굳어져갔다. 하지만 학생들은 포기할 마음이 없었나 보다. 공연마당을 책임지고 있던 부회장 예원이가 찾아와 20만 원이면 10평의 무대를 만들 수 있다고 자신했다. 그냥 아무것도 없는 무대 바닥이겠지만, 학생들은 그렇게라도 자신들의 무대를 가지고 싶어 했다. 그렇게 무대는 해결되었다.

무대가 어찌어찌 해결되자, 이번에는 음향이 문제였다. 실내가 아닌 야외용으로 용량이 충분한 음향 장치가 필요했다. 하지만 예산은 이미 바닥난 상태였다. 음향장비 대여 비용이 만만치가 않았다. 하지만 이 또한, 학생들의 열망을 꺾지는 못했다. 백방으로 수소문한 끝에 서서울고등학교에 부탁해 음향장비를 빌려왔다. 이런저런 어려움은 있었지만 학생들의 적극성과 열정으로 야외무대는 잘 준비되었고, 성공적으로 끝마칠 수 있었다.

축제는 계획서 작성부터 준비, 진행에 이르기까지, 모두 학생들의 손에 의해 치러졌다. 깔끔한 뒷정리는 물론이었다. 이로써 학생들은 더 이상 교육의 대상만이 아니라, 당당한 학교의 한 주체임이 증명되었고, 인정받게 되었다. "삼정중학교에서 학생자치활동의 꽃이 피었다"라는 말들이 나오기 시작한 것도 이때부터였다. 그 외에 다양한 학생회 주관 사업들도 학생들만의 힘으로 진행되었다.

학생자치활동의 긍정적인 면을 설명할 때, 3주체 생활협약이나 자치캠프나 선거, 등굣길 행사, 구기대회 등의 예시는 얼마든지 많지만 학교축제를 주로 설명하게 된 것은 이 때문이다.

학교축제와 같이 규모가 큰 행사는 학생들의 자율성과 책임성이 갖추어지지 않으면 시작도 할 수 없다. 그뿐만 아니라 학생들의 시민성을 바탕으로 집단지성이 발휘되어야만 운영이 가능하다. 따라서 학교축제는 학생들의 민주적인 자치활동의 역량을 한눈에 볼 수 있는 좋은 사례다. 학생들의 자기결정권에 의한 학생자치활동의 결정판이다.

마곡중학교
학생자치활동 이야기

인권·평화·통일교육	폭력예방 및 덕성교육	식생활 생태환경교육
창의·체험 민주시민교육	숙의 민주주의교육	민주적인 선거문화교육
사회참여 활동	문화·예술·체육 활동	학생회 주관 활동

학생자치활동을 통한 민주시민교육

마곡중학교는 민주적인 학교문화를 바탕으로 민주시민교육을 하고 있다. 교무회의는 의결기구화되어 있으며, 민주적 학생회와 학부모회 운영 등으로 학교자치가 잘 이루어지고 있다. 특히, 자기결정권에 의한 민주적 학생회를 중심으로 한 자치활동이 매우 활발하다. 학생들은 민주적이고 일상적인 토론문화를 바탕으로 3주체 생활협약이나 교복 등에 대한 교칙과 규정들의 제·

개정 같은 자기 입법 활동에 자율적으로 적극 참여한다. 그리고 학생들 스스로 계획을 세워 다양한 형태의 학생회 주관 행사를 개최함으로써 민주시민으로서의 자질과 습관을 기르고 있다.

다음은 마곡중학교 학생회 주관으로 실시하는 주요 활동 내용이다.

2019 마곡 배움·나눔 민주시민교육과정 주요 활동

순서	활동 내용	
1	**인권·평화·통일 교육**	**3월 - 5월**
	- 대한민국 역사와 민주시민교육 : 3·1 운동, 제주 4·3, 4·11 대한민국 임시정부 수립, 4·19 혁명, 5·18 광주 민중 항쟁 등 - 안전한 대한민국 : 4·16 세월호, 4·20 장애인의 날, 4·22 지구의 날, 빈 그릇 운동	
2	**민주시민의 덕성 교육**	**4월, 9월**
	- 협력적 인성 교육, 학교폭력 예방 교육	
3	**식(食) 생활 생태환경교육**	**연중 운영**
	- 식(食)을 매개로 행복한 공동체 실현 - 빈 그릇 실천 및 급식 질서 봉사단 운영	
4	**창의·체험 민주주의 교육**	**연중 8시간(창·체 학습)**
	- 2학년 창·체 학습(1학기-민주주의, 2학기-민주적 선거 문화) - 3학년 창·체 학습(인권·평화교육)	
5	**숙의 민주주의 교육**	**연중**
	- 토론문화 활성화 : 정상적 학급회의 정착 - 청소년 퍼실리테이션 교육	
6	**민주적 선거문화**	**1학기, 2학기**
	- 1, 2학기 학급회장 선거(3월, 7월) - 1학년 대표 선거(6월) - 차기 학생회 정부회장 선거(12월)	
7	**지역사회 참여교육**	**연중**
	- 강서학생자치연합회, 강서 청소년 사회참여 발표대회 - 강서혁신지구 한마당 참여	
8	**문화·예술·체육**	**연중**
	- 문화·예술 활동 : 문화·예술 동아리 활성화(독서, 밴 드, 댄스 등) 신문 편집 등 - M리그, 체육대회, 놀이문화 활성화 등	
9	**기타**	**연중**
	- 3주체 생활협약, 삼밭골 어울림 한마당(학교축제), 학생자치캠프, 학생회 부서 활동 등	

다음은 2019년의 마곡중학교의 학교축제를 준비하는 과정과 축제 준비 위원회 조직표이다.

2019 삼밭골 어울림 한마당 축제 준비 과정

일자	단계	조직	내용
10월 4일 (금)	자체 평가 ⇧	축제 운영 위원회	• 각 마당별 자체 평가회의 • 각 마당별 자체 평가서 작성 및 보고
9월 27일 (금)	축제 ⇧	축제 운영 위원회	• 축제 계획에 따라 마당별 운영
9월 26일 (목)	축제 리허설 ⇧	준비 위원회	• 공연 마당: 공연 리허설 • 체험 마당: 각 부스별 준비 상황 점검 • 체육 및 놀이마당: 운영 팀별 점검 • 지원 팀 운영 점검
9월 20일 (금)	축제 준비 상황 점검 ⇧	자치캠프 (3차)	• 축제 진행 계획 발표 및 공유 • 축제 전체 준비 상황 점검 • 미비 사항 대책 수립
9월 13일 (금)	축제계획서 완료 ⇧	준비 위원회	• 각 마당별 준비(공연마당 오디션 완료) • 각 부스별 물품 청구 계획서 작성 완료 • 인터넷 물품 구입 시작 • 축제 홍보물 제작 완료
9월 6일 (금)	축제계획서 초안 작성 ⇧	준비 위원회	• 각 마당별 초안 작성 후 보고 준비 일정표, 점검 체크리스트, 오디션 일정 등
7월	축제 계획서 초초안 작성 ⇧	자치캠프 (2차)	• 준비 위원회 발표: 축제 계획서 초초안 • 수정 및 보완: 원탁회의
5월	축제 준비 위원회 조직 ⇧	부·차장 회의	• 축제 준비 위원회 조직(안) 마련
		대의원회의	• 축제 준비 위원회 조직(안) 보고 및 승인
		학급회의	• 결과 보고 및 학급별 준비사항 논의
4월	축제 준비 전체 토론회 ⇧	자치캠프 (1차)	• 전년도 축제 내용 검토 보고 • 축제 준비를 위한 원탁회의 ♣ 공연마당 조명 및 음향 업체 미리 섭외 완료
3월	전년도 축제 내용 검토	학급회의	• 학급별 전년도 축제 내용 검토(토론 & 설문)
		대의원회의	• 학급회의 내용 보고 및 의견수렴
		부·차장 회의	• 대의원회의 내용 검토

2019 삼밭골 어울림 한마당 축제 준비 위원회 조직

	구분	담당	내용	
체육 마당	총괄 운영	체육부	체육대회 및 체험 부스 운영 계획서 작성	
			준비 및 진행	
	구분	**담당**	**내용**	
체험 마당	총괄 운영	문예부	체험마당 계획서 작성, 부스 운영 계획서 작성 연수 부스 운영 관련 정보 제공, 물품 주문 및 구입 지원	
	부스 운영	1학년 학생회	세계 여러 나라 체험 관련 8개 부스 운영	각 반당
		2학년 학생회	민주시민교육 관련 8개 부스 운영	1개 부스
		3학년 학생회	자유 부스 운영 7개 운영	
		학생회 부서	홍보부 3개 부스 운영 등 총 8개 부스 운영	
		마을·학부모	장애 체험 등 5개 부스 운영	
	구분	**담당**	**내용**	
공연 마당	총괄 운영	행사부	공연마당 운영 계획서 작성, 준비(공연 팀 섭외, 오디션, 리허설 등) 및 진행	
	진행	각 담당	사회(회장단 및 행사부장), 공연 티켓 배부, 공연 전 좌석 안내, 공연 전 질서 관리, 공연 진행 관리(대기실, 무대 세팅 및 관리, 준비실 관리, 공연 입장 도우미)	
	구분	**담당**	**내용**	
축제 지원	질서	자치부	각 층별 체험 부스 안내 및 질서 관리, 먹거리 부스 질서	
	예산	총무부	축제 예산 관리 총괄, 바티 수요 관리 등	
	홍보	홍보부	홍보 영상 및 포스터 제작, 페이스북 관리 등	

학교축제를 하나의 이벤트로만 치부하여 그 의미를 간과하는 경우도 있다. 교사 중심 축제거나 그저 이벤트 회사에 맡겨진 축제라면 그럴 수도 있겠다. 반면 삼정이나 마곡중학교처럼 치밀하게 잘 짜여 진 학교축제라면 민주시민교육과정으로도 손색이 없다.

　학교의 세 주체가 참여한 생활협약이나, 학생생활규정 제·개정의 경우에도 전교생이 참여한 자기 입법의 성격을 띠고 있기에 아주 좋은 사례이긴 하다. 하지만 이 경우 일단 학생들이 원하는 규정들이 만들어지면 학생들의 관심에서 점점 멀어지는 경향이 있었다. 자치캠프나 구기대회 등은 규모가 작거나 비교적 쉬운 활동이기에 효과 또한 제한적일 수밖에 없다.

　상상해 보라! 600여 명의 전교생이 참여하는 축제를! 학생들 스스로 민주적인 토론을 통해 내용과 방향을 정하고, 축제준비 위원회를 조직하여 축제 계획서를 작성에서부터 준비, 진행, 평가에 이르는 전 과정을 학생들이 스스로 책임지고 운영하는 축제를! 그 얼마나 아름답고 완벽한 민주시민교육과정이 아니겠는가!

　참고하여 시도해보고 싶은 학교가 있다면 앞서 제시한 2019 마곡중학교 학교축제의 전체 진행과정과 축제 준비위원회의 조직을 자세히 살펴보기 바란다.

　이처럼 큰 규모의 학생회 주관 행사를 학생들이 자기결정권을 가지고 책임지고 운영하는 동안 학생들의 자치문화가 어떻게 변하고, 성장하는지 지켜보라. 학교축제를 준비하고 진행하는 과정은 학생들 스스로 자율과 존중, 연대로 만들어 가는 훌륭한 민주시민교육의 장이 될 것이다.

학교축제가 훌륭한 민주시민교육의 장이 될 수 있는 것은 첫째, 참여 민주주의와 관련이 있다. 학교축제는 전교생의 적극적인 관심사가 될 수밖에 없다. 때문에 학생들의 적극적인 참여가 이뤄지게 된다. 실제 잘 짜여진 학교축제는 참여민주주의의 전형을 잘 보여준다. 단, 학생들에게 자기결정권을 주고 철저하게 '스스로 만들어가는 축제'가 되게 하는 것이 중요하다.

둘째, 민주적인 의사결정과 숙의민주주의와 관련이 있다. 축제의 방향이나 내용을 정할 때부터 학급회의, 설문조사 등을 통해 전교생이 토론이나 조사활동에 참여하게 된다. 학급회의의 내용들은 대의원회의를 통해 의견이 수렴되고, 이 대의원회의를 통해 결정된 사항들은 학생회 부·차장회의나 부서회의로 넘어가 실행에 옮겨진다. 그리고 이런 내용들은 다시 학급회의나 전체 공지를 통해 전교생들과 공유하게 된다.

실제 삼정이나 마곡 중학교의 사례에서도 보듯이, 학급회의 시 야간 축제를 할지 말지, 각 학년, 학급별 주제 선정이나 부스 운영 등의 축제 관련 주제로 토론하면 학생들의 높은 참여를 끌어낼 수 있다. 이는 곧 전교생이 참여한 토론으로 이어진다. 자연히 축제관련 설문조사 또한 적극 참여하게 되어, 전교생의 의견을 수렴하는데 별 어려움이 없다.

축제를 준비하는 과정에선 자치캠프도 수차례 개최됐다. 원탁회의를 통해 축제계획서를 점검, 수정·보완하는 등의 다양한 회의가 진행되었다. 이처럼 학교축제의 준비 및 진행·평가에 이르는 과정에서, 민주적인 토론을 통한 다양한 의사결정이 이루어졌다. 이에 따른 실행 과정도 만들어졌다. 학생들 사이에는 민주적인 토론문화가 자연스럽게 자리매김하게 되었다. 이런 이유 때문에 학교축제는 숙의민주주의를 위해서도 매우 중요하다.

셋째, 민주시민으로서의 자질과 습관, 태도 등 시민적 덕성에 관한 것이다. 학생들은 처음에는 호기롭게 덤벼들지만, 학교축제를 준비하고 진행하는 과정 속에 생각지 못한 많은 난관에 봉착하게 된다. 어떨 때는 포기하고 싶은 마음도 있었을 것이다.

하지만 혼자 하는 것이 아니기 때문에 서로를 의지하고 소통하며 협력함으로써 이겨나간다. 그리고 성격이 다른 사람들이 모여 일을 함께 하기 때문에 갈등도 생겨날 것이다. 이 과정 속에 문제를 평화적으로 해결하는 능력도 길러진다. 힘든 일에 부딪쳤을 땐 집단지성을 발휘하여 창조적으로 대응해야 할 때도 있다. 실제 삼정중학교 축제를 준비할 때에도 여러 번 겪었던 일이었다. 앞서 설명했던 공연마당 무대나 음향장비 설치, 그리고 야간축제처럼 어려운 일에 부딪쳤을 때도 학생들은 어떻게든 방법을 찾아냈다. 학생들의 자기결정권이 얼마나 중요한지 잘 보여주는 대목이다.

학교축제는 교과 수업과 연계될 때 그 효과가 배가되었다. 그리고 학교축제를 한 번 치르고 난 후, 학년말이 되면 어느새 훌쩍 커버린 제자들을 발견하게 된다. 훌륭하게 성장한 제자들이 대견스럽고 자랑스럽기 그지없다. 서로 소통하는 과정에서 학생들과의 신뢰가 쌓이게 되었고, 더없이 돈독해지는 것 또한 느낄 수 있었다.

학교폭력 예방교육, 민주시민 덕성교육

2018년부터 실시하고 있는 마곡중학교의 '학교폭력 예방교육'과 '민주시민 덕성교육'은 두 가지의 주요한 특징이 있다.

첫째, 학생들이 직접 진행한다. 1학기 학교폭력 예방교육과 2학기 민주시민 덕성교육은 기존 외부강사 초청이나 주관부서 영상교육 대신, 학생회 주관 이벤트가 결합된 학생 활동 중심 교육이다. 학생들이 직접 제작한 영상 보기, 폭력예방나무 만들기, 이벤트 참여, 캠페인 문구 만들기, 토론 중심의 예방교육 등을 실시한다.

학생회 자치부에서 교육 내용을 계획하고 자료를 준비한다. 수업 진행은 학급회장들이 맡는다. 이를 위해 학급회장들은 본 수업 전 미리 퍼실리테이션 교육을 받아 진행 방법을 익힌다. 퍼실리테이션 교육은 학생회 토론기획부가 진행한다.

둘째, 사전 활동, 사후 활동 포함, 한 달 이상 걸리는 프로젝트 형식의 교육이다. 학생회에서는 교육을 시작하기 전에 주관부서 선생님들과 먼저 협의를 한다. 협의가 끝나면 모든 교육 일정을 학생회가 맡아서 진행한다. 교육 내용에 대한 사전 설문조사 후 설문내용을 분석한다. 그중 심각한 3가지 정도의 내용으로 수업 계획을 세우고 학습지를 만든다. 준비 및 본 수업, 사후 활동, 평가까지 모두 학생들의 몫이다. 자치부가 주관하지만 학생회 차원에서 지원한다.

본 수업이 끝나면 각 학급의 결과물을 모아 교내 게시판에 게시하고 시상한다. 그리고 사후 활동 계획을 세운다. 예를 들자면 폭력 예방 캠페인 문구선정 후, 피켓을 만들어 등굣길 캠페인을 하거나, 각 반에서 만든 폭력예방나무 중 우수작을 게시판에 붙여 홍보한다. 2학기에 진행하는 민주시민 덕성교육도 위와 같은 절차로 진행된다.

마곡중학교는 2017년까지는 학생들 간의 갈등이나 폭력이 종종 있었다. 이를 해결하기 위해 학생회가 나섰다. 전교생의 1/3인 200명 이상의 학생들이 참여하고 있는 학생회, 그들이 나선다면 생활문화쯤은 쉽게 바꿀 수 있을 거란 생각이 들었다. 우선 먼저 학생회 구성원들부터 민주시민의 덕성과 태도를 갖춰야만 했다. 학생회가 또 하나의 완장이 아닌 민주적인 소양을 갖춘 시민으로 역할을 해야 했기 때문이다. 학생회부터 교육이 되고 시민으로 바로 서야 했다.

민주시민은 교육되고 형성되는 것이다. 교육의 본래 의미는 집어넣는 것이 아니라 끄집어내는 것이라고 한다. 학생들의 잠재력을 최대한 끄집어내는 것이 좋은 교육이다. 이런 이유로 학생 자신들의 필요에 따라 직접 준비하고 실행하게 했다. 그리고 이에 대한 평가는 매우 고무적이었다.

다음은 2018년의 학교폭력예방교육과 인성교육의 주관 부서인 인성·안전부 평가이다.

"주관 부서 교사와 학생자치활동이 결합된 형식의 민주시민교육이란 점이 매우 의미 있고, 학교폭력을 예방하고 학생들의 인성을 함양하는 데 매우 좋은 영향을 주었다. 그 결과 인근의 다른 학교에 비해 마곡중학교 학교폭력은 아예 없는 거나 다름없다."

마곡중학교는 2018년에 1학기, 2학기 두 차례의 학교폭력예방교육을 학생회가 직접 주관하여 실시하였는데 그 과정과 학습 자료 일부를 소개한다.

학생회 주관 폭력예방교육 1학기 일정 (3월 ~ 4월)

기간	활동 내용	비고
3.12(월) ~ 16(금)	●활동 계획 협의 및 수립 ●설문지 작성(학생회 인성·자치부)	인성·안전부, 학생자치부 지원
3.19(월) 아침 조회	●설문조사 진행	학생회 지원
3.19(월) ~ 23(금)	●설문조사 통계 및 분석 ●3개의 주제 정함	언어폭력, 사이버폭력 집단폭력
3.23(금) ~ 4.1(일)	●폭력예방교육 토론 학습지 제작 ●폭력예방교육 진행 PPT 제작	인성·자치부, 회장단 토론기획부 지원
4.2(월) 6교시 창·체	●학교폭력예방 교육	학생회 주관 학급회장 진행
4.2(월) ~ 4·3(화)	●등굣길 폭력예방 캠페인 준비 ●피켓 제작	학생회 인성·자치부
4.4(수) ~ 4.6(금)	●등굣길 폭력예방 캠페인 ●정문과 후문	
5월	●평가(학생회 차원, 부서 차원)	부장회의, 부서회의

학생회가 주관하여 3월 12일(월)부터 4월 6일(금)의 4주 동안 설문조사, 모둠토론, 바른말 서약서 쓰기, 손글씨 캠페인(학생회 페이스북에 올리기), 학교폭력예방

캠페인 활동 등 프로젝트 형식의 학교폭력예방교육이 실시되었다.

학생회 주관 폭력예방교육 진행 과정

차별을 넘어 상호 존중과 배려로 인권이 살아 숨 쉬는 **평화로운 학교문화를 만들어 가는 마곡인**		
운영 계획	**실천 및 지원 방안 협의**	**활동 계획**
학생회 중점 사업 평화로운 학생생활문화 만들기	**학생회(실천)** 1차: 회장단 & 자치부 2차: 자치부 & 2학년기획단	**학생회(자치부)** ● 일정 및 방식 ● 실천 활동 계획
인성·안전부(교사) 학교폭력예방교육 협력적 인성 함양	**교사(지원)** 인성·안전부 & 학생자치부	**인성·안전부(교사)** ● 활동 계획 공유 및 협의 ● 지원 방안 마련

⇩

사전 준비				
		설문조사		**학습 준비**
1차	4월	● 설문지 만들기(자치부)	⇨	● 폭력예방교육 학습지 및 활동자료 만들기 　(학생회 자치부 & 회장단)
2차	9월	● 학교폭력 실태 설문조사 실시(학급회의) ● 통계 및 분석(자치부)		● 영상자료 제작(학생회 2학년부 자치기획단)

⇩

본 수업 : 협력적 인성 함양 및 학교폭력 예방 교육		
1차	4월 2일(월) 6교시 창·체	● 학교 폭력관련 모둠 토론 ● 모둠별 학교폭력 예방 캠페인 내용 만들기 ● 바른말 쓰기 서약서 쓰기, 손글씨 쓰기 캠페인(페이스북에 올리기)
2차	9월 10일(월) 6교시 창·체	● 폭력예방교육 영상 시청하기　● 영상관련 퀴즈 맞추기 ● 친구야 고마워! 친구야 미안해! 이벤트 진행

⇩

사후 활동 : 협력적 인성 함양 및 학교폭력 예방 배움·나눔 행사		
1차	4월 4일(수)~ 4월 6일(금).	● 학교폭력 예방 캠페인 선전물(피켓) 제작 – 자치부 ● 학교폭력 예방 등굣길 캠페인 진행 – 자치부
2차	10월	● 등굣길 캠페인 – 한 줄 서약서 써서 홍보판에 달기, 피켓 홍보 ● 점심시간 캠페인 – 설문조사 질문에 스티커붙이기 ● 애플데이 (학생회 자치부 & 위클래스) 운영

학생회 주관 학교폭력예방 교육 PPT 자료

진행 순서	1. 실태조사 결과 보고 2. 홍보부가 제작한 학교폭력 예방 영상 시청 3. 모둠별로 주제 분배 및 토의 (15분 진행) 4. 모둠별 활동 내용 발표(언어, 사이버, 집단)	5. 바른말 서약서 쓰기 6. 손글씨 릴레이 프로젝트 7. 친구 칭찬하는 댓글 달기 8. 학교폭력 신고 대응

1면	**학교폭력예방 교육** 학생회 (인성·자치부, 토론기획부)	8면	**활동내용 발표** 사이버 폭력 **사례3**
2면	**학교폭력 실태조사 결과** 1.언어폭력 2.사이버폭력 3.따돌림 4.신체폭력 5.집단폭력 6.강요하기	9면	**바른 말 서약서 작성** 개인별로 서약서를 작성해 주세요. 학급별로 잘 쓴 것 5개를 뽑아 교무실에 모아주세요. (나머지는 교실 뒤쪽 게시판에 붙여주세요) 잘 쓴 것은 학교폭력예방 캠페인 피켓에 사용될 수 있으며 뽑힌 학생들에게는 상품을 드립니다.
3면	**영상 시청** 홍보부가 작성한 영상 시청	10면	**손글씨 릴레이 프로젝트** 1. 정해진 문구를 손글씨로 써서 사진 찍기 2. 개인 페이스북에 올린 후 해시태그와 함께 사진을 올리고 친구 3명 언급 3. 참여 학생에게는 1바티 지급 - 바티는 중간고사 후에 있을 바티장터에서 사용가능

4면	**주제별 분배**	11면	**<인권이 살아 숨 쉬는 평화로운 학교 만들기>** 저 30318 이민혜는 마곡중학교 생활을 하는 동안 아름다운 언어를 사용하여 남에게 상처 주는 말을 하지 않도록 노력하겠습니다. 2018. 4. 2 월요일 이민혜 ❀ 이쁜 말 ❀ 욕설은 나빠요 ❀ 마곡중 ❀ 평화로운 학교 ❀ 희망 손글씨

모둠	내용	모둠	내용
1	언어 폭력1	4	언어 폭력2
2	언어 폭력1	5	사이버 폭력
3	언어 폭력2	6	집단 폭력

5면	**모둠별 토의** 15분 동안 조별로 학습지를 읽고 문제를 해결해 주세요(조별 발표) 주제 당 최소 한 모둠씩 발표해야 합니다. 발표한 모둠에게는 상품이 있으니 학급회장은 발표한 모둠을 잘 기록해두세요!	12면	**칭찬하는 댓글 달기** 2주에 한번 요일을 선정해 마곡중 학생회 페이스북 페이지에 친구들을 언급해 칭찬하는 댓글을 남김 ※추첨을 통해 간식 증정
6면	**활동내용 발표** 언어폭력1 **사례1**	13면	**학교폭력 신고 대응** ● 학교폭력 신고번호 ☎117 ● 학교폭력 SOS지원단 ☎1588-9128 ● Wee클래스에서 상담
7면	**활동내용 발표** 언어폭력2 **사례2**		※ 이 PPT 자료는 학생회의 인성·자치부(부장 이민혜)와 토론기획부(부장 원유빈)이 협력하여 학생들이 직접 만든 자료다.

[2] 사이버폭력

★ 사이버 폭력 ★

다음 사례를 읽어보고 모둠원들과 토론을 하면서
문항에 답해보세요.

2. 사이버 폭력 사례

철수는 오늘 대륙이의 얼굴을 손으로 치는 실수가
있었다. 방과 후에 집에 와서 페이스북을 하는데
대륙이가 올린 저격 글이 눈에 띄었다. 그 글에는
"아 개빡쳐 어떤 꼰대 닮은 놈이 내 얼굴 침;"이라고
올렸다. 댓글에는 영희가 "실수할 수도 있지 왜
구댐...ㅋㅋㅋ"라고 되어있었다. 철수는 이 이야기가
본인인 걸 직감하였다. 더욱 어이없었던 것은 철수를 잘
알지도 모르는 애들이 마치 철수에 대해 잘 아는듯하게
말하는 것이었다. 댓글에는 "아 개 그런 애였ㅋㅋㅋㅋ
"꼰대 ㅋㅋㅋㅋㅋ개웃겨 ㅋㅋㅋㅋ", "개 찐따아님?" 등의
철수에 대한 조롱으로 가득 찬 댓글이 많았다. 철수는
마음이 불안해서 너무 조마조마해 하였다.

☞ 자기가 철수라면 무슨 기분이 들었을 것 같나요?

⇨

☞ 이때, 자신이 철수였다면 무슨 행동을 했을 것
 같나요?

⇨

☞ 2번처럼 행동했다면 무슨 일이 일어났을 것 같나요?

⇨

☞ 대륙이가 이 글을 올린 이유는 뭘까요?

⇨

☞ 대륙이의 저격 글에 댓글을 단 아이들은 왜 그런
 반응을 보였을까요?

⇨

☞ 내가 철수였다면 앞으로 어떻게 해야 자신도 폭력을
 사용하지 않으면서 이 문제를 해결할 수 있을까요?

⇨

☞ 내가 대륙이었다면 어떻게 했었어야 자신도
 폭력을 사용하지 않으면서 이 문제를 해결할 수
 있었을까요?

⇨

★ 마곡중학교 ★
'인권이 살아 숨 쉬는 평화로운 학교 만들기'

<바른말 서약서 작성>

- 4/2~4/6일까지 진행
- 참여한 학생은 마곡중학교의 학생회 화폐인 바티를
 얻을 수 있습니다. 바티로, 바티장터에서 음식을
 사먹을 수 있고 축제 때 먹거리 부스에서도 이용 가능.
- 1인당 1회만 참여 가능하고 해시태그 많이 해주시고
 친구들은 3명까지만 언급해 주세요~.
- 자신이 앞으로 마곡중학교를 다니며 바른 말을
 사용하겠다는 다짐을 쓴다.

※ 학생들이 쓴 말 중 좋은 말은 캠페인에 이용될 수
 있습니다.

최대한 최선을 다해 써주세요~!

<인권이 살아숨쉬는 평화로운 학교 만들기>
저 30318 이민혜는 마곡중학교 생활을 하는 동안
아름다운 언어를 사용하고 남에게 상처 주는 말은
하지 않도록 노력하겠습니다.
2018. 4.2 월요일
이민혜
#이쁜말 #욕설은 나빠요 #마곡중
#평화로운 학교 # 최악 손글씨

<손글씨 릴레이 프로젝트>

<토론 활동 정리 및 발표>

☞ [정리 및 발표] 모둠 원들과 함께 토론한 내용에 대해서 정리해보고, 학교폭력을 방지하기 위한 대책을 논의해봅시다. 그리고 인권·평화·자유 주간 폭력 예방 캠페인 문구를 모둠별로 만들어봅시다.

구분	토론 내용 정리	폭력 예방 대책
언어 폭력		
사이버 폭력		
집단 폭력		
캠페인 문구		

★ 마곡중학교 '인권이 살아 숨 쉬는 평화로운 학교 만들기'
모두가 함께 참여하는 SNS 캠페인과 바른말 서약서

4/2~4/6일까지 진행합니다. 사진과 같은 내용으로 써주세요
참여한 학생들에게는 1바티를 제공합니다.
1인당 바티는 한 번만 받을 수 있어요.

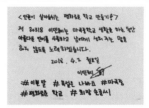

<손글씨 릴레이 프로젝트>

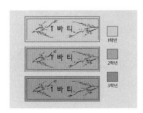

2018년도 새롭게 바뀐 바티

바티는 마곡중학교의 학생회 운영 화폐로써, 5월 초의 바티장터에서 건강에도 좋고 맛도 있는 먹을 것을 사 먹을 수 있습니다. 그리고 축제 때 먹거리 부스에서도 사용할 수 있습니다.

<참여방법>
1. 페이스북, 인스타그램, 트위터 등 다양한 SNS를 들어간다.
2. 종이에 저 위 사진과 같은 내용을 손글씨로 쓴 후, 게시물을 올린다.
3. 자신이 올린 게시물을 캡처해서 나중에 쌤들에게 보여드린다

자세한 방법은 페이스북 이민혜가 올린 글을 참고해주세요

<바른말 서약서 작성>
- 자신이 앞으로 마곡중학교를 다니며 바른 말을 사용하겠다는 다짐을 씁니다.
- 이때, 학생들이 쓴 말 중 좋은 말은 캠페인에 이용될 수 있습니다
- 최대한 최선을 다해 써주세요.

[학교폭력실태조사]

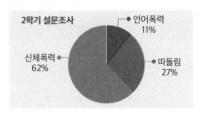

2학기 설문조사

- 언어폭력 11%
- 따돌림 27%
- 신체폭력 62%

★ 활동1 ★ 우리 학교에서 어떤 학교폭력이 일어나고
　　　　 있는지 영상을 통해 떠올려봅시다.

★ 활동2 ★ 영상을 보고 답해봅시다

[질문1] 왕따 학생이 담임(전종옥)쌤께 애들을 그냥
　　　　보내주라고 부탁한 이유가 무엇일까요?
⇨

[질문2] 화장실에서 자신의 험담을 하는 가해자들을
　　　　보고 왕따 학생은 무슨 생각을 하였을까요?
⇨

[질문3] 방관자 학생들이 갑자기 왕따 학생에 대한
　　　　태도를 바꾸게 된 계기와 이유가 무엇일까요?
⇨

★ 활동3 ★ (짝과 함께)토의해 보기
　- 자신과 짝이 가해자나 피해자로 입장을 나눠 질문에
　　답해봅시다
　　나: 가해자/피해자　　짝:가해자/피해자

[질문4] 내가 가해자/피해자의 입장에서 영상을 통해
　　　　느낀 감정과 생각을 써주세요.
⇨

[질문5] (공통) 방관자의 입장에서 영상을 보고, 내가
　　　　그 상황에 놓인다면 어떤 행동(대처)를 할 수
　　　　있는지 써주세요.
⇨

★ 활동4 ★ 내가 직접 되어보기
영상 속 인물(방관자, 피해자, 가해자) 중 한 사람을
선정하여 하고 싶은 말을 써주세요.

(　　　)아 고마워

2018년　월　일　이름

인권이 존중되는 평화로운 학교 만들기
마곡중학교 자치부

(　　　)아 미안해

2018년　월　일　이름

인권이 존중되는 평화로운 학교 만들기
마곡중학교 자치부

★ 활동 마무리 : '고마워', '미안해' 종이를 모둠별로
배부 후 한 가지 선택해서 반 친구들에게 전달하기
1. 종이를 4등분 해서 모둠 원끼리 나눠가진다.
2. 편지를 쓰고 반 아이들에게 전달을 한다.
3. 발표하는 시간 가지기

　이 활동을 주관한 부서는 학생회의 자치부였다. 폭력 없는 평화로운 학교
만들기는 마곡중학교 학생회의 역점 사업이었기에 학생회 전체 차원에서 적
극 지원하였다. 대략 사업의 진행과 각 부서의 역할을 살펴보면 다음과 같다.

학생회 차원의 계획 세우기(부장회의) ⇨ 대의원회의 안건 상정 및 승인 ⇨ 부서별 역할 정하기(부장회의) ⇨ 부서별 활동 계획 세우기(부서회의 : 자치부, 홍보부, 2학년 학생회, 토론기획부, 홍보부) ⇨ 부서별 준비(설문지 제작, 영상 제작, 이벤트 준비 등) ⇨ 학급회의 준비(학급회장 대상 퍼실리테이션 교육) ⇨ 본 수업 진행 ⇨ 사후 활동(캠페인, 폭력예방 나무 전시, 고마워! 미안해! 전시 등) ⇨ 평가

내용		역할 담당 부서
대의원회의 안건 준비		자치부, 토론기획부
설문지 및 이벤트 준비물 제작		자치부
영상 제작	1학기	홍보부
	2학기	2학년 학생회
폭력예방교육 수업 준비 및 진행	진행 계획 수립 및 준비	자치부
	진행	학급회장
	학급회장 퍼실리테이션 교육	토론기획부
사후 활동(이벤트 진행, 캠페인 등)		자치부

　이 자료들은 학교폭력 실태조사를 위한 사전 설문조사를 한 후, 이를 바탕으로 영상 자료와 이벤트 자료와 함께 만들어졌다. 교사들이 직접 만든 자료와 비교해도 전혀 손색없는 훌륭한 자료였다. 학생들이 이 자료를 만들기 위해 얼마나 많은 정성과 노력을 했을지, 그리고 얼마나 뿌듯해했을지 상상이 가고도 남을 훌륭한 자료였다. 이 활동은 한 달 이상이 걸린 학생회 주관 프로젝트 형식의 자치활동이 되었다. 이런 과정을 거치는 동안 학생들 간에 얼마나 많은 논의가 이뤄지고 서로 소통하고 협력해하는지, 그리고 어떤 변화가 있을지 상상해보라. 이런 과정을 한 번 거치는 동안 나는 어느새 훌쩍 커버린 학생들의 모습을 발견하곤 했다.

식생활 생태환경교육

사회학자들은 인류의 미래에 대한 매우 비관적인 전망을 내놓고 있다. '살인적인 폭염'으로부터 '반복되는 팬데믹'에 이르기까지. 지금 당장 우리에게 닥쳐올 12가지의 기후재난 실제와 미래에 대한 책 '2050 거주 불능 지구'란 책이 나올 정도다. 인간의 무한 욕망은 무한 생산으로 이어지게 된다. 불필요한데도 끝없이 생산을 멈추지 않는 사회경제 시스템은 결국 끝없이 자연을 파괴하고 궁극에는 거주 불능의 지구로 만들고 말 것이다. 인간과 자연이 화해하고 함께 공존할 수 있는 사회경제 시스템을 만들어야만 한다. 생태민주주의 교육이 민주주의 교육의 핵심이 되어야 하는 이유다.

마곡의 생태 민주주의 교육은 급식실과 학생회 환경부가 중심이 되어 운영하는 식생활교육과, 1학년 도덕 교과 및 자유학년제 수업과 함께 이루어지는 생태환경교육에 의해 진행되고 있다. 식(食)생활교육은 식(食)을 매개로 한 배움·나눔의 행복한 교육공동체 만들기 프로젝트로 연중 실시했다

잔반 없는 빈 그릇 운동과 급식 질서 및 식습관 기르기 운동은 실천영역으로 학생회가 주관했다. 학생회는 영양교사의 조언과 지원을 바탕으로 식생활 실천 봉사단과 급식 질서 봉사단을 모집했다. 1기당 4주씩, 1년에 총 7기를 운영했다. 봉사단에 참여한 학생 수만 해도 전교생의 약 30%에 가까운 170명에 이르렀다. 특히 2017년에는 학생회 녹색부 주관으로 1년간 식(食)생활 배움·나눔 프로젝트를 운영한 결과 전년에 비해 잔반을 56%나 줄이는 성과를 냈다.

이 프로젝트는 운영상 많은 어려움을 겪었다. 학생들이 직접 급식 질서 유지 봉사단을 꾸려 스스로 질서유지를 위해 안간힘을 썼다. 하지만 3학년 덩치 큰 녀석들이 무리를 지어 막무가내로 새치기를 하는 통에 3학년 담임선생님들께서 순번을 정해 질서유지에 참여하기도 했다. 그리고 학생들이 좋아하

는 반찬이 나오는 날에는 두세 번 반찬을 더 타가기도 했다.

이 문제를 해결하기 위해 학생회 녹색부와 자치부 학생들이 10차례가 넘는 회의를 거쳐 이를 극복했고 학생들은 이 과정에서 몰라보게 성숙해졌다. 특히 급식 질서 부분에 늘 어려움을 겪었었는데 민주적인 토론과 집단지성을 발현해 문제를 해결했다. 학생들이 민주시민으로 성장하게 하는 계기가 되었다. 모든 것이 쉽게 해결되어야만 좋은 교육인 것은 아니다. 어려움 속에 많은 갈등을 겪고 풀어나가는 과정 속에서 더 다양한 민주적인 역량을 쌓을 수 있다. 학생들이 성장과정 속에서 그 어떤 어려움도 겪지 않는다면 성장의 기회도 그만큼 줄어들지 모른다. 다만 그건 수동적이 아닌 능동적인 것이어야 할 것이다.

마곡 학생회는 빈 그릇 운동과 함께 학생자치활동을 지원하기 위한 화폐 '바티'를 사용한다. 바티는 학생회에서 발행한다. 이 또한 운영하는 데 적지 않은 어려움이 있었다. 힘센 선배들이 후배들의 바티를 빼앗거나 훔치는 경우가 발생했다. 이런 경우엔 학년별로 바티 색깔을 달리하였고, 바티 대신 개인별 바티 기록장을 사용하게 하여 문제를 해결하였다. 학생들은 숙의에 숙의를 거듭하여 점차 효과적인 방법을 찾아갔다. 이런 과정을 통해 숙의 민주주의의 중요성도 체험하고 습관도 갖게 된다.

숙의민주주의 [5]

학생자치활동과 민주시민교육은 학생들의 학생자치활동 역량과 민주시민 성에 의해 크게 영향을 받는다. 따라서 학교 차원의 지속적이고 안정적인 민주시민교육과정으로 운영하려면 각 학년에 맞는 민주시민교육이 이루어져야

---

5) 자세한 내용은 4부 학생자치활동 팁의 '숙의 민주주의', '마곡의 민주적 선거문화' 참고.

한다. 특히 2학년은 차기 학생회를 책임져야 하기 때문에 민주적 가치(관) 및 태도를 함양하고 학생자치활동 역량도 길러야 한다. 학년말에는 학생회 정·부회장 선거가 있기 때문에 민주적 선거문화 정착을 위한 교육 활동도 필요하다.

마곡중은 민주적인 학생회 운영을 위해 일상적인 토론문화가 정착되어야 했다. 때문에 토론문화 활성화를 위해 많은 노력을 기울였지만 미흡한 부분이 많았다. 2017년 교사워크숍에서도 이에 대한 비판이 나왔다. '학생회가 민주적이지 않다. 학생회만의 학생회 같다.' 등 비판은 전교생과 소통하는 학생회이기를 바라는 요구였다.

2018학년도의 학생회는 인권·평화교육과 함께 민주적인 토론문화 정착에 힘을 쏟기로 했고 결과적으로 크게 발전할 수 있었다. 민주적이고 효과적인 토론을 위해 학생회 임원과 학급회장에 대한 퍼실리테이션 교육을 강화했다. 토론기획부가 제 역할을 해주었기 때문에 대의원회의와 원탁회의 등에서 예년에 비해 훨씬 진전된 토론문화를 보여줬다. 9월 14일(금) 마곡 2차 자치캠프에서는 부서별 활동 평가, 10월 20일에 있을 자치캠프 준비, 2018 삽밭골 어울림 한마당 준비 등을 주제로 85명이나 되는 학생들이 2시간 동안 원탁토론을 펼쳤다. 그럼에도 불구하고 시종일관 흐트러짐 없이 진지하기만 했다. 예전엔 볼 수 없었던 모습들이었다.

이런 노력에도 전교생 의견을 제대로 반영하는 민주적 학생회 운영을 위한 학급회의 활성화는 여전히 어려운 과제가 아닐 수 없다. 이를 개선하기 위해 2018 학생회는 '의견 수렴 및 의제 선정 ⇒ 검토(임원회의) ⇒ 대의원회의 및 안건 결정 ⇒ 학급회장 대상 회의 진행 교육 ⇒ 학급회의 ⇒ 실행' 과정으로 의사결정 및 집행시스템을 운영하였다. 이를 바탕으로 운영한 결과, 토론기획부에서 학급회의 진행을 위한 PPT나 영상 자료 등을 제공해주었고, 학급회장 대상 회의 진행 교육을 실시하는 등 일부 진전이 있었다. 특히 학급회장이 회의 진행 교육에 적극 참여한 경우에는 이전보다 학급회의가 훨씬 짜임새 있게 진행되었고 학생들의 참여도 또한 높아졌지만 여전히 많은 과제를 안고 있었다. 더 나은 방법을 찾기 위해 노력했다. 2019학년도 학생회는 이보다 더 진일보한 모습을 보여줬다. 이런 모습을 관찰하기 위해 여러 학교 교사들이 찾아오기도 했다. 마곡중학교 학생회가 다른 학교 학생회를 대상으로 토론 문화 활성화를 위한 퍼실리테이션 교육을 진행하기도 했다.

민주적 선거문화

마곡중학교는 5월에 1학년 대표 선거, 학년말에 차기 학생회 정부회장 선거 및 2학년 대표 선거를 치른다. 민주주의 국가에서는 대통령이나 국회의원 선거, 지자체장 선거뿐만 아니라 자신들이 속한 공동체에서 다양한 선거가 이뤄진다. 선거의 결과는 알게 모르게 우리들의 삶에 영향을 미치는데, 정작 사람들은 선거를 소홀히 하는 경우가 많다. 낮은 투표율은 민주주의 사회의 적잖은 고민거리다. 선거는 참여도 중요하지만 어떻게 참여하는가가 더 중요하다. 공약을 꼼꼼히 살펴보고 후보의 자질이나 성향을 알아봐야 한다. 충분한 정보를 가지고 투표에 임해야 좋은 선택을 할 가능성이 커진다. 그러려면 선관위 활동부터 잘 할 수 있어야 한다. 모든 학생들이 관심을 가지고 참여할 수 있는 다양한 방법과 수단도 필요하다. 시간과 공간도 확보되어야 하며 기간도 충분해야 한다. 적어도 한 학기 동안은 치밀하게 준비하여 선거를 치를 수 있게 할 필요가 있다.

선거는 선거 자체로 매우 중요한 민주주의 교육이다. 2학년 학생회를 중심으로 운영되고 있는 민주시민성교육, 선거 준비 및 선거 과정은 실천 및 체험 중심의 민주시민교육과정으로 진행된다. 이는 학생들이 민주시민으로서의 덕성을 갖추는 데에 큰 영향을 미친다.

지역사회 차원의
민주시민교육

지역 연대 사업에 참여하다

　80년대 후반, 교육민주화를 요구한 교사선언과 전국 평교사들이 주축이 된 자주적 교원단체인 전국교사협의회가 만들어졌다. 그리고 마침내 1989년 5월 28일에는 참교육 '민족, 민주, 인간화교육'을 표방한 전국교직원노동조합이 결성되었다. 우리 교육이 새로운 전환점을 맞이하게 된 것이다. 교사들은 교육개혁의 주체임을 자임하며 적극적으로 나섰다. 한편으론 군사독재 정권하의 비민주적인 학교문화를 바꿔나갔고, 또 한편으론 참교육 실천을 위해 온 힘을 쏟았다. 특히 입시경쟁교육을 극복하기 위해 힘썼다. 하지만 얼마 되지 않아 신자유주의 교육정책이 우리 교육을 덮쳤다.

신자유주의 교육정책으로 인해 입시경쟁 체제는 더욱 심화되고 말았다. 자립형 사립고를 필두로 학교 선택제가 본격화되었고, 특목고, 자립형사립고, 과학중점고등학교, 일반고, 특성화고등학교 등 학교마다 서열이 매겨졌다. 이에 따라 중학교는 입시경쟁 경쟁교육이 한층 더 심화되었다. 심지어 초등학교까지 일제고사가 부활하게 되었다. 그동안의 교육민주화와 개혁의 흐름이 일시에 좌초되는 순간이었다.

교원평가제와 성과급 제도가 도입되면서, 그간 우리 교육의 변화를 이끌어왔던 원동력이었던 교사들은 더 이상 교육의 주체가 되지 못했다. 학교는 소통과 협력문화 대신 경쟁구도가 강화되고 말았다. 교사들만의 힘으로 우리 학교를 바꾸고 교육을 정상화하기에는 너무나 힘에 부치는 여건이 되고 말았다.

우리 교육은 또다시 희망을 잃고 말았다. 학교 내부 동력은 너무나 약해져 어찌해 볼 도리가 없었다. 그때부터 지역연대 사업에 관심을 갖게 되었다. 당시 서울 강서·양천 지역의 시민단체 활동가들이 지역 교육현안과 교육의 새로운 방향 모색하기 위해 '강서·양천 교육시민연대'란 이름으로 연대하고 있었다. 마침 이 연대 모임에 참여하게 되며 지역의 많은 활동가들과 교류할 기회가 생겼다.

지역사회와 함께 하는 생태환경교육도 이때부터 시작되었다. 시작은 생태환경 동아리 운영부터였다. 이전부터 생태환경 동아리를 운영해왔었지만 어려움이 많았다. 학생들의 참여는 소극적이었고, 동아리 시간에는 각자의 자유를 만끽하느라 정신이 없었다. 어떻게 하면 잘해볼 수 있을까 하는 고민에 환경 관련 영상도 준비하고, 체험학습도 해봤지만 영 신통치가 않았다. 경험도 부족한데, 눈코 뜰 새 없이 바쁘기까지 하다 보니 자연히 내용도 부실해 질 수밖에 없었다. 결국, 학생들의 관심을 크게 끌어내지는 못했다.

마침 '강서·양천 교육시민연대'에 환경단체 활동가분들도 활동하고 있어 도움을 받았다. 하지만 상황은 별로 나아지지 않았다. 중학생들을 상대로 뭔가를 한다는 것이 정말이지 쉽지가 않았다. 그냥 포기하고 싶을 때도 부지기수였다.

'궁하면 통한다.'고 했던가? 우연한 기회에 학생들을 대상으로 숲이나 습지 체험, 조류 관찰 등 체험활동 중심으로 하는 '생태보전시민모임' 분들을 만나게 되었다. 이때부터 조금씩 활로가 트이기 시작했다. 교사들은 학생들이 동아리활동에 흥미를 가지고 참여할 수 있는 체험 중심의 교육 활동 경험들이 필요했고, 시민단체에서는 함께 할 학교가 필요했기 때문에 안성맞춤이었다.

환경관련 동아리 활동에 관심을 갖고 있던 교사는 나뿐만이 아니었다. 하지만 학생들의 흥미를 끌어내는 일이 여간 어려운 데다, 학교에서 이런저런 일에 치이다 보면 동아리 활동 준비는 뒷전이 되기 십상이었다. 이런 문제들을 해결하기 위해 생태환경교육을 전문으로 하는 분들과 함께 동아리 운영 프로그램을 짰다. 서울 강서양천 지역 교사들을 대상으로 '교사연수'를 실시한다고 홍보하자 20여 명의 교사들이 모였다.

이런 일련의 활동들은 요즘으로 치면 '교원학습공동체 활동'이라 할 수 있겠다. 하지만 당시만 해도 별로 권장되는 사항은 아니어서 여러 가지로 힘든 점도 많았다. 교사 연수의 경우 일주일에 한 번씩, 방과 후에 만나서 진행할 수밖에 없었다. 그럼에도 이 경험은 학교 동아리 활동을 진행하는 데 도움이 되었다는 교사들이 많았다. 이를 계기로 서울 강서양천지역의 여러 환경교육 단체 분들과 협력하여 생태환경교육 단체를 만들었다. 체험 중심의 지역사회와 함께하는 생태환경교육을 지원하게 되었다.

후에, 삼정중학교의 '탄소 줄이기 통합교육과정'이나, 마곡중학교의 '배움·

나눔 민주시민교육과정'에서 이때의 지역 연대 사업을 발판으로 다양한 교육 활동들이 이루어졌다.

생태환경교육을 위한 통합교과교육

한 번은 광화문 집회에서 동료 선후배들과 밤새 이야기를 나눈 적이 있다. 오랜만에 만난 우리들은 어느새 환경, 여성, 인권 등등…, 각 분야에 전문가가 다 되어있었다. 서로의 모습에서 든든함을 느낄 수 있는 그런 밤이었다.

하지만 한편으론 각자 자신의 분야에 대한 이야기만 늘어놓고 있다는 생각이 들었다. 한 이가 에너지 피크에 대한 자신의 이야기를 한참 하고 나면, 또 다른 이는 자신의 전공 분야에 대한 이야기를 늘어놓는 식이었다. 전 같으면 서로 이야기를 나누며 공감대를 형성하고, 논쟁이 생기면 의미 있는 토론이 이루어지곤 했다. 하지만 이제는 각자가 자신들의 전문분야에 심취하다 보니 대화나 토론보다는 자기 전문 분야에 대한 이야기만 늘어놓고 있다는 느낌을 지울 수 없었다. 자기만의 전문 분야 지식들이 는 반면, 오히려 소통은 어려워진 것이다.

학교 수업 또한 그렇다. 10개가 넘는 교과로 나뉘어 전문화된 교육이 어쩌면 우리의 생각을 파편화시키고 있지는 않았을까? 그로 인해 학생들이 가끔은 혼란스러울 수 있겠다 싶었다. 서로 상반된 가치관이나 철학을 지닌 교사들의 설명을 토론도 없이 일방적으로 들어야 하는 입장이라면?

'세상을 종합적으로 바라볼 수 있는 눈을 키워야 한다.'

문득, 그런 생각을 했다. 각 교과의 교사들이 모여 주제를 정하고 교과의 특성에 맞는 통합교과 프로젝트 수업을 해보는 것이 어떨지. 지역사회와 협력하여 체험학습까지 더해진다면 교육의 효과도 배가 될 것이라는 생각이 들었다. 송정중학교 동료 교사 7~8명과 지역의 시민사회단체 사람들을 모아 '지역사회와 함께 하는 생태환경 통합교과교육'을 하자고 제안했다. 일종의 '교원학습공동체 활동'이라 할 수 있겠다. 지역연대를 통한 한발 더 나아간 형태였다.

이런 과정을 거쳐 2005년에 송정중학교는 지역사회와 함께 하는 생태환경교육으로 '통합교과교육'이 처음 시도되었다. 이를 위해선 재원도 필요했다. 때마침 서울시교육청 교실수업 개선이라는 공모사업 공고가 떴다. '지역사회와 함께 하는 생태환경교육'이란 제목으로 계획서를 제출했다. 교사, 학생 및 학부모, 지역의 생태환경단체가 함께 하는 체험 중심의 생태환경교육이 주요 내용이었다. 계획서는 무난히 채택되었고 1,000만 원이란 적지 않은 예산도 지원받게 되었다.

교사들은 각 교과에 특성에 맞게 생태환경에 대한 '통합교과교육'을 실시하는 한편, 생태환경교육 단체들의 도움을 받아 체험학습을 진행했다. 체험학습에는 '생태보전시민모임'이나 '환경운동연합'과 같은 환경운동 단체들이 도움을 주었다. '여성민우회'나 '한살림'과 같은 생활협동조합들도 기꺼이 함께 해주어 큰 힘이 되었다.

어려움도 있었다. 통합교과교육의 경우 경험도 없었고, 동료 교사들과 공감대가 충분히 형성되지 못한 상태였다. 그러다 보니 처음에는 교과 간의 소통과 협력으로 '통합교과교육'을 했다기보다는 각자 따로 교과별 특성에 맞는 생태환경교육을 실시하고 있는 형태가 되고 말았다. 따로 국밥 같았고, 그마저도 어떻게 해야 할지 몰라 힘들어하시는 교사들도 계셨다.

동아리 중심 지역사회와 함께 하는 체험학습의 경우, 방과 후에 실시했더니 참여 학생이 너무 적었다. 그래서 수업 시간을 활용해 현장 체험학습을 진행하기로 하였다. 그런데 문제가 있었다. 수업 시간 1시간(45분)으론 한강 둔치에 있는 체험학습장까지 오고 가는 시간밖에 안됐다.

그래서 시범적으로 국어와 과학 2교과가 서로 협력하여 체험학습을 위한 통합교과 수업을 진행하였다. 과학시간에는 생물 다양성에 대한 수업을 진행했다. 국어시간에는 지구온난화 때문에 사라지는 북극곰의 안타까움을 표현하는 독서, 글쓰기 등의 사전교육을 실시였다. 그런 후에는, 한 달에 한 번 정도 날을 잡아 현장 체험학습을 진행하였다. 장소는 한강 둔치에 있는 습지였다. 오가는 시간이 많이 걸렸기 때문에 현장체험학습에 필요한 시간을 확보하는 것이 관건이었다. 이 문제는 다음과 같이 해결했다.

과학수업을 맡은 나와 국어수업을 맡은 김민형 선생님은 각 반의 5, 6교시를 교차로 수업할 수 있도록 시간표를 조정하였다. 우리 반은 5교시 국어수업을, 6교시 과학 수업으로, 김민형 선생님 반은 5교시 과학, 6교시 국어 수업으로 조정하였다. 그리고 두 반의 수업을 한강둔치에서 현장 학습으로 진행히기로 계획했다.

점심 식사를 마친 후, 각 반을 인솔해 2Km 떨어진 한강 둔치로 출발했다. 다행스럽게도 5교시가 시작될 즈음 도착할 수 있었다. 현장에서 미리 기다리고 계시던 생태환경교육단체 활동가분들이 곧바로 체험 중심의 교육을 진행하였다. 그렇게 2교시(약 90분)의 현장 교육이 진행된 후, 그 자리에서 바로 종례까지 마치고 귀가를 시켰다. 모처럼 야외로 소풍 나온 기분이었는지 학생들의 반응이 매우 좋았다. 교사들의 지식이 부족한 현장 체험학습을 활동가분들이 대신 채워주니 교육 효과도 좋을 수밖에 없었다.

송정가을녹색축제

2005년, 그 해의 대미를 장식한 것은 '송정가을녹색축제'였다. '송정가을녹색축제'는 기획 과정에서부터 10여 개가 넘는 지역의 시민단체들이 함께 해주었다. 2001년부터 지역연대 사업에 참여했던 것이 큰 힘이 되어주었다. 또한, 학교의 높은 문턱에 어려움을 겪고 있던 지역의 활동가분들이 생각보다 많았다.

'서울시교육청 교실수업개선 공모 사업'에서 지원받은 예산 대부분을 이를 준비하는데 사용했다. 당시 학교 차원에서는 전교생을 대상으로 한 대규모 축제가 처음이었고, 그것도 지역사회와 연대하겠다고 하니 걱정이 컸던 모양이다. 매번 부장회의에서 학교축제가 주요 의제로 점검되곤 했다.

당시에 교감선생님은 정말 걱정이 많이 되었던지, 나를 볼 때면 "김선생, 이런 축제를 해본 경험이 있습니까? 정말 문제없이 진행할 수 있어요?"라고 거듭 물어보곤 했다. 그 때마다 한 번도 경험한 적은 없습니다만 걱정하지 마시라고 했다. 경험은 없었지만 믿는 구석이 있었다.

우선 경험 많은 지역 시민사회단체들이 함께했다. 강서양천지역의 20여개의 단체는 물론, 학부모회와 학생회까지 함께 결합해 있었다. 이들이 내 믿음의 근간이었다. 이 축제를 준비하기 위해 10여개의 지역사회 시민단체들과 교사들이 매월 모여 회의를 진행하고 있었다. 이 회의에도 축제에 비판적인 교사들이 있었는데, 자칫 간과할 수 있는 부분들을 날카롭게 지적해주어 오히려 큰 도움이 됐다.

10여 개의 지역사회 시민단체들과 협의하여 진행해온 현장체험학습과, 수차례의 회의를 통해 지적되어온 문제점들을 수용하여 축제 계획을 세웠다. 기존 10개의 단체들 외에, 섭외를 통해 결합된 단체들 또한 학생들과 한 팀을 이뤄 준비를 하였다. 일주일 전에는 미리 리허설까지 맞춰 보았다. 나름 만반의 준비를 다했다는 자신감이 넘쳤다. 그런데 막상 축제를 진행해보니 여기저기에서 문제가 터졌다. 경험 부족이 여실히 드러난 것이다.

축제 전날 완벽하게 점검을 마친 상태였다. 단체별로 모든 것을 책임지고 준비하기로 약속되어 있었다. 그런데 막상 축제 당일이 되자, 수십 개나 되는 부스에서 준비물을 찾는 것부터 시작하여, 사소한 것 하나하나까지 물어오기 시작했다. 그러다 보니 통제하던 나까지 정신이 없어질 수밖에……. 그나마 한 번이라도 준비과정을 거쳤던 팀들은 곧바로 학생들이 나서서 준비물을 챙겼지만, 섭외가 늦어져 손발을 맞춰보지 못했던 팀들은 이래저래 시간이 지체될 수밖에 없었다. 축제가 한참 진행된 후에야 온 팀도 있었다. 함께 부스를 운영하기로 약속한 학생들과 서로 민망한 경우가 발생하기도 했다.

돌이켜 보면 축제를 총괄했던 사람의 입장에서 많이 미숙했다. 리허설도 좀 더 철저히 준비했어야 했다. 역할 분담도 좀 더 꼼꼼하게 신경 썼어야만 했다. 이때의 아쉬움은 좋은 경험이 되었다. 이후 학교 행사를 진행할 때면, 특히나 리허설을 꼼꼼히 챙기게 되었다. 한 사람에게 일이 집중되지 않도록 역할 분담에도 신경을 쓸 수 있게 되었다. 사전 점검을 위한 체크리스트를 만드는 등, 작업에 많은 도움이 되었다.

개인적인 아쉬움은 남았지만, 축제가 끝난 후 전체적인 평가는 매우 긍정적이었다. '지역사회와 함께하는 통합교과교육'이 어떻게 진행될지 궁금해하셨던 선생님들이 생각보다 제법 있었던 모양이다. 그런 분들에게는 그동안 통합교과교육으로 해왔던 교육 활동의 총화였던 이 축제가 많은 도움이 되었다고 했다. 이제야 무엇을 하려 했는지 감이 잡힌다는 분들도 계셨다.

보통 학교에서 큰 행사를 진행할 때면 원치 않는데 억지로 동원된 선생님들이 많다. 그러다 보니 행사 자체도 형식적인 경우가 많아, 선생님 입장에서는 별로 좋아하지 않기 마련이다. 이에 반해 '송정가을녹색축제'는 교사와 지역 시민사회단체는 물론이고, 학생회와 학부모회가 모두 협력해서 진행되었다. 학생들은 물론 선생님들도 자연스럽게 함께 축제를 즐길 수 있는 형태가 될 수 있었다.

전문성을 지닌 지역의 환경관련 단체들이 결합한 덕에 각 부스는 흥미로운 활동들이 충실하고 다채롭게 펼쳐졌다는 평가를 받았다. 여기에 더해 사회과 조윤성 선생님 제안으로 도입한 축제용 화폐도 반응이 좋았다. 이 아이디어는 정말이지 큰 도움이 되었다. 지금까지도 강서연합 소속 학교에서 진행되는 축제나 '빈 그릇 운동'과 같은 식생활교육에서도 전용 화폐가 적극적으로 활용되고 있다.

학생들의 공모를 거쳐 정해진 화폐의 단위는 '그루'였다. 인기가 덜하거나, 참여도가 낮을 것 같은 부스에 참여한 학생들에게 1에서 2그루를 더 나눠주었다. 이렇게 모은 그루를 내야만 참여를 할 수 있는 곳도 있었다. 실제 실행해본 결과, 매우 유용할 뿐만 아니라 교육적 효과도 높은 방식이었다.

축제는 호평이었고, 다음 해에는 더 잘할 수 있으리라는 자신감도 생겼다. 하지만 이듬해 경서중학교로 옮기게 되었다. 여간 아쉬운 일이 아닐 수 없었다. 한번 시행했으니 그냥 누군가 다른 사람이 계속 시행해나가면 되지 않겠느냐고 쉽게 말할 수도 있겠다. 하지만 현장에 있는 교사들이라면 누구보다 잘 알 것이다. 늘 잡무에 시달려야 하는 상황에서는 웬만한 의지가 없다면 쉽게 나서기 어려운 일이란 걸. 함께 '통합교과교육'을 했던 선생님들의 이야기를 들어보면 학교에서 '송정가을녹색축제'같은 축제를 다시 하자는 이야기를 자꾸 강요하듯 꺼내 부담이 이만저만이 아니라고 했다. 그 어려움을 알기에 십분 이해가 됐다.

학부모와 함께 한 생태환경교육

2006년에 경서중학교로 옮겨온 후에도 지역사회와 함께 하는 생태환경교육, 통합교과교육에 늘 관심을 갖고 사정이 허락하는 데까지 활동을 이어갔다. 그러다 보니 생각을 함께 하는 사람들도 많아졌고, 관련 기관이나 단체들의 지원도 받게 되었다.

첫해엔 YMCA에서 예산을 지원을 받아 학생들과 함께 벼룩시장을 크게 열었던 적이 있었다. 교사의 도움 없이 준비와 진행 모두를 학생들에게 일체 맡겼는데, 학생들은 학생대로 뿌듯해하고, 선생님들 또한 반응도 매우 좋았다. 이렇게 하여 첫해부터 생태환경교육이 자리를 잡아갈 수 있었다. 송정가을녹색축제의 경험이 많은 도움이 되었다. 교사로서 학생들과 무언가를 함께 한다는 것은 정말 즐거운 일이었다.

이듬해 2007년에는 강서구청 환경과로부터 기후변화 관련 홍보활동을 함께 해보자는 요청이 들어왔다. 관련 예산은 구청에서 지원하겠다고 했다. 덕분에 예산을 지원받아 경서중학교 전교생이 참여하는 '생태환경교육 골든벨'을 개최할 수 있었다. 마찬가지로 모든 준비와 진행은 학생들이 직접 맡았으며, 이 역시 호평으로 이어졌다. 이를 계기로 강서구청과 지역의 생태환경 관련 단체들이 모여 생태환경교육 네트워크가 만들어질 수 있었다. 비로소 지역 차원의 생태환경교육이 시작될 수 있었다. 그렇게 송정중학교에서부터 시작된 '지역사회와 함께 하는 생태환경교육'이 점점 확대·재생산 강화되고 있어 뿌듯하다.

무엇보다 경서중학교에서 가장 기억에 남는 것은 학부모님들과 함께 한 생태환경교육이었다. 특히, 생태환경교육은 가정에서 부모님과 함께 실천해야 하는 것들이 많았다. 그래서 학부모님들의 이해와 도움이 절실히 필요했다. 때문에 학부모와 함께 하는 생태환경교육을 준비단계에서부터 철저히 계획했다. 한살림, 아이쿱 같은 생활협동조합의 도움을 받아 기후변화나 식생활 관련 학부모 동아리 활동을 3년 정도 진행하였다. 학교 차원의 전체 학부모 대상 기후변화 관련 연수를 홍보하고 진행하기도 했다.

학부모 동아리 활동 2년 차에는 일부 학부모님들께 직접 학생 동아리의 지도교사로 활동해 주길 권유했다. 동아리 지도교사로 참여하게 된 후, 학부모님들은 더욱더 애착을 가지고 열정적으로 활동하셨다. 이 활동은 2년간 진행되었다.

정규 수업은 아니라고 해도, 중학생들을 대상으로 교육 활동을 한다는 것은 정말 만만치 않은 일이다. 학부모님들도 혼자서는 도저히 엄두가 나지 않았던 모양이다. 그래서 3인이 한 팀을 이루어 동아리 강사로 참여하였다. 넉넉지는 않았지만 교육청에서 지원해 준 예산이 있어 강사비도 조금은 챙겨드릴 수 있었다. 이때의 경험은 나중에 '마을결합형 활동'이나 '지역사회 차원의 민주시민교육'을 준비할 때 큰 힘이 되어주었다.

의외의 효과도 있었다. 강사로 참여하신 학부모님들과 교사 간의 끈끈한 동지애 같은 것이 생긴 것이다. 중학생들은 천방지축이기 마련이다. 막상 학생들을 상대로 직접 생태환경교육을 준비해보니 일종의 동병상련을 느끼셨나 보다. 어떻게 이런 수업을 하루 내내 하는가 싶어 존경심까지 생긴다는 분도 계셨다. 선생님들 중에는 학부모와 함께 하는 것을 꺼리는 분도 계신다. 하지만 학생과 학부모, 교사가 교육의 3주체로써 파트너십을 가지고 교육 활동에 참여하게 된다면, 서로를 이해하는 좋은 계기가 될 수 있다는 생각이 들었다.

이를 계기로 더 적극적으로 민주적 학부모회 운영에 관심을 갖게 되었다. 생태환경교육은 물론, 이후 삼정중학교에서의 학생·학부모·교사 3주체에 의한 학생생활규정 제·개정이나, 마곡중학교의 3주체 생활협약 등을 진행한 것은, 학부모도 학교의 당당한 주체로 참여할 수 있는 환경을 만들고자 했던 노력의 일환이었다. 이 노력들은 적지 않은 효과를 불러왔다. 민주적 학부모회 활동에 적극 참여한 분들일수록 학교에 대한 이해가 높아졌다. 이것은 교사들의 교육 활동에 큰 힘이 되었다.

물론 늘 좋은 일만 있는 것은 아니었다. 때로는 사람 난처하게 하는 일도 일어나곤 했다. 사람이 많다 보니 학부모 임원을 감투라 여긴 학부모도 계셨다. 몇몇 분들이 학부모회를 자기 마음대로 휘두르려고 해 적지 않은 분란이 일기도 했다. 서로 사이가 나빠져서 험담을 퍼트리는 경우도 있었다. 학교와 뜻이 맞지 않다고 학교에 대한 험담을 퍼트리는 경우도 있었다.

일이 이렇게 되다 보면 교사가 먼저 지치기 마련이다. 하지만 그럼에도 긴 안목을 가지라고 말해주고 싶다. 학부모님들을 교육의 3주체 중 하나로 인정하는 것은 그만큼 큰 가치가 있다고 생각한다. 때론 예상치 못한 어려움이 있더라도, 제대로 된 학부모 문화가 한번 정착되면 그 뒤로는 큰 어려움을 없을 것이다. 세상에 그냥 저절로 잘 되는 일이 얼마나 있겠는가? 공도 들이고 기다림도 필요하다. 학교 차원에서는 학부모회가 민주적으로 조직되고 운영될 수 있도록 적극 지원해야 한다. 학부모님들 스스로 민주적 훈련을 통해 해결해갈 수 있도록 기다려 줄 필요가 있다. 교육은 늘 기다림을 필요로 하는 법이다.

민주시민교육을 위해 학부모도 함께 참여한다면 큰 힘이 될 것이다. 하지만 중학교에서는 종종 학부모님들을 만나 뭔가를 추진해보려 해도, 학생들이 졸업을 해버리면 연결이 끊어져 버려서 힘들지 않겠느냐는 걱정이 앞선다. 물론 합당한 걱정이다. 하지만 나의 경험으론 2년 터울의 두 자녀를 가진 학부모님들도 많아 5년을 함께 했던 경우가 많았다. 그리고 인근의 초등학교 선생님들과 같이 협력하면 기간에 대한 걱정도 없을 뿐만 아니라, 더 적극적인 참여를 이끌어낼 수 있었다.

실제 경서중학교에서 근무할 때, 바로 옆의 등촌 초등학교의 한 선생님과 연대해 학부모 동아리를 모집하여 운영한 적이 있었다. 우리 중학교는 학교 차원의 적극적인 홍보를 했음에도 불구하고 자원하는 숫자가 고작 10명 불과했다. 그런데, 옆 초등학교 선생님은 자기 반 학부모님들에게만 홍보했음에도 더 많은 학부모님들이 참여했다. 그리고 동아리 활동에도 훨씬 적극적으로 임했다.

이때, 학부모와 함께 하는 교육 활동을 제대로 하려면 인근 초등학교 선생님들과 함께 하면 좋겠다는 생각을 갖게 되었다. 실제 마곡중학교에서도 개교를 준비하는 과정부터 인근의 송화초등학교 학부모님들과 만나 인문학 강좌와 같은 활동을 함께 했었다. 당시 학부모님들의 자녀가 마곡중학교로 입학해 5년 내내 같이 활동했었던 경험도 있었다.

이런 활동들은 지역사회 차원의 민주시민교육의 발판이 될 수 있으니 관심을 갖는 교사가 많아졌으면 한다. 그리고 초등학교 선생님들과 함께 하면 학부모 운동에 큰 이점이 또 하나 있다. 인근의 초등학교 선생님 세분과 그 반의 학부모님들, 그리고 마을 사람들이 모여 '징검다리 마을학교'를 운영한 적이 있었다. 마곡중학교 학부모는 물론 인근 초등학교 학부모님들까지 많은 분이 참여하여 성황리에 다양한 활동들이 이뤄졌다. 더 나아가 독서모임, 막걸리 빗기 모임, 생태환경관련 모임 등 다양한 소모임으로 발전하기도 했다. 이런 활동들은 지역사회 차원의 민주시민교육의 중요한 매개 고리가 되기 때문에 참고했으면 한다.

위와 같은 경험들은 이후, 삼정중학교에서 탄소 줄이기 통합교육과정을 운영을 할 때나, 학년 단위 체험학습을 할 때에도 큰 도움이 되었다. 또 한 가지

이점은 지역의 활동가분들에게도 '중학생들과 함께 하는 체험학습의 경험'을 쌓을 수 있는 기회가 되기도 하였다는 것이다. 처음 이분들도 초등학생들과는 달리 중학생들과 함께 하는 것이 너무 어렵다고 토로했었다. 시간이 흐르고 만남이 많아지면서 중학생들의 특성도 어느 정도 파악하게 되면서, 나름의 노하우들을 쌓아가셨다. 이분들은 지금도 청소년 대상 마을결합형 학교 운영이나 혁신교육지구 사업에 적극 참여하고 있다.

지역사회 청소년 연합 활동

강서학생자치연합회 활동

강서학생자치연합회(이하 '강서연합')은 서울 강서혁신교육지구 사업의 지원을 받아 운영하고 있는 서울 강서지역 중학교 학생회 연합 모임이다. 2015년부터 5년 동안 운영해 왔고 이제 6년째 활동을 준비하고 있다. 많게는 강서·양천 지역의 13개 중학교 학생회가 참여한 적도 있는데 보통 10개교 내외의 중학교가 참여하고 있다.

강서연합의 목적은 다음과 같다.

첫째, 소속 학교 학생회 운영에 대한 경험을 공유함으로써 더불어 배우고 성장할 수 있게 한다. 둘째, 학생회의 민주적 운영을 위한 역량을 기른다. 셋째, 민주적인 학생회 운영을 확산한다. 궁극적으로는 서울 강서 지역의 모든 중학교에서 민주적인 학생회 운영이 가능하도록 하자. 넷째, 지역사회 차원의 민주시민교육으로 발전시킨다.

주요 조직으로는 소속 학교 학생회 회장들의 모임인 회장단 회의와 자치활동 담당교사들의 모임인 교사회의가 있다. 연대 단체로는 민주주의 토론교육 연구 교사모임이 있다,

회장단 회의 : 각 학교의 회장단이 수시로 모여 서로 교류하고 소통함으로

써 학생 자치활동의 경험을 공유한다. 학생들의 자치활동 역량을 기르기 위한 공동사업을 심의 의결한다. 강서연합 소속 모든 학생회 임원들이 참가하는 자치캠프를 주관한다.

교사회의 : 민주적 학생회 운영을 지원하기 위한 각 학교 교사들의 연구 모임이다. 주요 활동으로는 첫째, 회장단이 결정한 사업을 검토하여 지원 방안을 마련한다. 각 학교의 학사일정을 파악하고, 시설 사용에 따른 학교 사정들을 파악하여 회장단에서 시기나 장소를 정할 때 도움을 준다. 공동사업이 원활하게 진행되도록 학교 행정조치 등의 도움도 준다. 둘째, 교사들 스스로 서로의 경험을 공유하고 소통하여, 연수나 워크숍 등의 학생자치활동과 민주시민교육을 지원하기 위한 전문적 소양을 갖추도록 노력한다.

민주주의 토론교육 연구 교사모임(협력 단체) : 학생들의 민주적 토론문화 정착을 위해 연구하는 교사모임이다. 강서·양천 지역의 젊은 교사들이 중심이 되어 2018년에 만들어졌다. 강서학생자치연합회와 협력하여 단위 학교의 민주적인 토론문화 활동을 지원하고 있다. 학교 연합의 민주주의 교육 교원학습공동체 모임을 주도한다. 단위 학교의 학급회나 대의원회의의 민주적 진행을 원활하게 할 수 있는 퍼실리테이션 교육을 지원하고 있다. 2019학년도부터는 서울시교육청 민주시민교육과와도 긴밀히 협조하여, 서울시교육청 산하 중고등학교의 학생회 임원대상 퍼실리테이션 교육을 주도적으로 실시하기도 했다. 강서연합의 민주시민캠프도 지원하고 있다.

다음은 주요 활동이다.

강서연합 퍼실리테이션 교육 : 차기 학생회 정·부회장과 학생회 신임 임원을 대상으로 겨울방학 동안 약 4~5일간 20시간 내외의 퍼실리테이션 교육을 실시한다.

자치 캠프 : 보통 4월 중에 개최하는데 소속 학교 10개 내외의 학교 학생회 임원 약 200명이 참여한다. 원탁회의와 퍼실리테이션 방식을 활용하여 각 학교의 활동 내용들을 공유하여 논의한 후, 그해의 강서연합 공동사업을 심의·의결한다. 친목을 다질 수 있는 다양한 프로그램도 운영한다. 겨울방학 퍼실리테이션 교육을 받은 학생들 중 진행자들을 선발하여 준비한다. 공동사업 안건은 각자 자기 학교 학생들의 의견을 모아온 회장이 제안하기도 하고 캠프에 참여한 학생 개개인이 제안할 수도 있다. 결정된 사업에 대해선 사업을 주관할 팀을 조직한다. 자치캠프의 결정사항을 존중하여 회장단 회의에서 최종적으로 결정한다.

학생참여예산 : 학생들의 자기결정권에 의한 학생자치활동을 지원하기 위해 학교별로 예산을 지원한다. 민주적인 학생회 운영을 통해 학생들 스스로 계획을 세워 예산을 사용할 수 있도록 300만 원 내외의 예산을 지원하고 있다. 각 학교별 참여예산의 운용 경험은 회장단 회의 및 교사회의, 자치캠프 등을 통해 서로 공유하고 있으며 점점 발전하고 있다. 이 외에도 연합 동아리와 같이 학생들 스스로 사업 계획을 세워 자치활동을 하겠다고 신청할 경우, 회장단회의와 교사회의의 심의를 거쳐 지원하고 있다.

강서혁신교육 한마당 : 학교축제를 개최하는 학교는 많지만 대부분 교사 주도로 이루어지곤 한다. 전교생 수백 명이 참여하는 학교축제를 학생들이 주관하여 운영하려면 상당 수준의 자치활동 역량을 갖추고 있어야 하기 때문이다. 연합회 소속 학생들이 주관하고 1,000명 내외의 지역 학생이 참여하는 연합축제를 공동사업으로 진행하고 나면 단위학교 축제 정도는 거뜬히 해낼 수 있다. 실제 강서연합 여러 학교에서는 학생회가 주도하여 축제를 운영하고 있다.

2016년 9월 제1회 강서학생자치연합회 한마당은 송정중학교에서 8개 학교 1,200여 명의 학생들이 참여한 가운데 열렸다. 제2회 한마당은 2017년 9월 2일(토) 마곡중학교에서 열렸다. 2018년에는 그동안 강서학생자치연합회 주관으로 열었던 한마당을 강서혁신지구와 함께 주관하여 '제3회 강서혁신교육 한마당'으로 이름을 바꾸어 2018년 9월 1일(토) 마곡중학교에서 열렸다. 13개 학교 1,300여 명의 학생들과 강서혁신지구 관련 단체들, 강서연합 소속 학교의 학부모회가 참여했다. 2019년에는 강서혁신교육지구 한마당과 함께 진행했다.

동아리 지원 사업 : 지금까지 연합 댄스 동아리, 강서 지역 문화·역사 탐구 동아리 '종해나래', 미술·영상 제작 동아리들을 주제별 참여 예산으로 지원하고 있다. 하지만 연합 동아리 활동은 학교마다 다른 학사일정 등 난제가 많

아 새로운 지원 방식을 연구하고 있다. 연합회 소속 단위 학교 동아리를 지원하여 서로 교류할 수 있도록 다양한 방법을 찾으려 노력 중이다.

강서 청소년 지역사회 정책 발표대회

그동안 마을결합형 교육에 대한 지역사회의 열망과 요구는 강했지만 마을과 학교의 소통은 쉽지 않았다. 마을을 통한 교육 이외에는 학교에서 실시한 교육은 따로 없었다. 그런 이유로 마을에 관한 교육이나 청소년들의 마을살이 교육으로까지는 나아가지 못한 면이 컸다. 그러던 차 강서연합의 활동이 시작되었고, 지역사회와 학생들의 소통의 고리가 생겨나게 되었다. 그 중요한 결실 중 하나가 강서학생자치 연합회 청소년 사회참여 발표대회였다.

2018년에는 사업 제안의 시기가 늦은 원인도 있지만, 아직은 학교와 마을이 함께 소통하고 협력하여 민주시민교육을 진행하기에는 경험이 많이 부족했다. 2019학년도부터는 이를 보완하기 위해 서울시교육청의 청소년 사회참여 발표대회 직무연수를 참고하였다. 강서연합의 청소년 지역사회 참여활동의 모형을 계발하기 위해 마곡중학교 2학년을 대상으로 지역사회참여 활동을 실시했다. 그 결과 2019.10.19.(토)에 실시한 강서혁신교육지구 한마당에 참여할 수 있었다. '유니버설 디자인' 관련 정책과 'GMO 완전 표시제 정책'을 제안하는 발표회를 가져 많은 호응을 이끌어냈다. 향후 강서연합의 지역사회 차원의 민주시민교육의 밝은 전망을 스스로 만들어가고 있다.

강서혁신교육지구 청소년분과 활동 계획

강서연합의 활동은 강서·양천 지역의 많은 학교 학생 자치활동에 큰 영향을 미쳤다. 처음 학생들이 성장하는 모습에 감동할 때도 있었지만 단위학교의 학생자치활동의 성장은 역설적이게도 교사 입장에선 업무 폭증으로 다가왔다. 오히려 자치활동 담당업무를 기피하는 현상이 생기면서 어려움 또한 한층 커졌다. 2018년에 13개 학교까지 참여했다가 2019년에는 오히려 10개 학교로 줄어든 데는 이런 이유와 함께 자치를 담당하는 교사가 바뀌면서 생긴 현상이었다. H 학교의 경우, 학생회장이 강서연합 활동을 공약으로 내걸고 당선되어 강서연합 부회장까지 맡게 되었다. 하지만 담당교사의 반대로 강서연합에서 탈퇴하고 말았다. 강서연합에서 빠져나가는 경우는 학생 요인보다는 대부분 담당업무를 기피하는 현상 때문이었다.

강서연합을 안정적으로 운영하기 위해선 이 문제를 해결해야 했고, 질적인 발전도 꾀해야 했다. 고등학교 학생회가 대부분 형식적으로 운영되기 때문에, 학생들이 고등학교에 진학 후에는 본인의 의지가 있다고 해도 별다른 활동을 하지 못하는 점이 안타까웠다. 이런저런 사정을 감안하여 강서혁신교육지구 실무추진위원회에서 청소년 분과를 새롭게 개설하기로 했다.

청소년 분과는 강서 지역 중고등학교 학생들이 주축이 되어 2020년 1학기부터 운영될 예정이었다. 하지만 코로나19로 인해 활동이 이루어지지 못했다. 그리고 2021학년도부터는 명칭이 청소년 지원 분과로 바뀌게 되었다.

활동 방향과 사업은 청소년 지원분과에 참여한 학생들이 민주적으로 토론하여 결정해 나갈 것이다. 활동 방향과 사업들을 생각하면서 다음 몇 가지 내용을 제안해 본다.

첫째, 지역사회 차원의 민주시민교육에 초점을 맞춘다.

둘째, 지역의 민주시민으로 살기, 즉 지역의 기관이나 제도를 활용할 수 있는 역량을 길러 실제 지역 민주시민으로 활동하는 경험을 쌓는다.

셋째, 민주시민으로서의 자질과 습관 및 역량 기른다.

넷째, 민주적인 토론문화에 젖기 : 강서 청소년 정책회의 참여, 청소년 퍼실리테이터 양성교육 등에 참여한다.

다섯째, 학교의 민주시민 되기 : 단위 학교 학생회 참여, 강서연합과 연계한 지역사회 차원의 민주시민교육 등에 참여한다.

지역사회 참여 활동

마을결합형 교육활동과 민주시민교육활동을 연계하면 지역사회 차원의 민주시민교육의 길을 찾을 수 있다. 학생들은 지역사회의 일원으로 삶을 살아가는 지혜와 역량을 가져야 한다. 민주주의는 참여가 매우 중요하다. 그러려면 우선 자신이 살고 있는 지역에 대해 관심을 가지고 있어야 하며 지역의 기관이나 제도도 잘 활용할 수 있어야 한다. 학교나 지역은 우리 학생들에게 그런 기회나 환경을 만들어주어야 한다. 내가 사는 마을에 무엇이 필요하며 어떤 정책이 필요한지 살핀 후 제안하는 '지역사회 정책 제안 활동'도 중요하다. 마곡중학교는 이런저런 시도를 하면서 다양한 경로들을 찾고 있다.

다음은 2019년에 마곡중학교 학생들의 지역사회 참여 활동 내용이다.

지역사회 참여 활동

구분	활동 내용
민주주의 역사	3·1절 지역 행사(주관 강서구청, 방화근린공원), 4·3 행사(4.6 광화문) 세월호 행사(4.13 광화문), 선거 교육(5.20 강서구청), 위안부 교육
생태환경	생태환경교육 활동, 봉사활동, 김장 나눔 행사 등
기타	동아리 활동
강서 청소년 지역사회 참여 발표대회	교과 연계 사회참여 발표대회 & 지역사회 참여 활동 연합 동아리 활동 민주시민교육 참여 - 사회참여 발표대회 캠프
기타	강서혁신교육지구 사업 참여, 강서연합 지역사회 참여 활동

마곡중학교는 학교 차원의 마을결합형 학교를 운영하고 있다. 생태환경교육 활동이나 봉사활동, 김장 나눔 행사 등 다양한 형태의 생태민주주의 교육과 동아리 활동들이 이뤄지고 있다. 강서혁신교육지구나 강서연합 차원에서는 인근의 여러 학교들과 함께 인권·평화교육과 관련하여 다양한 지역사회

참여 활동에 참여하고 있다.

최근에는 보다 대중적이고 실천적인 지역사회 차원의 민주시민교육을 위한 '강서청소년 지역사회 참여 정책 발표대회'(이하 '사회참여 발표대회')를 개최한 바 있다. 맨 처음 사회참여 발표대회는 2019년 마곡중학교 2학년 학생들만을 대상으로만 실시하였었다. 이후 지역사회와 연대함으로써 지역사회 차원의 새로운 민주시민교육의 모형을 모색할 수 있게 되었다. 앞으로 더욱 깊이 있게 연구하고 학교와 지역사회가 꾸준히 연대한다면 한 차원 더 높은 수준의 지역사회 차원의 민주시민교육으로 발전할 수 있을 것이다. 2019년에 진행되었던 마곡중학교 사회참여 발표대회를 소개해 본다.

강서청소년 지역사회 참여 정책 발표대회 (마곡중학교)

목적

학교의 정규교육과정과 학생자치활동, 그리고 지역사회 연대를 통해 학교의 모든 학생들이 참여할 수 있는 대중적이고 실천적인 지역사회 차원의 민주시민교육을 실시하기 위함이다.

대상

마곡중학교 2학년 학생 전체(8개 반 약 200여 명)

기간

2019. 10. 19(토) ※ 준비 기간 ; 2019. 06. ~ 12.

활동 내용 및 역할

학교는 교과 수업 및 수행평가, 창의체험 활동 등 학교 정규교육과정을 통한 지역사회 차원의 민주시민교육과 학생자치활동을 연계하여 학생들이 적극적으로 참여할 수 있게 하였다.

■ 학교 정규교육과정을 통한 학생 참여 : 2학년 과학 교과 재해·재난과
    안전교육(4시간) 및 수행평가, 여름방학 과제 등을 통해 학생들의 적극적인
    참여를 이끌어냈다.

■ 2학년 학생회 및 사회참여 동아리 활동 : 2학년 학생회는 사회참여 발표대회를

주관하고, 사회참여 동아리 희망자를 모집하여 연구팀과 진행팀(기획, 홍보, 지역사회 협력)으로 나누어 대회를 준비하였다.

지역사회는 청소년들이 지역사회 문제에 적극 관심을 가지고 참여할 수 있도록 도왔다.

- 정보 제공 및 지원 : 에코 생협, 장애인 단체, 상상 마을 등 지역사회단체들이 학생회의 자치캠프에 참여하여 지역의제에 대해 다양한 정보를 제공하고, 주제 선정을 위한 토론 활동을 적극 지원함으로써 'GMO 완전표시제', '유니버설 디자인' 등 6개의 주제를 선정하였다.
- 강서교육혁신지구 : 강서혁신교육지구 한마당(2019.10.19.(토))에서 청소년 사회참여 발표대회 개최할 수 있도록 지원하였다.

운영 방식

2학년 학생회와 사회참여 정책 발표대회에 적극적인 관심을 가지고 있는 학생들로 연구 팀과 운영 팀을 조직하여 학생들 스스로 연구하고 준비하여 대회를 개최할 수 있도록 하였다. 과학 교과 수업과 수행평가를 통해 2학년 전체 학생들이 참여할 수 있도록 하였으며, 2학년 학생회를 중심으로 대회를 준비하고, 연구팀을 중심으로 지역사회에 관해 연구하여 정책을 계발하도록 하였다. 그리고 2학년 차원의 연구팀을 조직하여 각 학급의 모둠별 연구를 지원하는 방식으로 진행하였다.

대회조직위원회(위원장 2학년 대표 박자윤)

사회참여발표대회를 총괄 운영 책임을 맡으며, 학년대표와 각 학급대표 1명씩 총 9명으로 구성한다.

- 활동 부서 : 연구부, 진행부(기획부, 홍보부, 지역사회 협력부)
- 연구부(12명) : 주제별 연구 책임을 맡는다. (1주제 당 2명으로 각 팀장을 맡는다.)
- 진행부 : 운영 계획을 기획하고 진행 책임을 맡는다.
  - 기획 담당 : 워크숍, 자치캠프, 발표대회 등의 운영 계획 및 진행 책임을 진다.
  - 홍보 담당 : 진행부와 소통하여 학생들이 적극 참여할 수 있도록 홍보 책임을 진다.
  - 지역사회 협력 담당 : 지역사회 팀과 소통 책임을 진다.
- 2학년 차원의 사회참여 발표대회 운영 팀 조직 : 주제별 2팀씩 6개 주제 12팀 48명으로 조직하고, 각 팀원들은 자기 학급의 각 모둠 대표를 맡아 모둠별 활동을 이끌어 간다.

주제 선정

'식품안전'관련 주제 2개, '유니버설 디자인'관련 주제 3개, '청소년 흡연 예방'관련 주제 1개 총 6개 주제를 선정한다.

운영 주안점

- 2학년 전체 학생들이 참여하도록 한다. (교과 수업 및 수행평가)
- 내실 있는 활동을 위해 학년 단위 연구팀을 운영한다.(각 주제 당 2팀씩 총 12개 팀 48명)
- 각 학년 단위 운영 연구팀은 해당 학급의 대회조직위원회 위원과 학급회장이 협의하여 학급마다 6명씩 선발하며, 각 학급의 주제별 팀장을 맡아 학급의 모둠별 활동을 이끌어간다.

운영 일정

월별	활동 내용
6월	활동 정보 수집 및 제공-10(월), 연구부 조직-12일(수), 대회조직위원회 구성 및 워크숍 진행(진행부 조직 및 오리엔테이션) : 주제 선정 및 지원팀 구성 논의-14일(금), 학급별 모둠 조직, 수업 1차시 - 주제별 모둠 활동 설명 및 모둠별 활동 계획 수립 - 17(월)~21(금)
7월	연구부 워크숍(자치캠프 준비) - 5(금), 자치캠프 계획 세우기 - 8(월)~11(목), 모둠 대표 대상 설명회 : 각 모둠 대표(48명)를 모아 설명회를 개최. 12(금) ~ 13(토) 1박 2일, 방학 계획 세우기(여름방학 과제) : 활동 계획을 발표하고 공유하여 설문조사(방학 전) 및 방학 활동 계획을 세운다.
8월	진행과정 공유 및 발표 여름방학 동안 활동 내용을 공유하고 발표한다.(수행평가) - 21(수)~ 30일(금)
9월	자치캠프(대회 준비) - 6(금), 조사활동 양식 제작 및 배포- 11(수) 연구팀 조사 활동(18), 조사자료 모으기(19), 조사자료 통계(20-동아리활동) 발표 보고서 및 발표 대본 만들기 - 23(월)~24(화), 1차 발표 연습(25), 발표 대본 수정 보완 - 30일(월)
10월	2차 발표 연습- 18(금), 최종 점검
11-12월	정책 제안서 만들기, 2020년 지역사회 차원의 민주시민교육 준비

운영 결과 및 성과

학생들은 그동안 연구한 결과를 바탕으로 정책을 토론 연극 형식으로 제안하였다. 20분 분량(총 8쪽)의 발표 자료와 함께 2019.10.19.(토) 강서혁신교육지구 한마당 무대에서 두 개의 정책을 제안하여 큰 호응을 얻었다. 그리고 지역사회와 협력힘으로써 단순히 지역을 통한 교육을 넘어 지역에 관한 교육과 지역을 위한 교육으로까지 가능하게 되었다. 지역사회 차원의 민주시민교육의 발판을 마련할 수 있게 되었다.

제 **4** 장

학생자치활동
팁

민주적 선거문화

학생회가 민주적으로 운영되려면 '정·부회장 선거'부터 잘 치러야 한다. 그런데 후보가 나서지 않아 걱정인 학교들도 많다. 마곡중학교는 5년째 선거를 치르고 있지만 경선이 되지 않은 경우는 한 번도 없었다. 적게는 3명에서 많게는 7명, 9명까지도 후보자들이 출마해 열띤 선거운동을 벌였을 뿐만 아니라, 공개토론까지 훌륭하게 펼쳤다. 마곡의 선거 문화는 서울 강서 지역의 학생자치연합회의 자치담당 교사회의에 공유되었는데 큰 도움이 되었다는 이야기를 많이 들었다. 민주적 선거문화 정착을 위한 마곡중학교 선거 운영 사례를 공유한다.

선거의 목적과 기능

먼저, '선거를 왜! 하는가?'부터 명확히 하자. 학교마다 선거를 할 때면 보통 2~3주 전부터 준비하기 시작한다. 하지만 마곡중학교의 선거는 2학기 개학과 함께 계획을 세우기 시작한다. 10월 학교축제가 끝나면 학생회는 곧장 평가체제로 전환한다. 모든 활동의 중심이 1, 2학년으로 구성된 선거관리위원회로 옮겨와 차기 학생회 구성을 위한 선거 준비 체제로 바뀐다. 왜 이렇게까지 해야 하는가를 설명하기 위해 선거의 중요성을 짚어보지 않을 수 없다.

- 선거는 민주주의의 기본으로서 선거 그 자체로 매우 중요하다.
- 민주적인 학생회를 구성하고 운영할 때 정·부회장의 역할이 매우 크다.
- 선거는 전교생의 참여를 이끌어낼 수 있는 합법적인 수단이며, 학생회의 주요 활동에 대해 알아가는 과정이다.
- 선거는 올해의 활동을 평가하고 차기 학생회의 중요한 정책 결정에 영향을 미친다.
- 정·부회장 선거가 차기 학생회 활동의 시작이나 다름없다.

학생회 정·부회장이 되려는 이유가 입시를 위해 단순히 자신의 스펙을 쌓는 수단으로 삼는 경우가 많다고들 한다. 물론 정당하게 임무를 수행하여 인정받는 스펙이라면 굳이 문제 삼을 이유가 없다. 그런데 정·부회장으로 당선된 후, 제 역할을 다하지 않는다면 민폐도 이런 민폐가 없다. 학교 차원에서도 이런 일이 생기지 않도록 최선을 다해야 한다. 그것을 느끼지 못했다면 선거의 중요성을 간과한 것이다.

자율적이고 책임의식이 강한, 동시에 민주시민의 덕성과 자질 또한 갖춘 학생회장이 선출되는 것은 매우 중요하다. 역량은 쌓으면 된다. 중학생들은 정말 빠르게 성장한다. 역량은 조금 부족하더라도 덕성이 잘 갖춰진 학생들은 활동 과정 속에서 빠르게 성장한다. 민주적 학생회 운영이 가능한 학교를 만들려면 선거부터 잘 치르도록 노력해야 한다.

민주주의에 관심이 많은 사람들은 점점 투표율이 낮아지는 것을 걱정한다. 민주주의는 참여가 기본이고 모든 사람들이 참여하여 정책 결정에 영향을 미치는 것이기에 선거가 중요한 것이다. 선거가 제대로 이뤄지지 않아 민주적인 선거문화가 정착되지 못한다면 '민주주의'는 언제든지 위협받을 수 있다. 그래서 선거는 선거 그 자체로 매우 중요하다.

학생들에게 선거가 중요하다고 계속 강조한다고 해서 학생들이 '선거는 정말 중요해! 그러니 선거에 관심을 가지고 꼭 참여해야 돼!'라고 생각할까? 선거가 중요한 일이라고 느끼게 하려면 실제로 선거가 학생 자신들에게 중요해야만 한다. 그렇게 느낄 수 있도록 기획되어야 한다. 그리고 학생들 스스로 실천할 수 있게 해줘야 한다. 그렇게 하려면 정말 많은 준비가 필요하다. 선거운동을 지원하는 것이 교사의 잡무가 되지 않아야 하며, 선거는 학교의 중요한 민주시민교육과정으로 자리매김 되어야 한다.

선거가 잘 기획되어 운영되면 어떤 효과가 있을까?

먼저, 학생회에 대한 학생들의 적극적인 관심을 이끌어내는 계기가 된다. 선거는 그해 했던 사업 평가에 대한 적극적인 의사 표현 방법이며, 차기 학생회 사업 방향에도 깊은 관심을 가지게 한다. 다음은 마곡중학교 학생들이 가장 관심이 많았던 학생회 사업이다.

- 1위 : M-리그(구기대회)
- 2위 : 학교축제 삼밭골 어울림 한마당
- 3위 : 마곡 체육대회
- 4위 : 바티제 운영
- 5위 : 삼밭골 버스킹

※ 전교생의 토론과 설문조사 결과임

학생회 사업 중에는 학생들이 좋아하는 사업도 있지만 전혀 관심을 받지 못하거나 싫어하는 사업도 있다. 인권·평화·통일 주간 행사처럼 매우 의미 있고 중요한 사업일 뿐 아니라 실제 학생생활문화에 많은 영향을 미치고 있는 사업임에도 불구하고 관심이 부족한 경우도 있다.

학생들은 선거를 통해 학생회의 사업들을 평가하게 된다. 그 과정에서 더 키워야 할 사업, 개선해야 할 사업, 폐기해야 할 사업들이 정리된다. 마곡중학교에서는 매년 크고 작은 학생회 주관 사업들이 30여 개 진행되는데, 선거 과정을 거치면서 조정되고 있다.

마곡중학교는 겨울방학 직전인 12월 말경에 선거를 실시한다. 선거가 끝나면 당선된 차기 학생회 회장단(학생회장 2명 - 3학년 남녀 각 1명, 2학년 대표 1명)과 전교생의 추천을 통해 선출된 '학생회 부·차장 선출위원'들을 중심으로 위원회가 꾸려진다. 다양한 심사 자료와 면담을 통해 2월 봄방학 중에는 부·차장을 민주적으로 선출한다. 학생회는 차기 학생회 사업의 골격을 잡는 등 만반의 준비를 마치고 새 학년 개학과 함께 바로 활동을 시작한다.

새로 구성된 학생회는 선거 과정에서 나온 당해 년의 평가와 학생들의 요구 사항, 그리고 낙선된 후보들의 공약까지 모두 검토한다. 겨울 방학 중에 학생회의 중점 사업 및 부서별 역할 등을 정한다. 부·차장은 선거 과정에서 나온 의견들을 모은다. 그동안 해온 부서사업과 부·차장회의에서 결정된 주요 사업들을 참고하여 부서의 활동 방향을 정한다. 따라서 학생들은 선거를 통해 학생회 정부회장을 선출할 뿐만 아니라, 학생회의 다양한 정책 결정에 직간접으로 참여하게 되는 것이다.

일반 학생들은 다음 해 학생회 활동이 어떻게 진행될지 예상할 수 있으니 어떤 부서에서 일할지도 정할 수 있다. 3월이 되면 바로 부원 모집에 들어가는데 기존의 부서 활동 경험 외에 선거를 통해서도 부서를 결정하게 된다.

선거 과정에서 체육대회가 최대 이슈였다면 체육부에 들어가고자 하는 학생들이 많아진다. 실제 마곡중학교 학생회 부서 중 가장 관심을 많이 받는 부서가 체육부인 까닭은 선거에서 'M-리그'와 '체육대회'가 가장 큰 이슈였기 때문이다. 결국 마곡중학교 학생회 주관 사업은 선거에서부터 준비된다고 볼 수 있다.

선거의 목적이나 기능 등 선거의 중요성은 굳이 강조할 필요가 없다. 이렇게 중요한 선거를 어떻게 진행해야 앞에서 강조한 효과들이 제대로 나타날 수 있을까? 선거의 효과를 높이기 위해서는 '참여도 높이기', '좋은 후보의 추천과 발굴', '공개토론회', '선거공약 만들기'가 매우 중요하다. 마곡중학교에서 했던 사례가 도움이 되리라고 믿고 몇 가지 팁을 공유한다.

참여도 높이기

선거의 [참여도]를 높이기 위한 학급회의 및 설문조사

학생들의 자치역량을 높이기 위해서는 선거에 관심을 가지고 참여하는 것이 중요하다. 마곡중학교에서는 이를 위해 '차기 학생회 주관 사업을 위한 토론 및 설문조사'를 학급회의 시간에 실시하고 있다. 2017년부터 2019년까지 3년 동안 실시했던 이 설문의 효과는 매우 컸다.

학생회 부서별 자체 평가를 통해서 조사한 2019 학생회 주관 사업은 33개였다. 학교축제가 끝나면 학생회는 빠르게 부서별 자체 평가체제로 전환한다. 2학기 기말고사를 대비하는 3학년보다는 2학년이 중심이 되어 선거를 준비한다. 2019년에는 여러 사정으로 늦어졌지만 설문조사는 보통 10월 초에 실시한다.

2020 학생회 주관 사업을 위한 설문조사

2019. 10. 28(월) 6교시 학급회의

[1-2] 다음은 학생회가 올해 진행했던 학생회 주관 자치활동들입니다.

순서	구분	학생회 주관 활동
1	체육	① m리그 ② 체육대회
2	축제와 문화행사	③ 삼밭골 어울림 한마당 ④ 강서학생자치연합회 한마당 ⑤ 삼밭골 버스킹
3	캠프	⑥ 교내 자치캠프(또는 리더십 캠프) ⑦ 강서연합 자치캠프
4	인권·평화	**<인권·평화·통일 주간 행사>** ⑧ 3·1절 ⑨ 제주 4·3 ⑩ 4·11 대한민국 임시정부 수립일 ⑪ 4·16 세월호 ⑫ 4·19 혁명 ⑬ 5·18 광주 민주화 운동 행사 **<창의체험 수업>** ⑭ 학교폭력예방교육(창의체험 수업 1학기, 2학기 각각 1회)
5	민주주의	⑮ 민주주의 주간활동 ⑯ 강서청소년 사회참여정책 발표대회 - 2학년
6	생태환경	⑰ 배움·나눔 장터 ⑱ 옷 되살림 및 기부 ⑲ 아나바다 장터 ⑳ 어스아워 SNS 인증 이벤트 ㉑ 작물 키우기(상추, 토마토) ㉒ 빈 그릇 운동(잔반 남기지 않기 운동)
7	봉사	㉓ 식생활 봉사단 ㉔ 급식 질서 봉사단
8	토론	㉕ 공개토론회(1학년 대표 선거, 2019학생회 정부회장 선거) ㉖ 토론 활동(학급, 대의원, 부서, 부장회의 등) ㉗ 퍼실리테이션 교육
9	홍보	㉘ 공모전(43추모 독서, 바티 디자인, 43마스코트) ㉙ 페이스북 운영
10	선거	㉚ 1,2학년 대표 선거, 정부회장 선거, 선거관리위원회 활동
11	기타	㉛ 교내 신문 제작 ㉜ 바티 제도 운영 ㉝ 안전 교육(금연 캠페인 등)

질문 1 위의 학생회 주관 사업 ①~㉝ 중 가장 기억에 남는 사업 3개만 적어주세요.

자신이 적은 내용에 대해 모둠 원들에게 그 이유를 설명하고, 다른 모둠 원들의 의견도 들어보시기 바랍니다.
그리고 모둠 토론을 통해 우리 모둠의 의견을 모둠 활동지에 적어주시기 바랍니다.

순서	학생회 주관 사업	선택한 이유
①		
②		
③		

질문 1은 학생회 활동을 돌아보고 다시 한번 상기하기 위한 설문이다.

학생들이 3, 4월에 했던 사업을 제대로 기억하기는 쉽지 않기 때문에 다시 한번 상기시켜 준다. 지금까지 해왔던 사업을 정리하여 어떤 활동이 있었는지 알려주고 그중 기억 남는 사업 몇 가지만 적게 하면 효과적이다.

각자 선택한 이유를 공유한 후에 토론을 거쳐 모둠 활동지에 적게 하면 더욱 효과적이다. 이 과정은 토론이 필요하기 때문에 학급회의 공통 주제로 정하여 실시하는데, 이 설문은 학생회 활동에 대해 다시 한번 환기시키는 효과가 있다.

질문 2	위의 학생회 주관 사업 중 제거, 감소, 확대, 새로 추천할 사업을 적어봅시다.

모둠 원들과 'ERRC' 방법으로 의견을 모은 후, 각자 자신의 생각에 따라 아래의 칸에 적어주세요.
ERRC(Eliminate: 제거하다. Reduce: 감소하다. Raise: 늘리다. Create: 창조하다.)

구분	제거, 감소, 확대, 추천할 사업내용	이유
제거		
감소		
확대		
추천		

E 제거하다. 폐지했으면 하는 사업	R 감소하다. 너무 많아 줄었으면 하는 사업
R 늘리다. 더 확대하길 원하는 사업	C 창조하다. 새로 추천할 사업

질문 2는 학생회 주관 사업에 대한 개선점을 찾기 위한 설문이다.

사업 중에 개선하거나 폐지했으면 하는 것도 있고, M-리그나 체육대회, 축제처럼 확대하기를 원하는 사업도 있다. 학년 단합대회나 놀이문화 확산과 같은 새로 추천하고 싶은 사업들도 있다. 새로 추천하는 사업은 강서연합활동 등, 외부 자치활동을 많이 한 학생회 임원들이 제시하는 경우가 많았다.

이 설문조사는 퍼실리테이션 기법을 활용했기 때문에 효과가 더 컸다. 1학년의 경우 '창조하다'와 같이 많이 사용하지 않는 용어를 이해하지 못하므로 설문지에 '새로 추천하고 싶은 사업'이라고 보충 설명을 해주면 좋다.

질문 1과 2의 설문 결과를 분석하면 학생들이 어떤 사업에 관심을 가지고 있고 어떤 사업은 싫어하는지 한눈에 보인다. 인권·평화교육과 같이 교육적인 측면에선 매우 의미 있는 사업이지만 학생들 입장에선 그 의미에 비해 관심이 부족한 경우도 많다. 이런 경우 개선점이 숙제로 남는다. 이 문제는 설문조사 평가 분석에서 자세하게 살펴보기로 한다.

다음은 민주적인 학생회 운영에 대한 설문이다.

질문 3	민주적 학생회 운영 관련 설문조사입니다. 다음의 [3-1]과 [3-2]의 질문을 읽고 답해 주세요.

♡ 민주적인 학생회 운영에 대해 토론해봅시다.

[3-1] 학급회의 활성화를 위한 학급회장 대상 퍼실리테이션 교육은 학급회의 진행에 얼마나 도움이 되었다고 생각하십니까?

※ 모둠 원들과 각자의 생각을 이야기한 후에 다음 표에 '√' 표시를 해주세요.

① 매우 안 됨	② 안 됨	③ 보 통	④ 잘 됨	⑤ 매우 잘 됨

[3-2] 마곡중학교 학생회는 민주적 학생회 운영을 위해 전교생들과 잘 소통하고 있다고 생각하십니까?

※ 모둠 원들과 각자의 생각을 이야기한 후에 다음 표에 '√' 표시를 해주세요.

① 매우 안 됨	② 안 됨	③ 보 통	④ 잘 됨	⑤ 매우 잘 됨

마곡중학교 학생회는 민주적인 학생회 운영에 각별한 관심을 가지고 이와 같은 설문을 실시하여 차기 학생회 운영에 반영하고 있다. 2018 설문조사에서 '학생회가 전교생들과 얼마나 잘 소통하고 있는가?'라는 질문에 68% 정도

가 긍정적인 반응을 보여주었으나 여전히 학생회 중심의 학생자치활동이란 비판이 있었다.

2019 마곡중학교 학생회는 이와 같은 비판을 겸허히 수용하였다. 전교생의 의견을 적극 반영하기 위해 학생회의 중점사업 중 하나로 학급회장 대상 퍼실리테이션 교육을 강화하기로 했다. 따라서 학급회장 대상 퍼실리테이션 교육이 학급회의 활성화에 어떤 영향을 미치는지 조사할 필요가 있었다. 차기 학생회 활동에 방영될 이 설문의 결과는 차기 학생회에 전달되어 정부회장 선거 등의 공개토론회에서 점검했다.

끝으로 선거법 개정을 위한 설문과 차기 학생회에 당부하고 싶은 이야기들을 묻는 설문을 실시했다. 이 설문 결과를 반영하여 선거법을 개정하기도 하지만 선거에 관심을 갖게 하는 목적이 더 컸다.

| 질문 4 | 마곡중학교 학생회 정부회장 선출 및 임명에 관한 규정 중 개정할 필요가 있는 내용에 대해 토론하고 그 이유를 적어주시기 바랍니다. |

※ 아래의 참고 자료는 마곡중학교 학생회 정부회장 선출 및 임명에 관한 규정 중 중요한 내용만 발췌한 것입니다. 참고하시기 바랍니다.
※ 학생자치회 전체 규정은 학급 게시판에 전문을 붙여놓겠습니다. 적극적인 관심을 가지고 봐주시기 바랍니다.

개정 내용 및 이유	1	현재 내용	
		개정 내용	
		이유	
	2	현재 내용	
		개정 내용	
		이유	

제10조 (선출 방법)

① 회장은 예비 3학년 입후보자 중 양성에 각 1표씩 투표를 하여 최다 득표자를 각 성을 대표하는 회장으로 선출한다.

② 부회장은 1, 2학년 입후보자 중 최다 득표자가 당선된다.

제11조 (선거관리위원회의 구성)

① 선거관리위원회는 선거공고일 이전까지 구성해야 한다.

② 선거관리위원은 후보자로 출마하지 않은 해당 학년 학생들로 학년별 각 10명 이내로 구성한다. (단, 대의원들에게 우선권을 준다.)

제13조 (선거일 공고)

선거일은 학교장이 결정하되, 선거일 10일 전까지 공고하여야 한다.

제14조 (후보 등록)

① 학생자치회 정·부회장 선거에 입후보하려는 학생은 선거 공고일로부터 3일 이내에 아래의 서류를 작성하여 선거관리위원회에 제출하여야 한다.
 1. 후보자 등록 신청서 1부 2. 추천장 1부
 3. 공약서 1부

② 제1항 제2호의 추천장은 선거권자 20명 이내의 추천을 받아야 한다.

③ 선거관리위원회는 후보자 등록 마감 직후 후보자의 입회하에 후보자 기호를 추첨으로 부여한다.

제18조 (학생자치회 정·부회장 자격 상실)

① 임기 중 학생회 정·부회장이 선도위원회 또는 학교폭력대책자치위원회에서 '교내봉사' 이상의 처벌 또는 이에 상응하는 조치를 받은 경우

질문 5 차기 학생회에 당부하고 싶은 이야기가 있으면 적어주세요.

이와 같은 설문은 모둠 토론 형식으로 진행하는 것이 여러모로 도움이 되기 때문에 모둠 토론지를 활용한다. 다음은 '2020 마곡중학교 차기 학생회 정부회장 선거를 준비하기 위한 모둠토론지이다.

학급회의 모둠 활동지 2019. 10. 28.(월) 6교시		학년	반	모둠	모둠원

순서	구분	학생회 주관 활동
1	체육	① m리그 ② 체육대회
2	축제와 문화행사	③ 삼밭골 어울림 한마당 ④ 강서학생자치연합회 한마당 ⑤ 삼밭골 버스킹
3	캠프	⑥ 교내 자치캠프(또는 리더십 캠프) ⑦ 강서연합 자치캠프
4	인권·평화	**인권·평화·통일 주간 행사** ⑧ 3·1절 ⑨ 제주 4·3 ⑩ 4·11 대한민국 임시정부 수립일 ⑪ 4·16 세월호 ⑫ 4·19 혁명 ⑬ 5·18 광주 민주화 운동 행사 **창의체험 수업** ⑭ 학교폭력예방교육(창의체험 수업 1학기, 2학기 각각 1회)
5	민주주의	⑮민주주의 주간활동 ⑯ 강서청소년 사회참여정책 발표대회 – 2학년
6	생태환경	⑰ 배움·나눔 장터 ⑱ 옷 되살림 및 기부 ⑲ 아나바다 장터 ⑳ 어스아워 SNS 인증 이벤트 ㉑ 작물 키우기(상추, 토마토) ㉒ 빈 그릇 운동(잔반 남기지 않기 운동)
7	봉사	㉓ 식생활 봉사단 ㉔ 급식 질서 봉사단
8	토론	㉕ 공개토론회(1학년 대표 선거, 2019학생회 정부회장 선거) ㉖ 토론 활동(학급, 대의원, 부서, 부장회의 등) ㉗ 퍼실리테이션 교육
9	홍보	㉘ 공모전(43추모 독서, 바티 디자인, 43마스코트) ㉙ 페이스북 운영
10	선거	㉚ 1,2학년 대표 선거, 정부회장 선거, 선거관리위원회 활동
11	기타	㉛ 교내 신문 제작 ㉜ 바티 제도 운영 ㉝ 안전 교육(금연 캠페인 등)

[토론1] 가장 기억에 남는 학생회 주관 사업에 대해 토론해봅시다.

1. 위 ①에서 ㉝번까지 중에서 가장 기억에 남는 사업들을 각자 1~2개씩 선택하여 총 8개의 사업을 아래 칸에 적는다.
2. 모둠 원들끼리 돌아가면서 자신들이 선택한 사업에 대해 그 이유를 설명한다.
3. 한 사람씩 차례로 돌아가면서 가장 기억에 남는 사업 3가지만 골라 스티커를 붙인다.(단 한 사업에 스티커 4개 이상 붙이지 않도록 한다.)
4. 스티커를 다 붙였으면 순서대로 아래 칸에 적어 넣는다.

순서	우리 모둠이 선택한 학생회 주관 사업	순위	스티커 표시하기		
1					
2					
3					
4					
5					
6					
7					
8					

[토론2] 학생회 주관 사업 중에는 폐지했으면 하는 사업이나 개선할 필요가 있는 사업도 있고, 더 확대하거나 감소했으면 하는 사업도 있을 것입니다. 그리고 새롭게 추가했으면 하는 사업도 있을 것입니다. 우리 모둠에서 제거, 감소, 확대, 새로 추천할 사업을 ERRC 방법으로 토론합시다.

1. 제거할 사업

　① 위의 사업 중에 제거할 필요가 있는 사업이 있으면 모둠 원들끼리 한 사람씩 돌아가면서 아래의 E(제거할 사업)란에 적는다.

　② 모둠 원 모두가 제거할 사업에 대해 적었으면 각자 자신들이 적은 것에 대해 그 이유를 설명하고 우리 모둠에서 꼭 제거했으면 하는 사업을 정한다.

2. 줄였으면 하는 사업은 R(감소할 사업)란, 늘렸으면 하는 사업은 R(확대할 사업)란, 새로 추가했으면 하는 사업은 C(새로 추천할 사업)란에 위의 1과 같은 방식으로 사업을 정한다.

E	제거할 사업	R	감소할 사업

R	확대할 사업	C	새로 추천할 사업

사업 구분	제거, 감소, 확대, 추가할 사업	이유
제거		
감소		
확대		
새로 추천		

[토론3] 민주적인 학생회 운영에 대해 토론합시다.

- 학생회는 민주적인 학생회 운영을 위해 노력해야 합니다. 이를 위해 마곡중학교 학생회는 전교생들의 의견을 적극 반영하기 위한 방법으로 학급회의 활성화를 중점 사업으로 정하였습니다.
- 대의원회의에서 학급회의 주제가 정해지면 학급회장을 대상으로 학급회의 진행을 위한 퍼실리테이션 교육을 진행했습니다. (학생회 토론기획부 주관)

- 학급회의 활성화를 위한 학급회장 대상 퍼실리테이션 교육은 학급회의 진행에 얼마나 도움이 되었다고 생각하십니까?
  ※ 모둠 원들과 각자의 생각을 이야기한 후에 개인별 활동지의 표에 '√' 표시를 해주세요.

- 마곡중학교 학생회는 민주적 학생회 운영을 전교생들과 잘 소통하고 있다고 생각하십니까?
  ※ 모둠 원들과 각자의 생각을 이야기한 후에 개인별 활동지의 표에 '√' 표시를 해주세요.

제3장 학생회 정·부회장 선출 및 임명

제10조 (선출 방법)

 ① 회장은 예비 3학년 입후보자 중 양성에 각 1표씩 투표를 하여 최다 득표자를 각 성을 대표하는 회장으로 선출한다.

 ② 부회장은 1, 2학년 입후보자 중 최다 득표자가 당선된다.

제11조 (선거관리위원회의 구성)

 ① 선거관리위원회는 선거공고일 이전까지 구성해야 한다.

 ② 선거관리위원은 후보자로 출마하지 않은 해당 학년 학생들로 학년별 각 10명 이내로 구성한다. (단, 대의원들에게 우선권을 준다.)

제13조 (선거일 공고)

 선거일은 학교장이 결정하되, 선거일 10일 전까지 공고하여야 한다.

제14조 (후보 등록)

 ① 학생자치회 정·부회장 선거에 입후보하려는 학생은 선거 공고일로부터 3일 이내에 아래의 서류를 작성하여 선거관리위원회에 제출하여야 한다.

  1. 후보자 등록 신청서 1부 2. 추천장 1부 3. 공약서 1부

 ② 제1항 제2호의 추천장은 선거권자 20명 이내의 추천을 받아야 한다.

 ③ 선거관리위원회는 후보자 등록 마감 직후 후보자의 입회하에 후보자 기호를 추첨으로 부여한다.

제18조 (학생자치회 정·부회장 자격 상실)

 ① 임기 중 학생회 정·부회장이 선도위원회 또는 학교폭력대책자치위원회에서 '교내봉사' 이상의 처벌 또는 이에 상응하는 조치를 받은 경우

[토론4] 왼쪽 면에 학생회 정·부회장 선출 및 임명에 관한 마곡중학교 규정 중 중요한 부분만 발췌했습니다. 모둠원들과 토론한 후 개정하거나 수정 보완할 필요가 있다고 생각하는 내용이 있으면 우리 모둠의 의견을 아래에 적어 주시기 바랍니다.

개정이 필요한 규정

1	현재 내용	
	개정 내용	
	이유	
2	현재 내용	
	개정 내용	
	이유	

사례

제10조(선출 방법)의 개정 사례: 학생들의 요구에 의해 몇 차례 바뀌었습니다.

2015-16년 : 학생회 정·부회장 선거는 3학년의 경우 남녀 성 구분 없는 '런닝메이트'제였습니다.

♧ 런닝메이트 : 회장과 부회장이 짝을 이뤄 입후보한 제도입니다.

2017-18년 : 단독 후보로 출마하여 최다 득표자가 회장이 되고, 성이 다른 차점자가 부회장이 되는 방법으로 바뀌었다.

2019년 : 남녀 공동회장으로 바뀌었다. 3학년의 경우 남과 여 성별로 투표하여 각 성의 최다 득표자가 각각 회장으로 당선되는 방법으로 바뀌었다.

♧ 런닝메이트제이든 단독 후보나 남녀 공동회장이든 모두 장단점이 있기 마련이다. 어떤 장단점이 있는지 토론해봅시다.

제11조(선거관리위원회의 구성)의 개정 사례 : 선거관리위원의 선출의 경우 2017년까지는 대의원회의에서 대의원들 중에서만 선출했지만 2018년에 현재의 규정으로 바뀌었습니다.

<현재 규정>

② 선거관리위원회는 후보자로 출마하지 않는 해당 학년 학생들로 학년별 각 10명 이내로 구성한다. (단, 대의원에게 우선권을 준다.)

현재 규정에 '대의원에게 우선권을 준다.'는 내용이 있습니다. 선거관리위원을 선출할 때 대의원들에게 우선권을 줘야 하는 것이 타당한지 논의할 필요가 있을 것 같습니다.

좋은 후보 찾기

2학기 첫 번째 학급회의가 축제 준비를 위한 것이라면 두 번째 학급회의는 선거에 대한 관심을 북돋아 선거 참여도를 높이기 위한 것이다. 세 번째 학급회의에서는 차기 학생회 정부회장 후보를 추천, 발굴하기 위한 토론 형식의 설문을 실시한다. 이 방식은 2018 학생회 정부회장 선거 준비부터 시작했는데 효과가 좋아 매년 실시하고 있다.

좋은 [후보의 추천 및 발굴]을 위한 학급회의 및 설문조사

[보고 1]은 가장 기억에 남는 활동 상위 5가지를 상세하게 분석하여 보여줌으로써 학생자치활동에 더욱 관심을 갖게 하기 위한 목적이다.

보고 1		설문 결과 분석 - 가장 기억에 남는 활동
기억에 남는 활동 (인원)	**전체 순위**	**참고**
m리그 (114명)	1	**1. M-리그** : 가장 관심이 많지만 역효과도 적지 않아 폐지 의견도 6명이나 됨. 개선해야 할 점으로 편파 판정 및 불규칙한 룰, 잘하는 사람만 잘해서 체력 발전에 도움이 안 된다는 점, 종목을 늘리고 리그전 폐지 및 토너먼트 전환, 부상자 발생 문제, 아침 결식문제, 상금을 늘리자는 의견.
제3회삼밭골어울림한마당 (104명)	2	
제2회강서학생자치연합축제 (44명)	3	
세월호 추모행사 (43명)	4	**2. 삼밭골 어울림 한마당** : M-리그와 함께 관심이 가장 많다. 개선점으로 재미있는 부스 추가, 공연의 음질 개선과 야간축제 추가, 공연 참가를 선택으로 바꾸자, 준비 및 호응 부족을 어떻게 해결할까 등.
학생독립운동 기념일 행사 (20명)	5	

그 이외의 사업에 대해서도 상세한 분석과 함께 결과를 보고해 주면 학생회에 대한 신뢰와 참여도를 높일 수 있다. 이 결과는 차기 학생회에서도 활용할 수 있다. 다음은 학생회 운영 중 가장 기억에 남는 활동에 대한 설문 결과다.

구분	가장 기억에 남는 활동 (인원)		순위	참고
체육 활동	m리그 (114)	1	1	가장 관심이 많지만 개선해야 할 점도 매우 많은 종목임 - 위의 내용 참고
안전 교육	안전교육 금연캠페인, 심폐소생술 (12)	2	8	
축제	제3회 삼밭골어울림한마당 (104)	1	2	학교 축제 및 축제 형식의 교육 활동에 대한 관심은 매우 높다. 하지만 횟수가 많아서 부담이 되며 축제 형식의 여러 활동을 하나로 묶어 학교축제의 규모를 더 크게 하자는 의견이 있음
	제2회강서학생자치연합축제 (44)	2	3	
	교과페스티벌 부스운영 (26)	3	9	
	생태환경교육 범교과 활동(1)	6	20	
민주 시민 교육	세월호 추모행사 (43)	1	4	바티 지급에 관심이 없고 활용도가 낮다
	학생독립운동 기념일 행사 (26)	2	5	
	식생활 배움 나눔 실천 활동 (4)	3	10	
	안전교육-금연캠페인, 심폐소생술 (12)	4	8	
	생태환경교육 범교과 활동 (1)	7	20	
생활 협약	생활협약 지키기 캠페인 (3)	1	13	등교 시 학생들이 너무 몰려 효과가 없다. 폐지하자 의견 1명
	생활협약 개정 공개토론회 (3)	2	14	
토론 문화	생활협약 개정 공개토론회 (3)	1	14	학급회의 잘 진행되지 않아 개선이 꼭 필요하다는 의견임 (3명)
	1학년 대표 선출을 위한 공개토론회 (3)	1	15	
	학급회의, 대의원회의, 부장회의 (2)	3	17	
수련회	임원수련회 (17)	1	7	임원 수련회는 관심이 많은 편이지만 정보(날짜, 참가자) 전달 확실히 해달라는 요구가 있음
	강서학생자치연합 자치캠프 (3)	2	16	
동아리	문화예술동아리 지원	1	18	관심을 높일 필요가 있음

[문항 1-4]는 학생회 정부회장 및 임원들의 역할과 자질에 대한 설문이다.

[문항 1]은 학생들이 적극적인 관심을 갖는 학생회 주관 사업에 대해 묻고 이를 가장 잘 실천할 수 있는 학생을 추천하게 한다. 학생들은 단순히 '누가 좋냐?'고 물으면 잘 생각이 나지 않아 그냥 친한 친구들을 추천하게 된다. 하지만 자신들이 하고 싶어 하는 일에 대해 '누가 학생회장이 되면 가장 잘 될 것 같은가?'라고 구체적으로 물으면 그에 적임인 학생을 떠올린다. [문항 2]도 비슷한 맥락이고 [문항 3]은 학생회 정부회장이나 임원들의 역할과 자질에 대해 한 번 더 생각해 보게 하기 위함이다.

문항 1-4	학생회 정부회장 및 임원들의 역할과 자질에 대한 질문

2018 학생회 정부회장 및 임원의 역할과 민주적 리더십

문항1. [학급 토론] 차기 학생회 정부회장이 누가 되든 반드시 이 공약만은 실천해 주었으면 하는 우리 반이 원하는 공약 3가지만 정해주시기 바랍니다.

　가. [모둠별 토론]을 실시하여 1~3개의 제안 사업을 정한 후 모둠별 발표를 통해 제안된 사업을 칠판에 모두 적는다.

　나. [학급 전체 투표]를 통해 우리 반의 제안 사업 3가지를 정한다.

　다. [개인별 설문] 우리 반의 공약을 가장 잘 실천할 수 있을 거라고 예상되는 후보를 남·여 각 2~3명씩을 추천해 주시기 바랍니다.

　　여학생 :

　　남학생 :

문항2. [개선점과 후보 추천] 설문조사 결과를 볼 때 인기는 많지만 불만도 적지 않은 M-리그를 비롯하여 개선해야 할 것들이 적지 않음을 알 수 있었습니다. 이것만은 꼭 개선해 주었으면 하는 종목에 대한 학급 의견 1개만 정하고 구체적 개선 방법까지 토론해 주세요. 그리고 학생회 활동을 통해서 이를 개선하고자 할 때 우리 반에서는 누가 가장 적임자라고 생각하는지 적어 주시기 바랍니다.

　가. [학급 토론]을 거쳐 학급 의견 1개를 정해주세요.

　나. [개인별 설문] 학급 의견에 대해서 이를 가장 잘 실천할 수 있을 거라 생각되는 우리 반 학생 1명 이상을 적어주시기 바랍니다.

문항3. 2018학년도 마곡중학교 학생회 정부회장 및 임원들의 [역할과 자질]에 대해서 토론하고 자신들의 의견을 적어주시기 바랍니다.

문항4. 기타 : 학급에 필요한 사항들에 대해서 토론하시기 바랍니다.

※ 뒷면 설문에도 꼭! 참여해 주시길 부탁드립니다.

참고로 학생회장 후보 추천에 있어서 이전에는 학생들과 교사들의 의견이 너무 달랐다. 그런데 이렇게 구체적으로 질문하게 되니 학생과 교사의 의견에 큰 차이가 없었다.

[문항 5]는 민주적 리더십에 대해 구체적인 설명을 해주고 그에 맞는 학생들을 떠올리게 하는 설문이다. 4개로 분류하여 설문을 진행하면 각 항목마다 추천 학생이 다르게 나오는 것을 확인할 수 있었다. 이렇게 구체적인 설명을 통해 어떤 학생을 생각하게 할 필요가 있다.

문항 5	학생회 정부회장 및 임원들의 민주적 리더십

민주적 학생회 운영을 위해서는 협력적 인성을 바탕으로 한 학생회 정부회장과 임원들의 민주적 리더십이
필요합니다. 다음과 같은 민주적 리더십을 잘 갖추고 있는 학생들은 누구일까요?
우리 반 학생과 다른 반 학생들 중에 생각나는 사람을 적어주세요.

1	자기 결정권	자율·책임의식을 가지고 적극 참여하는 학생

[자율·참여·책임의식]
회의에 적극 참여하여 자신의 의견을 적극 반영하려 노력하고, 결정된 일은 책임감을 가지고 성실하게 실행하려
노력한다.

　　추천 학생 우리 반: 　　　　　| 다른 반:

2	공동체 의식	더불어 살아가는 공동체 의식을 지닌 학생

[존중·배려·인권·평화·공공선]
상대방을 존중하는 마음으로 늘 상대방을 배려할 줄 알며, 인권·평화의식을 가지고 있어 갈등이나 문제를
평화적으로 해결할 수 있는 능력을 지녔으며 공동체(우리 반, 우리 학교) 전체를 위한 마음을 가지고 실천하는 학생

　　추천 학생 우리 반: 　　　　　| 다른 반:

3	시민 의식	민주주의 제도와 원칙을 존중하여 주권자의 권리와 의무를 알고 적극 행동하는 학생

[준법·권리·존중·참여·기본적 권리 인정]
준법정신을 바탕으로 학생들의 권리를 존중하고 학생 개개인의 의사를 소중히 여기는 학생. 선거나 회의에 적극
참여하여 자기 권리를 적극 행사하나 권력을 남용하지 않고 학생들의 기본적인 권리를 인정하고 지켜줄 수 있는 학생

　　추천 학생 우리 반: 　　　　　| 다른 반:

4	소통·협력 집단지성	토론에 참여하여 민주적으로 결정하고, 집단지성으로 함께 성장하는 학생

[경청·공감·참여·소통·협력·집단지성]
상대방의 말에 귀 기울여 들어주며 공감능력이 좋아 친구들과 잘 소통하는 학생. 그리고 토론에 적극 참여하며
결정된 일을 실행함에 있어 어려움에 닥치더라도 친구들과 지혜를 모아 서로 협력하여 집단지성으로 문제를 해결할
줄 하는 학생

　　추천 학생 우리 반: 　　　　　| 다른 반:

[문항 6]은 최종적으로 학생회 정부회장 후보 추천을 받는 설문이다. [문항 5]에 대해 답하고 나면 민주적 학생회 운영에 적임자가 좀 더 명확하게 떠오른다. 그 후에 [문항 6]으로 학생회 정부회장 후보로 적임인 학생을 추천하게 하면 자신이 누구를 추천할 것인지 명확해질 것이다.

| 문항 6 | | 학생회 정부회장 후보 추천 | | | |

민주적 리더십을 잘 갖추고 있어 2018학년도 마곡중학교 학생회를 민주적으로 운영하는데 적임이라고 생각하는 학생을 남·여 각각 2명씩 그리고 다른 반 학생 중에서도 1명만 추천해 주시기 바랍니다. 추천인 개인별로 민주적 리더십 각 항목마다 해당되는 칸에 'O'로 표시하여 주시기 바랍니다.

1	이름	구분	보통	높음	매우 높음
남		자기 결정권			
		공동체 의식			
		민주시민 의식			
		소통·협력·집단지성			
		자기 결정권			
		공동체 의식			
		민주시민 의식			
		소통·협력·집단지성			
여		자기 결정권			
		공동체 의식			
		민주시민 의식			
		소통·협력·집단지성			
		자기 결정권			
		공동체 의식			
		민주시민 의식			
		소통·협력·집단지성			
다른 반		자기 결정권			
		공동체 의식			
		민주시민 의식			
		소통·협력·집단지성			

이 설문의 결과는 나중에 학생회 부장이나 차장 선출 자료로도 활용하게 된다. 후보 추천 및 발굴에 적극 활용되어 좋은 효과를 보았기 때문에 강서연합의 여러 학교에 공유되고 있다.

선거 공약 만들기

후보들에게 선거공약을 그냥 만들어 오라고 하면 대부분 의미 없는 공약(空約)이 되기 십상이다. 내실 있는 선거 공약(公約)이 되려면 준비가 필요하다.

부서별 자체 평가서, 학생회 평가 설문조사, 선거공약을 만들기 위한 원탁회의 내용들은 공약을 위한 중요한 참고 자료다. 학생들이 가장 관심을 가지는 구기대회나 체육대회, 학교축제 같은 공약은 단골 공약으로 이 사업을 어떻게 진행할 것인지가 쟁점이 될 때가 많다. 축제의 경우, '야간 축제'가 공약으로 나와 16년에 공연마당을 야간에 개최한 적이 있었다. 하지만 17년에는 선생님들의 반대로 하지 못했다. 18년과 19년에 다시 학생회장 공약으로 나오면서 그 해에는 야간 축제가 실시됐다. 이처럼 공약은 선거에서 매우 중요한 역할을 한다.

민주적인 학교문화를 가지고 있는 마곡중학교에서는 특별한 문제가 있다거나 대부분의 교사가 반대하는 안건이 아니라면 학생회장 후보들의 공약은 그 자체로 힘을 가진다. 선거가 끝나면 새 학생회에서는 낙선된 후보들의 공약까지도 검토하게 된다. 의미 있다고 판단된 공약들을 학생회 사업으로 정해 실천하고 있다.

부서별 자체 평가서 공유

공약을 만들기 위해 학생회 활동을 먼저 점검한다. 마곡중학교에서는 학교축제가 끝나면 바로 그다음 주에 부서별 자체 평가를 실시한다. 평가서를 만들고 학생회 임원 및 대의원들을 대상으로 평가보고회를 연다. 평가보고회 내용은 학급회의 등을 통해 전교생에게 알린다.

학급회의와 설문조사를 통한 학생회 주관 사업 평가

10월에는 학급회의에서 그동안 펼쳐온 학생회 주관 사업에 대해 토론을 펼친 후, 사업평가 설문조사를 실시한다. 설문조사 결과를 분석해보면 학생들이 좋아하고 싫어하는 사업이 무엇인지 극명하게 드러난다. 큰 의미는 있지만 만족도가 낮은 사업은 어떻게 개선해야 할 것인지도 설문조사를 잘 살펴보면 알 수 있다. 따라서 부서별 자체 평가서를 바탕으로 만든 이 설문조사의 결과는 후보들에게 매우 좋은 자료가 된다.

선거 공약 초안 만들기

부서 자체평가서, 학급회의를 통한 학생회 평가 설문조사 결과 등, 그동안의 학생회 활동 관련 자료들을 후보들에게 전달하면 후보들은 선후배나 선생님들의 자문을 구하여 선거 공약 초안을 만들어 선관위에 제출한다.

공약 만들 때의 유의 사항

공약은 실현 가능한 사업인지 반드시 점검하게 한다. 학생들이 공약을 만들 때 이 공약의 실현 가능성에 대해 누구와 상담해야 하는지 자주 묻는다. 구기대회 같은 체육행사이면 체육교사, 급식이면 영양교사, 화장실 방향제 설치와 같은 복지는 행정실장과 상담하게 한다. 급식에 대한 공약은 매년 단골로 등장한다. 예를 들면 학생들의 추천 메뉴 같은 것인데, 이때는 급식실의 입장도 살펴야 한다. 공약을 낸 후보는 영양교사와 구체적으로 상담하여 급식 공약이 실현 가능한지 검토하게 한다. 공개토론회에서 후보의 공약 하나하나 실현 가능성을 철저히 따지게 된다. 때문에 후보들은 자기 공약의 실현 가능성을 점검하기 위해 공약 내용과 관련된 업무를 맡은 교직원들을 대상으로 적극적으로 상담해야 한다.

후보들의 공약 실현 가능성이 얼마나 중요한지, 교장 선생님, 행정실은 물론 서울시교육청까지도 상담을 한 후보들도 있었다. 학교 매점 설치도 가끔 공약으로 나오는데, 한 번은 매점 설치가 가능한지에 대한 쟁점 토론이 벌어졌다. 이 공약에 대해 문제를 제기한 후보가 "내가 교장선생님께 여쭤봤더니 어렵다고 했다. 00후보님께서는 어떻게 매점을 설치하시렵니까?"라고 묻자 공약을 낸 후보는 "내가 서울시교육청에 문의했더니, 가능하다고 했습니다."라고 답변했다. 교장 선생님에게 까지 문의해 보았지만 원하는 답을 얻지 못하자 서울시교육청까지 알아본 모양이다. 각 후보들의 공약은 공개토론에서 철저하게 점검하기 때문에 후보자 스스로 실천 가능한 공약인지 사전에 세심하게 검토해야 한다.

선거 준비를 위한 자치캠프

후보 등록이 끝나면 곧바로 선관위원 및 후보자 대상 선거 관련 연수를 실시하고, 각 후보의 선거운동원까지 포함한 학생들을 대상으로 선거 준비를 위한 자치캠프를 실시한다. 보통 다음과 같은 순서로 진행된다.

① 부서별 자체 평가 점검 회의(원탁회의)   ④ 선거 공약에 대한 상호 검토
② 선거 공약 초안 수정 보완   ⑤ 공개토론회 리허설
③ 선거 공약집 만들기   ⑥ 후보별 선거 홍보물 만들기

부서별 자체 평가 점검 회의(원탁회의) 및 선거 공약 수정 보완

자치캠프에서는 학생회장 및 각 부서의 부장들이 부서 자체 평가 결과를 간략히 설명하고 질의응답을 받은 후에 원탁회의를 통해 다시 점검한다. 이

점검 과정에서 다양한 의견들이 나오게 되는데, 각 후보 진영에서는 이때 나오는 의견들을 참고하여 선거 공약을 수정 보완하게 된다.

선거 공약 완성 및 공약집 만들기

각 후보들이 선거공약을 만들 때는 학급회의를 통한 설문내용 결과, 부서 자체평가서, 자치캠프의 원탁회의를 통한 점검 내용들을 참고 자료로 활용한다. 자치캠프에서 각 후보의 최종 공약을 수정 보완한 후, 공약을 완성하면 그것을 모아 공약집을 만든다.

공개토론회 준비하기

공개토론회를 의미 있게 진행하려면 충분한 준비과정이 필요하다.

마곡중학교 공개토론회는 선관위에서 준비와 진행 등 모든 과정을 계획한다. 교사는 선관위 활동을 지속적으로 살펴보면서 필요한 지원과 조언은 할 수 있겠지만, 결정과정에는 일체 관여하지 않는다. 공개토론회의 질서유지도 선관위 책임이다.

공개토론회가 시작되면 교사가 마이크를 잡는 일은 찾아볼 수 없다. 영상 촬영 등 기술적인 문제는 어쩔 수 없이 방송부 담당 교사가 지원하지만, 준비부터 진행에 이른 모든 과정은 온전히 선관위 책임 하에 진행된다. 선관위는 그만큼 준비를 철저히 해야 한다.

마곡중학교에서는 교사가 여간해서는 학생들을 직접 가르치지 않는다. 항상 학생들이 하는 것을 지켜보면서 적절한 지원을 통해 학생들 스스로 고민해서 해법을 찾게 한다. 그러다 보면 어느새 학생들 스스로 해결하는 자치문화가 자리 잡는다. 어지간한 것은 선후배들 사이에서 해결되는 경우가 많다.

토론 방식 및 시간 배분

후보 등록이 끝나면, 선관위원들과 후보들이 모여 토론 방식과 시간 배분 문제를 결정한다. 마곡중학교에서는 후보들의 공약 설명, 사회자 공통 질문, 후보들 간의 토론, 패널 질문, 방청석 질문의 순서로 공개토론회를 진행한다. 후보들 간의 적절한 시간 배분에 대해서도 그때 논의한다. 시간은 좀 걸리겠지만 함께 논의해서 정하면 공개토론회를 어떻게 진행할지 서로 이해할 수 있게 돼 좋다. 시간은 후보들의 출마 수에 따라 변동이 생기므로 계산을 잘 해야 한다.

예를 들어 후보가 4명일 경우, 논의를 통해 아래와 같이 시간을 정했다.

1부 토론 (50분)	2부 토론 (40분)
● 공개토론 전체 진행 설명 2분	● 2부 및 패널 질문 안내 2분
● 공약 설명 8분 (2분×4명)	● 패널 질문 16분(4분×4명)
● 사회자 공통 질문 및 답변 4분	● 방청석 질문 안내 2분
● 후보 간 토론 36분(4명×3분씩×3명)	● 방청석 질문 20분

2018년 학생회 정부회장 선거의 경우, 4명의 후보가 나온 2학년 대표 선거 토론회는 2교시(90분)로 진행했다. 하지만 7명의 후보가 나온 학생회장 선거는 2교시로 진행하면 시간이 부족하여 내실 있는 공개토론회가 되기 힘들다고 판단되었다. 때문에 선관위 요청으로 3교시(135분)로 늘려 공개토론회를 진행하기도 했다. 1학년 대표 선거에는 후보가 9명이나 나왔다. 2교시(90분)로 진행하다 보니 시간이 부족했다. 그로 인해 방청석 질문을 제대로 받지 못해 학생들의 원성을 사기도 했다.

사회자 공통 질문

각 후보자들에게 사회자는 같은 내용의 공통 질문을 던진다. 학생들이 관심을 많이 보이는 사안이거나 학교의 당면 문제가 있다면 그 사업에 대한 각 후보의 견해를 들어보기 위해서다. 예를 들어 올해 마곡중학교의 당면 과제가 '전교생이 참여하는 민주적인 학생회 운영'이라면 '학급회의 활성화 방안'을 공통 질문으로 할 수 있다. 이 공통질문은 각 후보들에게 미리 전달하여 답을 충분히 준비하게 한다.

사회자의 역할

공개토론회를 진행할 사회자와 패널들은 선관위 회의를 통해 정한다.

사회자는 전체 진행을 맡기 때문에 패널 및 후보들과 논의한 후, 대본을 쓰고 패널 및 후보자들과 대본을 공유한다. 보통 전년도 대본을 참고하여 그해 사정에 맞게 대본을 고쳐쓰기 때문에 그리 어렵지 않다. 그렇지만 이 모든 것은 학생들 스스로 고민하면서 정하게 해야 한다. 선배들의 경험을 충분히 듣고 자신들은 어떻게 진행할지 고민하게 해야 한다. 무슨 일이든 그 일을 진행해야 할 당사자들이 고민해야 일이 제대로 된다.

패널의 역할

사회자가 공개토론회의 전체 진행을 맡는다면, 각 패널은 후보들의 자질이나 의지 등을 점검하는 역할을 한다. 주로 자율성이나 책임감, 소통 능력, 회의 진행 능력, 포용성 등을 묻는 질문은 많이 한다. 패널끼리 누가 어떤 후보에게 무엇을 질문할 것인지, 역할을 정해 후보 개인의 특성에 따라 질문한다.

공약의 공유

공약은 공약이다. 숨길 필요가 없다. 후보들 간에 공약을 있는 그대로 드러내서 서로 충분히 알 수 있게 해야 한다. 우선 자신의 공약을 모두가 이해할 수 있도록 설명을 잘할 수 있어야 한다. 후보는 자신의 공약부터 장단점 및 실현 가능성 등에 대해 충분히 점검해야 한다. 그리고 상대방 공약에 대해 충분히 이해해야 한다. 그래야 상대방 공약의 장단점을 파악하고 실현 가능성을 모두 점검할 수 있다.

서로의 공약에 대해 잘 알면 질문도 잘하고 그에 대한 답변도 잘할 수 있다. 질문하고 답변하는 시간이 충분치 않기에 미리 질문을 정리해 와야 짧고 명확하게 할 수 있다. 답변도 나름대로 준비되어 있어야 질문에 맞는 답변을 할 수 있다. 이처럼 서로가 자기 공약을 충분히 설명할 수 있고 상대방 공약에 대해서도 잘 알고 있어야 제대로 된 토론이 이루어진다.

이 역할은 선관위가 한다. 선관위는 후보들의 공약을 모두 모아 공약집을 만든 후, 모든 후보가 공유할 수 있게 한다. 자치캠프에서는 서로의 공약에 대해 알아보고 공개토론 리허설까지 진행한다. 공약집은 전교생에게 배포하여 방청석 질문 시에 이용하도록 한다.

숙의 민주주의

민주주의가 제대로 작동하려면 민주적 의사 결정과정이 매우 중요하다. 무조건 손을 들어 다수결로 결정하는 것이 좋은 결정을 끌어내지는 않는다. 그리고 그런 결정들이 반복된다면 민주주의에 대한 관심도 점차 멀어진다.

늘 자신의 주장을 관철시키려고 노력하지만 본인 자신을 포함한 어떤 주장도 완벽한 것이 없다. 따라서 좋은 토론이 되려면 자신의 입장을 충분히 설명할 수 있어야 한다. 반면 상대방의 입장도 깊이 이해하려는 노력이 필요하다. 필요에 따라서는 검증 절차를 거친 후, 다시 토론하는 등 충분한 숙의 끝에 서로가 인정할 수 있는 결정을 내리는 토론문화가 필요하다. 그래서 숙의민주주의가 필요하다. 숙의 끝에 내린 의사 결정은 서로가 승복할 수 있는 정당성과 명분을 확보한 채, 많은 학생들을 참여민주주의로 안내할 것이다. 마곡중학교의 민주적인 토론문화에 대해 살펴봄으로써 학교에서 숙의 민주주의가 어떻게 자리 잡을 수 있는지 알아보자.

마곡에서 민주적인 학교문화가 자리 잡는 데는 학생회 임원들의 민주적인 덕성도 필요했지만 전교생이 함께 참여할 수 있는 학생자치문화가 절실했다. 마곡중 학생회는 '학생회만의 학생자치활동'이라는 17년도의 비판을 받아들여 전교생의 적극적인 참여를 이끌어낼 수 있는 방안을 모색했다. 결국 18년 학생회의 중점사업을 '학급회의 활성화'로 정했고 몇 가지 방안을 마련했다.

첫째, 학급회의는 대의원회의와 학생회 부장회의, 부서회의 및 활동 등과 긴밀히 연계하여 운영한다. 둘째, 학급회장들의 학급회의 진행 능력을 학생회 차원에서 키워낸다. 셋째, 학급회의 진행 모형을 계발한다.

학급회의 활성화는 매우 어려운 과제다. 특히 어떻게 지원할지에 대해 많이 연구하고 노력했다. 학급회의 활성화를 위한 노력 중 대표적인 것이 학급회의 준비과정이다. 우선 학급회의 준비를 위해 설문조사를 미리 실시하였다. 일반 학생들의 의견을 충분히 수렴하기 위해 노력했다. 대의원회의를 통해 학급회의 주제가 정해지면 진행을 위한 PPT 자료 등을 미리 만들었다. 학급회장을 대상으로 학급회의 진행을 위한 퍼실리테이션 교육을 실시했다. 학급회의를 어떤 방식으로 진행해야 효과적이고 의미 있을까 고민했다. 그뿐만 아니라 학급 자치까지 살릴 수 있을까 고민했다.

지금부터 학급회의 준비와 실천 사례, 마곡중학교의 민주적인 의사결정 구조, 퍼실리테이션 교육 등에 대해 차례로 살펴보겠다.

학급회의 준비와 실천 사례

예전에는 학급회의가 매주 1회, 월요일 6교시에 실시됐다. 하지만 요즘은 대체로 월 1회 정도 실시한다. 외관상으로는 학생자치활동이 매우 위축된 것처럼 보인다. 그렇지만 과거에는 학급회의라는 시간만 있었을 뿐이지 제대로 진행된 반은 거의 없었다. 그런데도 학급회의 시간은 매주 돌아오니 오히려 난감할 때가 많았다. 학급 자치를 위한 학급회의 시간은 차츰 사회적 현안이 생기거나 창·체 활동 등이 강조되면서 안전교육, 성교육, 폭력예방교육, 창의체험 수업 등으로 하나둘씩 대체되더니, 근래에는 월 1회 정도로 축소되었다.

최근 들어 민주시민교육에 대한 관심이 높아지고 학생자치활동이 강조되고 있다. 그에 따른 방안으로 학급회의를 월 2회 이상 확보할 것을 권장하고 있다. 서울시교육청은 19년의 경우, 학급회의 활성화를 지원하기 위한 연수 프로그램을 겨울방학 중에 운영할 계획을 세우기도 했다.

학생자치활동이 활발하더라도 학급회의 활성화 수준까지 이른 학교는 드물다. 학급회의가 강조되면서 학교 차원에서 지원하는 학교가 있지만 내실 있는 학급회의가 진행될지 의문이다. 교육청과 학교 차원에서 지원하더라도 학급회의를 내실 있게 진행하기란 정말 어려운 문제다.

학급회의가 어려운 이유는 무엇일까? 학급회의가 잘 진행되려면 몇 가지 요소가 필요하다. 첫째, 담임교사가 학급 자치에 대한 의지와 역량을 지녀야 한다. 둘째, 학급회의를 진행하는 학급회장의 회의 진행 능력이 갖춰져 있어야 한다. 셋째, 학생들이 학급 자치에 대해 관심을 갖고 있어야 한다. 담임교사가 학급 자치에 대해 의지가 있다 해도 학생들이 학급 자치에 대해 전혀 관심이 없는 경우가 대다수이다. 거기에다 학급회장 또한 회의를 어떻게 준비하고 진행할지 고민하지 않는 경우도 다반사다. 사정이 이렇게 되다 보면 학급회의는 학급 자치를 위한 시간이 아니라 다른 용도로 쓰이게 되는 경우가 다반사다. 마곡중학교 학급회의 사례를 중심으로 학급회의 활성화 방안을 고민해 보자.

학급회의는 어떻게 준비하고 진행하나? (2019마곡중학교 2학년 2반 사례)

학교의 기본인 학급 자치를 위해 학급회의를 잘 하려면 어떻게 지원해야

할까? 자치 활동을 제대로 경험하지 못한 학생들이 학급회의를 처음부터 잘
할 수는 없지 않은가. 우선 담임으로서 학급회의 활성화를 위한 몇 가지 원
칙을 세워보자.

학급담임의 원칙
● 학급회의에서 민주적인 토론을 통해 결정된 사항은 최대한 존중한다.
● 학급회의에서 중요한 결정을 할 때는 충분한 숙의과정을 거친다.
● 학생회 차원의 활동에 관심을 가지고 자신들의 의견이 학생회에 반영될 수 있도록 노력한다.
● 학급회의를 비롯한 일련의 자치활동을 통해 학생들 스스로 민주시민으로 성장할 수 있게 한다.

학급은 학교의 기본 조직이다. 자치활동이 잘 이뤄지는 학급, 학급 자치를
바탕으로 학년 및 학교 차원 학생자치활동으로까지 이어지는 민주적인 학교
를 상상해보자. 그러려면 시작점인 학급회의부터 잘 이루어져야 한다.

첫째, 학급 자치 활동에 대한 담임교사의 의지를 분명하게 보여주자.

학급회장 선거부터 공을 들이자. 담임교사는 학생들을 민주시민으로 성장
하게 돕는다는 차원에서 학급 자치의 중요성을 강조하자. 그에 걸맞게 민주
적인 토론을 통한 결정사항은 최대한 존중하겠다는 의사를 학생들에게 분
명히 표시하자. 나는 개인적으로 학급회의에서 결정된 사항은 특별한 문제
가 없으면 모두 수용하고 지원하겠다는 의사표시를 분명하게 한다. 간혹 학
년 단위에서 담임들끼리 1박 2일 프로그램 같은 것은 아예 하지 말자고 결정
하는 경우도 있다. 그럼에도 나는 학급회의를 통해 정상적으로 결정된 사항
이라면 더 우선순위에 둔다. 그래서 학급회의에서 결정한 사항을 받아들이
고 최대한 지원한다. 학급 자치에 대한 담임교사의 의지가 분명해야 학생들
도 학급 자치에 관심을 갖게 된다.

둘째, 학급 자치를 이끌어갈 학생들의 역량을 길러 준다.

학급회장이 선출되면 상담을 통해 학생들의 역량을 길러 주기 위해 애쓴다. 학생들의 의견을 모으는 방법, 학급회의를 진행하는 방법 등을 익혀 학생들 스스로 학급 자치를 위한 학급회의를 준비할 수 있는 역량을 기르게 한다. 학급회장을 도와 회의 진행에 힘을 보탤 학생들을 모둠마다 1명 정도 선출하여 함께 준비하게 하자. 지시하거나 가르치는 형식은 좋지 않다. 학급회의가 잘 되려면 어떻게 해야 할지 학생들 스스로 고민하게 해야 한다. 꼭 지원이 필요한 부분이 있다면 학생들이 스스로 하기 힘든 부분들만 표나지 않게 살짝살짝 지원해 주자. 학생들의 의견을 묻는 설문지 정도는 내가 만들어 준다. 하지만 설문지를 만들 때도 학생들과 충분하게 논의하여 만든다.

셋째, 학급회의의 중요 사항들은 충분한 숙의과정을 통해 결정하게 한다.

학급회의 안건으로 무엇을 상정할지부터 충분히 준비해야 한다. 학생들의 의견을 최대한 존중하고 반영한 안건이 상정되려면 철저한 준비가 필요하다. 무작정 안건만 상정하라고 하면 생각이 잘 나지 않기 마련이다. 뭔가 하고 싶은 일이 생기도록 자극을 줄 필요가 있다. 어떤 생각을 떠오르게 할 수 있는 방법들도 있다. 그런 면에서 사전 설문조사는 효과가 크다. 어떤 안건이 상정되더라도 충분히 토론할 수 있는 조건이 무엇인지 검토하여 논쟁점을 찾으면 토론을 활발하게 할 수 있다. 최대한 숙의과정을 거쳐 뭔가를 결정할 수 있게 한다.

야영이나 단합대회 같은 학급 행사든, 사제동행과 같은 체험학습이든, 학생들이 특별히 관심을 가지는 일에 학생들이 직접 끼어들 수 있는 방법은 학급회의가 전부다. 그리고 그 결정이 최대한 존중되기만 한다면, 학급회의의 중요성을 굳이 강조하지 않아도 학생들이 적극적으로 참여하게 될 것이다.

학생들의 적극적인 참여를 이끌어내기 위해서는 학생들의 결정은 최대한 존중되어야 한다.

교사 입장에서 보면 학급회의를 통해 결정한 내용이 썩 내키지 않은 경우가 많을 것이다. 그렇더라도 교사는 그 결정을 최대한 존중하려는 태도를 보여주어야 한다. 자치문화는 하루 이틀에 만들어지는 것이 아니다. 몇 년에 거쳐 익숙해지면서 그것이 학생 자신들에게 이롭다는 생각이 들 때 서서히 만들어진다. 그래서 이전보다 좋은 결정을 내릴 수 있도록 충분히 토론하는 숙의과정을 만들어줄 필요가 있다. 학생들이 학급에서 하고 싶은 것들을 맘껏 상상하게 해야 한다. 상상한 것들을 모두 꺼내놓고 장단점도 파악하고 서로 논쟁하게 하자. 충분한 검증을 통한 결정이라면 그 결정이 미흡하더라고 존중해 주어야 한다. 이런 과정만으로도 교육적 효과를 충분히 거뒀다고 할 수 있을 것이다.

학급회의에서 안건 상정은 매우 중요하다. 그런데 학급회의 주제를 정할 때부터 난관에 부딪히는 경우가 많다. 학생들이 아무런 의견을 내지 않거나, 어찌어찌 의견을 내더라도 너무 형식적일 때가 있다. 의무감에 일부러 무언가를 지적해서 내는 경우도 있다. 이럴 경우는 어떻게 대처해야 할까? 미리 설문조사를 하면 안건에 대한 상상력을 키울 수 있다.

학급회의 안건을 정하기 위한 1차 설문조사

학급회의 주제를 선정하기 위한 설문조사를 실시해 보자. 설문조사는 굳이 학급회의 시간에 할 필요는 없다. 조회 시간이든 쉬는 시간이든 설문지를 나누어주고 모둠별로 토론한 후 회장이 수합하면 된다.

[학급회의 주제1] 1년 동안 지내면서 우리 반 친구들과 좋은 추억이 하나쯤 있으면 좋지 않을까요? 4월과 5월에 가장 하고 싶은 것은 무엇인가요? 아직 생각해 보지 않았다면 모둠별로 토론하면서 생각해 보세요. 4월 15일(월) 학급회의 안건으로 우리 반이 가장 하고 싶은 것들을 모두 적어봅시다.

생각 거리	가. 이 안건을 정한 이유는?
	나. 이 일을 하고자 하나, 어렵다면 무엇 때문일 것 같나요?
	다. 이런 문제를 해결하는 방법에는 무엇이 있을까요?
결과	1. 학급 단합 활동 2. 생일편지 써주기 3. 삼겹살 파티

학급회의를 위한 설문 결과 정리

1. 학급 단합 활동	
이유	● 수련회가 숙박이 없이 일일 현장 체험학습이기 때문. ● 반 친구들의 선호도가 가장 높아서(2명) ● 우리 반의 협동을 위해서(2명) ● 친구들과 더 가까워질 수 있다.(2명) ● 타 반과 야영을 하고 싶다. 다른 반에도 친한 친구가 있고 좋은 추억이 된다.
문제	● 친구들끼리 학교를 돌아다니거나 사고를 칠 수 있다. ● 사고가 발생할 수 있다. ● 싫어하는 친구도 있다.(2명) ● 허락을 받는 것과 뒷정리 문제. ● 인원수가 많아 통제가 어렵다. (타 반과 함께 할 경우)
해결	● 그런 친구가 있으면 선생님께 알린다. ● 관리를 붙인다. ● 싫어하는 친구를 설득한다. ● 선생님을 설득하고 뒷정리를 잘 한다. ● 최소한의 규칙을 만든다. 학생 중에도 통제 가능한 학생을 선발한다.
2. 생일 편지 써주기	
이유	● 매달 친구들끼리 축하하면 기분이 좋다. ● 반에서 실시하기 좋고, 우정을 쌓을 수 있다.
문제	● 축하를 안 해주고 참여하지 않는다. ● 친구가 편지를 성의 없이 쓰면 상처가 될 수 있다.
해결	● 축하를 안 해주면 벌칙 정하기. ● 이상한 편지를 걸러 낸다.
3. 삼겹살 파티	
이유	● 1학년 때의 경험. ● 재미있는 추억을 위해서.
문제	● 냄새가 잘 안 빠짐.

설문조사를 위한 문항을 만들 때는 학급회의를 주관할 학생회장과 1차 상담을 한다. 그리고 학급회의에 도움을 줄 수 있는 학생들까지 함께 모여 어떻게 만들지 논의한다. 물론 학생들과 논의하지 않고 담임교사가 그냥 쉽게 만

들 수도 있다. 하지만 그런 경우 효과가 반감된다. 왜냐하면 학급회의는 학생들에 의해 진행되는데, 담임교사가 미리 만들어주게 되면 문제에 대한 고민 없이 학급회의가 진행돼버리기 때문이다. 좋은 학급회의를 기대하기 어렵다. 항상 당사자가 고민을 하게 하는 것이 매우 중요하다.

학생들은 이런 설문 문항들을 만들어가는 과정 속에서 '학급회의를 어떻게 진행시켜야겠다.'는 대강의 생각을 정리한다. 그리고 설문 결과를 분석하는 과정에서도 무엇을 쟁점으로 할지 생각하게 된다. 1차 설문조사로 쟁점이 잘 안 잡히거나 쟁점을 좀 더 명확히 하고 싶다면 학급회의 안건 상정을 위한 2차 설문조사를 실시한다.

학급회의 안건을 정하기 위한 2차 설문조사

4월 15일(월) 학급회의에서 우리 반 안건을 정하고자 합니다. 1차 설문조사 내용을 바탕으로 여러분의 의견을 묻고자 합니다. 다음 안건을 상정하는 것에 대해 찬성과 반대 의견을 표시해 주시기 바랍니다. 해당란에 √을 표시해 주시면 됩니다. 활동 방식이나 찬성 및 반대 이유에 대해서도 √로 표시해 주세요.

안건 1 : 학급단합 활동							
						야영(또는 단합 활동) 방식	선택
찬성	16	적극	보통	소극	1	학교에서 1박을 하지 않고 저녁까지 하는 학급 단합 형식.	
					2	학교에서 1박 2일 야영.	
			13	3	3	밤 9시까지 정하여 귀가할 학생들은 귀가하고 나머지 학생들만 1박 2일 야영을 한다.	
					4	희망 학생들만 한다.	
					5	가능한 모두가 참여한다.	
						반대 이유	선택
반대	8	적극	보통	소극	1	싫어하는 친구들의 입장도 생각해야 한다.	
					2	친구들끼리 돌아다니면서 사고가 발생할 수 있다.	
			2	6	3	학교(또는 선생님)의 허락을 받기 어렵다.	
					4	뒷정리가 잘되지 않아 우리 반 이미지가 나빠진다.	
					5	통제가 어렵고 민원이 생긴다.	

안건 2 : 학급단합 활동						
찬성	17	적극	보통	소극	**생일 행사 방식**	선택
					1 생일 편지 써주기.	
		4	12	1	2 생일 축하 행사.	
					3 나의 또 다른 의견(롤링페이퍼)	
반대	7	적극	보통	소극	**반대 이유**	선택
					1 축하를 해주지 않은 친구들이 있다.	
			1	6	2 생일 편지나 행사를 성의 없이 해서 상처가 된다.	
					3 이상한 편지를 쓰는 친구들도 있다.	

안건3 : 학급 생활 규칙							
구분	찬성				반대		
	합계	적극	보통	소극	합계	적극	보통	소극
지각	16	6	8	2	2		1	1
실내 정숙 (공놀이 등)	16	6	9	1	4	2	2	
수업 시간 학습 태도	17	2	15		2		2	

2차 설문조사는 1차 설문조사 결과를 바탕으로 어느 지점이 논쟁의 지점이고, 무엇을 중심으로 토론을 해야 할지, 명확하게 판단할 수 있도록 설문 문항을 구체적으로 만든다. 1차 설문조사 결과만으로 학급회의가 활발하게 진행되기 어려울 수가 있다. 학급야영(또는 단합대회)을 주제로 토론을 한다고 하면 일부 학생들의 강한 목소리 때문에 자칫 일방적인 결정이 날 수 있다. 토론 또한 원활히 이루어지지 않을 수 있다. 실제 설문조사를 해보면 반대 의견도 적지 않고 이유도 다양하다는 것을 확인할 수 있다. 찬성하는 측에서도 그 방식에 있어서는 다양한 의견이 존재한다는 것을 알 수 있다. 회장이 이런 상황을 파악하여 회의를 진행한다면 훨씬 다양한 의견을 들을 수 있을 것이다. 의미 있는 토론이 될 뿐만 아니라 회의를 어떻게 진행할지 감을 잡아 가게 될 것이다.

학급야영을 주제로 토론하는 경우를 상상해보자. 우선 민주주의는 단순히 다수결로 결정하는 것이 바람직하지 않다는 것을 상기시킨다. 토론의 필요성을 강조한 다음, 찬성 의견도 많지만 반대 의견도 적지 않다는 것을 알려주어야 한다. 서로의 의견을 존중하여 충분히 토론한 후, 결정하게 한다. 단순히 찬성과 반대 의견만 물어보는 토론을 한다면 수가 우세한 쪽 의견으로 일방적인 결정을 할 수밖에 없다. 이럴 때는 사전 설문조사 결과를 살펴서 논쟁이 될 수 있는 내용을 중심으로 토론하게 하면 활발한 토론이 가능하다. 설문 결과를 살펴 야영에 대한 찬반이 아니라, 야영을 하되 1박 2일로 할 것인지 당일로 할 것인지 토론하게 할 수 있다. 1박 2일로 한다면 밤 9시를 기준으로 귀가할 학생들은 귀가하고 나머지 학생들만 1박을 할 것인지, 귀가 시간 기준을 밤 9시로 할 것인지, 10시로 할 것인지 등 야영의 형식에 초점을 맞춰 토론하게 되면 토론이 훨씬 활발해진다. 그 외에도 프로그램의 내용이나 저녁 메뉴 등을 토론 내용으로 하면 1시간이 부족하다. 만약 회의 시간이 부족하거나 좀 더 숙의가 필요하다면 학급 단합활동(또는 야영) 기획팀을 꾸려보는 것도 좋다. 이들로 하여금 기획안을 만들게 하여 더 준비한 후, 논의할 수도 있다. 마곡중학교 2학년 2반의 학급회의는 이와 같이 토론을 준비하고 진행했음에도 시간이 다소 부족했다.

팁 주제를 정하는 설문조사를 할 때 가능하면 많은 예시를 제공하거나 모둠별로 인터넷 검색이나 선배들의 조언 등을 들어 학급 자치에 대한 풍부한 사례를 모으게 하면 더욱 효과적이다. 설문지를 만들 때도 회장과 모둠 대표가 함께 모여 대화를 하면서 문항을 만들면 여러 면에서 좋은 효과를 가져올 수 있다. 이 과정을 거치면서 회의를 진행하는 회장은 주제를 어떻게 선정할지부터 실제 회의에서 어떤 상황이 벌어질지 등을 충분히 생각한 후에 회의를 진행할 수 있게 된다.

이처럼 1,2차 설문조사를 통해 회의 주제를 정하면 그다음 과정으로 학급회장이 회의를 진행하는 준비를 하게 한다. 학급회장에게도 회의 진행에 대한 상상력을 키워줘야 한다.

학급회의 진행을 위한 학급회장 연수

처음 학급회장이 된 학생들은 학급회의를 어떻게 진행할지 모를 것이다. 학급회의를 진행하기 위한 연수가 필요한 이유다. 대의원회의 결정사항이나 학생회 활동보고 등 학생회 전체 차원의 활동이나 학급 자치를 위한 학급회의 안건 상정 등을 고려한 전체적인 학급회의 시나리오를 짜게 한다. 예시를 제시하여 설명해 주고 학급회장이 직접 회의 진행 계획을 세워 회의 진행 대본을 만들어 보게 한다.

2학년 2반 제2차 학급회의

2019. 4. 15.(월) 6교시

1. 개회 선언 : 학급회장
- ▶ 학급회장 : 지금부터 제2차 우리 반 학급회의를 진행하겠습니다.

2. 서기 선출 : 학급회장
- ▶ 학급회장 : 먼저 서기를 선출하도록 하겠습니다. 서기를 추천해 주세요.
- ▶ 학급회장 : OO님께서 추천되었습니다. OOO님께서 서기로 수고하시겠습니다.

3. 활동 보고 : 서기, 담당 학생
- ▶ 학급회장 : 서기는 제1차 학급회의 내용과 진행 상황을 알려주시기 바랍니다.
- ▶ 서기 : 제1차 학급회의 내용 낭독
- ▶ 서기(또는 담당 학생) : 진행 상황 보고

4. 대의원회의 결과 설명 및 대의원회의에서 정해진 안건 토의 : 학급회장
- ▶ 학급회장 : 1차 대의원회의 토론 내용 보고
- ▶ 학급회장 : 대의원회의에서 결정된 안건 토론 진행

지금부터 제 1차 대의원회의 안건인 'OOO'에 대해 논의하겠습니다. 자유롭게 이야기해주세요.

5. 학년회의 결과 설명 및 안건 토의 : 학급회장

▶ 학급회장 : 학년회의 토론 내용 보고

▶ 학급회장 : 학년회의에서 결정된 안건 토론 진행. 지금부터 2학년 학년회의 안건인 'OOOOOO'에 대해 논의하겠습니다. 자유롭게 찬반에 대해 이야기해주시기 바랍니다.

6. 우리 반 안건 상정 : 학급회장

▶ 학급회장 : 지금까지 1, 2차 설문조사 결과 우리 반에서 진행되었으면 하는 학급 행사로는 학급야영, 생일행사, 삼겹살파티 등이 있습니다. 학급 규칙으로는 지각 문제, 실내 정숙(공놀이 등), 수업 시간 태도 적기 등의 의견들이 나왔습니다. 이 의견 외에도 논의가 필요한 내용이 있으면 주저 없이 말씀해 주시기 바랍니다.

▶ 학급회장 : 먼저 우리 학급행사에 대해 논의할 내용을 말씀해 주시기 바랍니다. OOO 님께서 OOOOO에 대해서 논의하자는 의견을 말씀해 주셨습니다. 이 안건을 논의하시길 원하십니까? 또 다른 안건이 있으면 말씀해 주시기 바랍니다.

▶ 학급회장 : 우리 학급 행사에 대해서는 학급야영, 생일행사 두 개의 안건이 채택되었습니다. 이번에는 학급규칙에 대해 논의할 내용을 말씀해 주시기 바랍니다.

▶ 학급회장 : 학급규칙에 대해서는 '지각', '실내 정숙', '수업 태도' 세 개의 안건이 채택되었습니다.

7. 안건 토론 : 학급회장

▶ 학급회장 : 먼저 학급야영에 대해서 논의하겠습니다. 학급야영에 찬성하더라도 그 진행 방식은 다양하게 할 수 있을 것입니다. 먼저 찬성과 반대 의견을 듣고 학급야영에 대한 실행 여부를 결정한 다음 소수 의견도 반영하여 가장 적절한 방식을 찾는 방식으로 회의를 진행하겠습니다.

▶ 학급회장 : 학급야영에 대한 찬성과 반대 토론을 진행하겠습니다.

- 학급야영에 대해 찬성 의견을 듣겠습니다. 누가 먼저 해주시겠습니다. 손을 들어주시기 바랍니다. OOO 님 말씀해 주세요.

- 이 번에는 반대 의견을 듣겠습니다. 누가 먼저 해주시겠습니다. 손을 들어주시기 바랍니다. OOO 님 말씀해 주세요.

- 이번에는 찬성 쪽 의견을 한 번 더 듣겠습니다.

- 이번에는 반대쪽 의견을 한 번 더 듣겠습니다.

▶ 학급회장 : 그럼 찬반 토론을 여기서 마치고 손을 들어서 결정하겠습니다. 찬성이 과반수가 될 때 이 안건이 결정됩니다. 현재 정원은 25명이므로 과반수는 13명입니다.

▶ 학급회장 : 일단 찬성(또는 반대)로 결정되었습니다. 소수 의견도 존중해서 어떻게 진행할지는 기획팀을 꾸려서 자세한 계획을 세워서 다시 논의하도록 하겠습니다.

▶ 학급회장 : 이제 다음 안건인 생일행사에 대해 토론하겠습니다. 진행 방식은 비슷함.

▶ 학급회장 : 이번에는 학급규칙에 대해 토론하겠습니다. 진행 방식은 비슷함.

8. 회의록 낭독 : 서기

▶ 학급회장 : 회의록을 낭독하겠습니다. ○○○님 회의록을 낭독해 주시기 바랍니다.

▶ 서기 : 회의록을 낭독하겠습니다.

9. 폐회 선언 : 학급회장

▶ 학급회장 : 회의에 적극 참여해 주셔서 감사합니다. 이상으로 제2차 우리 반 학급회의를 마치겠습니다.

학급회의 의결사항 집행

2차 학급회의(4월 15일(월) 6교시)에서 결정된 학급야영을 실시하기 위해서는 미리 정해야 할 것이 많았다. 야영의 형식도 정해야 했고, 프로그램과 저녁 메뉴 및 간식, 그리고 예산도 확정해야 했기 때문에 또 한 번의 회의가 필요했다. 학급회장을 중심으로 학급야영 준비위원 6명을 정하여 초안을 마련하고 학급회의를 다시 열었다. 그 결과를 바탕으로 학급회장이 학급야영 계획서를 작성한 후 학급야영을 실시하였다.

2019 2학년 2반 학급 야영 계획

2019년 6월 5일 작성자 : 김소희(학급회장)

목적	학급 학생들의 친목을 도모하고 협동심을 기른다.		
개요	**가. 일시** : 2019년 6월 7일(금) 16:00 ~ 8일(토) 08:00 **나. 장소** : 마곡중학교 어울림터, 시청각실, 도서관 등 **다. 대상** : 2학년 2반 희망자 25명 **라. 야영 준비위원** : 김소희(총괄), 주현우(총괄), 정예지, 문준영, 장현, 석채희 **마. 지도교사** : 김승규(2학년 2반 담임교사-총괄책임), 김근우(체육건강부-지원)		

일정	시간	활동 내용	준비물 및 주의 사항
	6월 7일(금) 17:00	하교 후 다시 집합	
	17:00 ~ 18:30	게임	물놀이(물풍선 필요)
	18:30 ~ 19:30	저녁식사	엽기떡볶이 미리 주문
	19:30 ~ 20:30	게임	경찰과 도둑, 피구 등
	20:30 ~ 21:00	간식	과자, 음료수 미리 구매
	21:00 ~ 24:00	게임 및 쉬는 시간, 취침	
	6월 8일(토) 07:00	기상 및 주변 정리	
	8:00	해산	

준비물품 및 예산	준비물품	가격(원)	참고
	엽기떡볶이 B세트 5개	95,000	회비(개인당 5,000원)
	과자, 음료수	30,000	
	물풍선	5,000	링크
	합계	130,000원	

준비물	학급회비(5000원), 침낭, 여분의 옷, 물총 등

민주적인 의사결정구조 만들기

18년 마곡중학교 학생회는 학생회 부장회의, 부서회의, 대의원회의 그리고 학급회의가 톱니바퀴처럼 유기적으로 돌아가게 하려면 어떻게 해야 할지 고민하기 시작했다. 그 결과 많은 진전이 있었다. 서울강서지역에는 중학교의 젊은 교사들이 주축이 된 '민주주의 교육을 위한 토론교육 연구 교사모임'이 있다. 19년에는 이 모임이 서울시교육청과 함께 협력하여 '학급 자치를 위한 교사직무연수'를 실시했다. 직무연수의 한 과정으로 마곡중학교 대의원회의 모습을 관찰하고 토론하는 시간이 있었다. 60여 명의 학급회장 및 부서장들이 도서관에 모여 1년간의 활동을 평가하는 회의였다. 온전히 학생회가 주관하여 진행한 퍼실리테이션을 활용한 회의였다. 회의를 관찰한 교사들의 반응은 감탄 그 자체였다. 중학교 수준에서 이 정도의 대의원회의가 진행될 수 있다는 것에 놀라워했다. 교사들은 회의에 참여한 학생들을 아낌없이 격려해주었다.

민주적인 토론문화의 필요성

17년 마곡중학교 교사워크숍에서는 학생자치활동이 전교생의 의견을 제대로 수렴하지 않은 상태에서 학생회 부원들 중심으로만 운영되고 있다는 비판이 나왔다. 이런 의견은 학생들의 학생회 평가 설문에서도 제기되었다. 교사들은 전교생이 적극 참여할 수 있는 자치활동을 주문했다.

18 마곡중학교 학생회는 이를 적극 수용했다. 전교생이 대중적으로 참여할 수 있는 토론문화 정착에 역점을 두고 민주적이고 합리적인 의사결정구조를 만들고자 노력했다. 전교생이 적극 참여할 수 있는 환경을 위해서는 학급회의 활성화가 무엇보다 중요했다. 원활한 학급회의 진행을 위해서는 회의를 진행할 학급회장들의 회의 진행 역량을 한층 강화해야 한다. 이를 위해 학급

회장 대상 퍼실리테이션 교육을 실시하였다. 설문조사를 통한 대중적인 의견 수렴 및 부장회의, 대의원회의, 학급회의, 부서회의 등이 긴밀히 연계된 의사 결정구조를 만들고 실천할 필요가 있었다.

주요 활동 내용

마곡중학교는 숙의 민주주의를 위해 학생회 차원의 학생회 주관 사업에 대한 설문조사를 실시하였다. 각종 회의를 통한 의견수렴, 부·차장회의, 대의원회의, 학급회장 연수(퍼실리테이션 교육), 학급회의, 부서회의, 학생회 주관 행사 진행 등으로 이어지는 민주적 의사결정 구조를 갖추기 위해 노력하였다.

그 외에도 생활협약 제·개정을 위한 원탁회의 및 공개토론회, 자치캠프의 원탁회의, 선거법 개정을 위한 다모임, 학생회 정부회장 선거를 위한 선거관리 위원회 연수 및 회의, 선거 입후보자 공개토론회 등 민주적인 토론문화 정착을 위한 연수 및 토론회가 일상적으로 이뤄지고 있다.

토론기획부는 학생회 주관 행사를 결정하기 전에 학생회 주관행사에 대한 제안을 받거나 의견을 수렴한다. 학생, 학부모, 교사들로부터 들어온 제안이나 수렴한 의견은 부장회의나 관련 부서회의를 통해 검토한다. 필요성이 인정되면 사업을 진행할 주관부서를 정한다. 학교축제 같은 큰 행사라면 위원회를 따로 만들어 준비한다. 업무 주관부서나 위원회는 설문조사나 학급회의 등을 통해 일차적으로 의견을 모아 학생들의 관심사항을 파악한 후, 계획서 초안을 만든다. 그리고 다시 한번 학생들의 관심사항들에 대한 논쟁 지점들을 찾아 학급회의 토론을 거쳐 초안을 수정 보완한다. 이를 바탕으로 계획이 수립되면 대의원회의의 안건으로 제출한다.

의견 수렴 및 제안(설문조사, 부서의견, 학급의견, 개인의견 등) ⇒ 검토 및 안건 상정(부장회의, 학년회의)
⇒ 학급회장 연수(퍼실리테이션 교육 등) ⇒ 대의원회의(안건 논의 및 결정) ⇒ 학급회의(대의원 결정사항
공유, 학급 자치 사항 의결) ⇒ 부장회의(학급회의 의견 수렴 및 학생회 주관 행사 집행 계획 수립) ⇒
부서회의(학생회 주관 행사 계획 수립) ⇒ 실행

의견수렴 및 제안

학생회 주관 사업을 정할 때 먼저 의견을 수렴한다. 의견수렴은 학급회의,
학년회의, 부서회의 등 다양한 경로를 통해 학생들의 의견을 수렴한다. 그리
고 학부모님들이나 교사들로부터 들어온 제안도 있을 수 있다.

검토 및 안건 상정

여러 경로를 통해서 제안된 의견들은 학년회의, 부·차장회의를 통해 검토
하여 대의원회의에 상정할 안건이 정해진다. 대의원 1/4의 발의에 의해서도 안
건 상정될 수 있다.

안건 논의 및 결정

대의원회의에 상정할 안건이 결정되면 회장단과 토론기획부가 상의하여 대
의원회의를 준비한다. 회장단은 전체 회의 진행을 어떻게 할지 결정하고, 토
론기획부는 회장단과 상의하여 대의원회의 진행에 필요한 회의 자료를 만든
다. 회의 진행은 회장단에서 하며 토론기획부는 진행을 도와주는 역할을 한
다. 대의원회의에 상정한 안건은 충분한 토론을 거쳐 민주적으로 결정한다.

학급회장 대상 퍼실리테이션 교육

대의원회의에서 학생회 주관 사업이 결정되면 토론기획부는 학급회의를 진
행할 자료(학급회의 진행 설명 PPT, 퍼실리테이션 방식의 회의 진행 자료 등)를 만든다. 학급

회장들을 학년별로 나누어 학급회의 진행을 위한 퍼실리테이션교육을 실시한다. 퍼실리테이션교육은 토론기획부를 중심으로 회의진행 경험이 많은 학생회 임원들이 함께 참여한다. 결정된 안건 사안에 맞춰 적절한 퍼실리테이션 기법을 활용하고 있다.

마곡중학교는 활발하고 일상적인 토론문화가 정착되어 있다. 학교를 방문하면 언제든 회의하는 학생들의 모습을 쉽게 볼 수 있을 것이다. 대의원회의나 학급회의, 원탁회의 등을 진행할 때는 퍼실리테이션을 활용한 회의가 주를 이룬다.

학생회 부장이나 차장들은 퍼실리테이션 관련 연수를 길게는 30시간, 짧게는 6시간 정도 받았다. 1학년 때부터 받은 학생도 있고, 2,3학년을 거쳐 2회를 받은 학생도 있다 보니 꽤 익숙해져 있다. 그냥 연수만 받은 것이 아니다. 부서회의, 학급회의, 대의원회의 등에서 계속 활용되고 있어 퍼실리테이션을 활용한 회의가 자연스럽게 진행된다.

학생들의 자치활동을 위한 퍼실리테이션 교육은 학생회의 토론기획부가 직접 담당하고 있다. 대의원회의 준비도 토론기획부의 몫이다. 학급회의를 진행할 학급회장들을 대상으로 한 퍼실리테이션 교육도 학년별로 나누어 토론기획부에서 모두 담당한다. 토론기획부는 학급회의 진행을 위한 PPT자료를 제작하여 각 학급에 배포함으로써 학급회의 진행을 돕는다.

마곡중학교에 토론문화가 정착되기까지 강서연합의 지원을 많이 받았다. 강서연합에서는 학년말 차기 학생회를 이끌어갈 새로운 회장단이 선출되면 각 학교의 회장단 중심으로 학생들을 모집하였다. 겨울방학을 이용하여 4~5일 동안 전문 강사를 초청, 집중적으로 연수를 실시하였다. 연수는 16년부터 매년 실시하고 있다. 처음에는 학교당 5~6명씩 추천받아 40명을 대상으로 실시하였는데 그 효과가 매우 컸다.

17 강서연합 교사워크숍에서는 학생자치활동 활성화를 위해선 토론문화

활성화가 필요하다는 의견이 모아졌다. 따라서 18년 1학기 중, 토요일 하루를 잡아 강서연합 소속 학생 100여 명을 선발히여 민주시민캠프를 개최했다. 겨울방학에는 학생 수를 대폭 늘려 4개 반(16년 1개 반, 17년 2개 반)을 모아 30시간(5일) 동안 차기 학생회 임원들을 대상으로 퍼실리테이션 교육을 실시하였다. 마곡중학교는 이와 별도로 2월 중에 이미 선출한 학생회 부장과 차장을 대상으로 이틀간 퍼실리테이션 교육을 실시하였다.

학생회 임원 대상 퍼실리테이션 교육의 효과는 매우 컸기에 대상자를 넓혀가다 보니 많은 예산이 필요했다. 학생회 임원 일부를 대상으로 할 때도 적지않은 예산이 소요되고 있었다. 그 상황에 학교 단위 전체 임원들까지 확대하려 하니 불어나는 예산을 감당하기 어려웠다.

이를 해결하기 위해 18년부터 서울 강서·양천지역의 젊은 교사들이 모여 민주주의 교육을 위한 토론교육을 연구하는 교사 모임(이하 '강서 민주주의 토론교사 모임')을 조직했다. 19년에는 2030의 젊은 교사들 중심으로 20여 명이 모인 어엿한 조직으로 성장하였다. 강서 민주주의 토론 교사 모임이 있어 이제는 대중적인 퍼실리테이션 교육이 가능해졌다. 근무하는 학교뿐만 아니라 강서연합 소속 학교에서 요청이 오면 교육을 나가 인근 학교의 토론문화 확산에도 크게 기여하였다.

강서 민주주의 토론교사 모임은 월 1회 정기모임을 한다. 강서연합과 긴밀히 협력하면서 민주시민캠프나 차기 학생회 임원 대상 겨울방학 퍼실리테이션 교육을 지원했다. 서울시교육청의 민주시민교육과와 협력하여 교사 직무연수도 실시했다. 타지역 중학교의 토론문화 활성화를 위해서도 지원을 아끼지 않고 있다.

그럼에도 불구하고 서울 강서지역의 토론문화 활성화를 위해 단위학교까지 교육을 확대하다 보니 적지 않은 예산이 필요했다. 이 예산은 모두 강서구청의 강서혁신교육지구 예산 중 교육경비보조금 형태로 지원되고 있는데 정말 큰 힘이 되었다. 강서구청에서는 혁신교육지구 사업 중, 학교의 민주시민교육에 대해 지대한 관심을 가지고 물심양면으로 적극 지원해 주고 있어 늘 감사한 마음이다.

학급회의·학급 자치활동

학급 회장들은 퍼실리테이션 연수를 참고하여 학생회 전체 차원의 안건과 학년 차원의 안건을 논의한 후, 학급 자치를 위한 논의를 진행한다. 진행 순서나 논의할 내용들은 학급의 사정에 따라 조정할 수 있다. 학급 자치가 중요하다고 판단하면 주로 학급 자치에 대해서만 논의될 때도 있다. 담임교사는 필요시 조언을 하지만 대체로 학생들 스스로 모두 진행한다. 학급회의가 끝나면 회의록을 작성하여 학생회에 제출한다. 그리고 학급 자치 관련 결정사항에 따라 학생자치활동을 실시한다.

학생회 주관사업 실행계획 수립 및 실행

학급회의가 끝나면 토론기획부에서 학급회의 회의록을 수합하여 취합한 내용을 학년회의나 부장회의에 알려준다. 부장회의에서는 학급회의 의견들을 반영하여 실행 방안을 논의한다. 실행 부서나 위원회 등이 결정되면 주관

부서나 위원회에서 최종 계획을 수립하여 실행에 옮기게 된다. 그리고 학년 회의에서는 해당 학년의 논의 사항을 결정하고 실행에 옮긴다. 특히, 2학년은 차기 학생회를 준비하는 차원에서 학년 단위 학생자치활동을 적극 지원하고 있다. 예를 들어 2학년 1학기에는 민주주의의 가치(函)와 태도를 기르기 위한 창의체험 민주시민교육과 민주주의 주간 행사 등, 민주주의 교육과 관련된 2 학년 자치활동을 활발하게 진행했다. 2학기에는 선거관리위원회 중심으로 차기 학생회 정부회장 선거 준비 관련 내용을 논의하여 선거 준비를 돕는 일에 역점을 두고 있다.

마곡중학교의 민주적 의사결정

매월 1~2회 진행되는 학급회의를 통해 전교생의 의견을 반영하고 실행할 수 있는 민주적 의사결정 및 실행 과정이 필요했다. 특히, 학급회의 활성화를 위해서 학생회 차원의 치밀한 준비와 학급회장들의 회의 진행능력을 키우기 위한 퍼실리테이션 교육에 역점을 두고 있다.

마곡중학교 의사결정 및 실행 과정

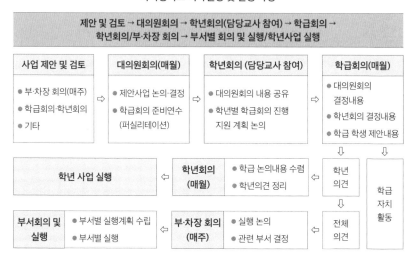

학생회 조직 및 운영

12월 말에 학생회 정·부회장 선거가 끝나면, 당선된 회장단을 중심으로 차기 학생회의 사업들을 확정하고 사업을 실행할 부서 조직과 역할을 정한다. 그리고 부·차장 선출위원회를 조직하여 새 학년이 시작되기 전인 봄방학 전, 늦어도 2월 초에 부·차장을 모두 선출한다. 그렇게 학생회임원단이 꾸려지면 차기 학생회 활동 계획을 세운 후, 새 학기가 시작되면 바로 활동에 들어간다.

학생회 부서 정하기

부서는 어떻게 정해야 할까? 학생회 정·부회장으로 당선되면 꼭 이 질문을 한다.

"선생님 부서는 어떻게 정해요?"

질문을 받으면 부서가 무엇을 하는 것인지 되물어서 부서란 학생회가 해야 할 일을 결정하면 그 일을 책임지고 실행하는 조직이라는 것을 이해하게 한다. 그리고 다시 되묻는다.

"그러니 부서를 정하려면 무엇이 정해져야 하겠어요?"

부서를 정하려면 우선 올해 우리 학생회가 할 일이 뭐고 중점 사업은 무엇인지 결정하는 것이 먼저다. 그런 후에 그에 맞는 부서는 어떻게 정하고 부장 선출을 어떻게 할 것인지 논의하는 것이 순서다.

올해 활동 목표와 역점 사업들을 정리한 후 기존 부서의 존폐 여부와 명칭 변경, 그리고 새로 필요한 부서 등을 논의하여 부서의 명칭과 부서의 역할을 조정한다.

학생회 조직표

- 올해 학생회 정부회장이 선출되면 부서조직위원회를 조직한다.
  ※ 부서 조직위원회는 새 회장단을 중심으로 조직한다.

- 올해의 학생회의 활동 목표와 역점 사업들을 정리한다.
  - 먼저 회장단의 공약과 선거에 같이 참여했던 다른 후보들의 공약을 함께 검토하여 올해 학생회가 중점을 두고 해야 할 일을 정한다.
  - 지난해의 학생회 사업 평가 내용을 살피고, 학생을 포함한 학교의 3주체의 제안 사업들도 검토한 후 올해의 활동 목표와 역점 사업을 정리한다.

- 새 부서의 명칭과 역할을 정한다.
  - 기존 부서의 존폐 여부와 명칭 변경 등에 대해 논의한다.
  - 새로 필요한 부서를 논의하여 새 부서의 명칭과 역할을 정한다.

학생회 부·차장 선출 및 부원 모집

부장과 차장은 학생회 임원으로서 민주적인 가치(觀)과 태도를 갖추고 있어야 한다. 자신의 부서뿐만 아니라 학생회 전체의 활동 목표나 사업에 대해서도 잘 알고 있어야 한다. 타 부서와 서로 소통하고 협력할 줄 알아야 한다. 어려운 일이 생기면 서로 협력하여 집단지성으로 함께 문제를 해결할 수 있는 민주적인 덕성도 갖춰야 한다.

또 부원들과 함께 부서 활동을 민주적으로 운영할 수 있는 민주적 리더십을 갖추고 있어야 한다. 그 해 부·차장의 구성은 전체 학생회뿐만 아니라 부서 활동에 지대한 영향을 미치게 된다. 그 결과 학생생활문화까지도 큰 영향을 미친다. 따라서 부장과 차장을 신중하게 선출해야 한다. 결코 소홀히 할 수 없다.

부서 조직과 역할이 정해지면 각 부서의 부·차장을 선출할 준비를 한다. 각 부서의 부장과 차장을 선출하는 방식은 참 어려운 일이다. 때로는 기존의 부서에서 추천하는 방식으로 정하기도 하고 때로는 새 회장단을 중심으로 다시 선출하기도 한다. 둘 다 장단점이 있어 매번 바뀌기 일쑤였다. 이는 강서연합의 여러 학교에서도 공통적으로 나타난 현상이었다. 그러다가 2018학년도 부·차장 선출 방식이 많은 호응을 받으면서 2019년에도 같은 방식으로 선출하여 조금씩 자리 잡아가고 있다.

차장 선출은 이미 선출된 부장도 함께 참여하여 그 부서에 맞는 선출 규칙을 정해 선출한다. 이렇게 부장과 차장이 선출되면 회장단 및 부·차장 전체가 모인 부·차장회의에서 2019학년도 주요 역점 사업들을 검토한 후, 부서별로 유기적인 협력 방안을 논의한다. 검토 및 논의 결과 각 부서의 역할 및 주요 사업들을 정한다. 새 학년이 되면 곧바로 부서별 부원 모집 계획을 세워 홍보하고 부원을 모집한다. 이로써 3월 중에 거의 모든 부서 조직이 갖추어지게 된다. 부원들이 모집되면 부서별로 부서의 역할과 기존 사업내용 등에 대한 오리엔테이션을 실시한다. 부서회의를 통해 부서의 사업 내용들을 정한 후 계획서를 수립하여 활동한다.

학생회 부·차장 선출 과정

[설문조사]

부·차장 선출위원을 선발하기 위한 설문조사(교사 및 학생)를 실시한다.

※ 학생들을 대상으로 설문을 할 때는 부·차장 선출위원으로 적합한 학생을 구체적으로 떠올릴 수 있는 설문을 만든다.

[선출위원 선발]

부·차장 선출위원을 선발한다.

※ 설문조사 결과가 나오면 회장단에서 차기 학생회 부·차장 활동을 희망하지 않은 학생들로 부·차장 선출위원회를 조직한다.

※ 학생들이 추천한 순서대로 선출위원회 활동 희망 여부를 물어 선출위원을 임명한다. 설문조사 결과를 바탕으로 희망 여부를 물으면 대부분의 학생들이 기꺼이 참여한다. 때론 전년도 학생회 정·부회장 등을 자문위원이나 선출위원으로

요청할 때도 있다.

[규칙 정하기]

부·차장 선출위원들이 정해지면 선출위원회 회의를 열어 선출을 위한 규칙을 정한다.

[공지]

각 부서의 부장 및 차장을 어떻게 선발할 것인지 규칙을 정하고 전교생에게 공지한다.

[희망 원서 배부 및 접수]

부·차장 희망 원서를 배부하고 기간을 정해 희망 원서를 접수받는다.

※ 간혹 해외 체험학습 등으로 기간에 접수하지 못할 경우 미리 받을 수도 있다.

[면접]

부·차장 희망 원서들을 검토한 후에는 개별 면접을 실시한다.

※ 선출 위원은 대략 10여 명 내외로 조직되며 선출위원 각자가 공통의 질문을 만들어 면접을 실시한다.

[선출]

전년도 활동 내용(전년도 학생회 역할이나 활동 내용, 설문조사 결과 등), 부·차장 희망 원서, 설문조사 결과 등을 모두 참고하여 부·차장을 선출한다.

학생회 예산 효과적 사용법

학생회 예산은 총무부에서 관리한다. 예산 운영 계획을 세우는 것도 학생들이고 예산 집행도 학생들 스스로 결정하여 사용하게 되면서 많은 변화가 생겼다. 총무부에 대한 인식이 변했다. 예산을 사용할 때 서로 진지하게 협의하여 최대한 아껴 쓰는 모습을 볼 수 있었다. 그동안의 경험으로 보아 학생회 예산은 학생들이 책임지고 운영하게 할 때 가장 효과적으로 사용됐다. 예산을 짤 때는 전년도 예산 사용내역을 잘 살펴서 계획을 세웠다. 예상하지 못한 경우를 대비해 예비비를 따로 책정해둘 필요가 있다.

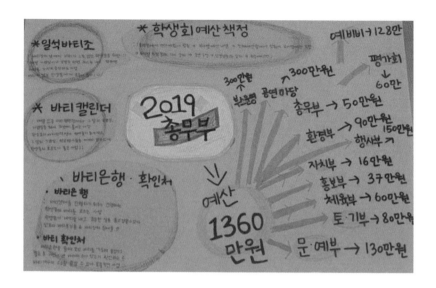

학생회 예산 초안 작성

학생회 각 부서는 부서회의를 통해 예산안 운영 연간 계획서를 작성한다. 총무부는 각 부서의 예산 운영 계획과 학교축제 같은 학생회 전체 차원의 사업 예산 운영 계획을 참고하여 학생회 예산 초안을 작성한다.

학생회 예산 초안 수정보완 및 최종 예산안 작성

학생회 예산 초안을 작성하다 보면 학생회에 배정된 예산을 많이 초과하게 된다. 총무부에서는 예산 초안을 가지고 각 부서 부장들과 협의하여 예산을 조정하는 과정을 거친다. 19년에는 학생회 각 부서가 요구한 예산이 학생회에 배정된 예산을 많이 초과했다. 때문에 학생자치부 예산이 아닌 타 업무부서에서 예산 지원이 가능한지 검토한 후 수정 보완하여 최종 예산안을 작성했다. 최종 예산안은 부장회의를 통해 검토해 대의원회의에 보고하여 최종 확정한다.

학생회 예산 집행

학생회 각 부서가 예산을 집행할 때는 항상 총무부와 먼저 상의한 후 학생자치부 담당교사에게 예산지출을 요구한다. 담당교사는 예산 집행이 부적절할 경우 학생들과 협의하여 예산 운영 계획을 수정한 후, 학교장 결재를 받아 예산을 사용하게 한다. 모든 예산은 총무부와 상의한 후 지출되므로 예산이 어떻게 사용되고, 앞으로 어떻게 쓰일지 판단할 수 있기 때문에 학생회 사업을 결정할 때 중요한 지표가 된다.

학생회 예산 운영의 효과

학생회 예산을 학생들이 직접 계획을 세워 운영하면서 적지 않은 변화가 생겼다. 제일 큰 변화는 학생들이 스스로 계획을 세워 예산을 사용할 줄 알게 된 것이다. 또 하나는 예산을 아껴 쓰는 것이다. 이전에는 학생들의 요구액이 많아 예산을 줄이기 위해 수정하곤 했는데, 예산을 학생들이 직접 관리하게 되면서 엉뚱한 방향으로 수정하게 되는 경우도 발생했다. 예산을 아끼기 위해 식비 등을 너무 적게 책정한 것이었다. 학생들의 건강을 위해 양보할 수 없는 일이었다. 학생들이 먹는 음식은 돈이 들더라도 가능하면 친환경 식품을 사용해야 한다. 어쨌든 이리저리 아끼려는 모습에 대견함이 느껴졌다.

총무부에 대한 위상도 많이 변했다. 전에는 총무부라고 하면 타 부서의 뒤치다꺼리나 하는 부서로 여겼지만 이젠 각 부서와 협의를 통해 예산을 조정하고 집행하는 책임을 맡고 있다. 또한 학생들의 많은 관심을 가지고 있는 학생회 화폐 바티를 직접 관리하게 되면서 학생들의 관심 또한 부쩍 커지고 있어 총무부의 위상은 한껏 높아지고 있다.

2019 학생회 부서별 예산 운영 계획

부서명	예산(천원)	내용	비고
문예부	1,300	신문제작 및 배포 800 제주 4·3추모행사 공모전 진행 500	창·체부 지원
자치부	160	등굣길 홍보 피켓 재료	인성안전부 지원
체육부	600	체육대회, M리그 진행	체육건강부 지원
총무부	500	학생회 부서별 간식 구매	
토론기획부	800	대의원회의 다과 및 준비물 구매	
행사부	1,500	4·3/ 4·11/ 4·16/ 5·15/ 5·18/ 8·14/ 10·31 11·11/12·25 행사	
환경부	900	바티 디자인 공모전, 바티장터 운영 캠페인(아침밥 먹기, 환경)	급식실 지원
홍보부	370	크로마키 배경지, 촬영용 조명 구매	
평가회비	600	학년말 부서별 평가회 진행	
예비비	1,280	예상하지 못한 활동비가 필요할 경우	
계	7,600		

※ 마곡중학교에서는 학생회 급식실, 체육건강부, 생활안전부, 창의체험부 등과 함께 하는 사업이 많기 때문에 관련 부서의 교사들과 협의하여 예산을 지원받고 있다.
　체육부의 경우 M-리그나 체육 행사 관련 예산은 '체육건강부', 자치부의 경우 학교폭력 예방교육을 위한 인권·평화교육 관련 예산은 '인성안전부', 문예부의 제주 4·3 추모공모제 관련 예산은 '창의체험부'의 선생님들과 협의하여 예산을 지원받고 있다. 배움나눔 장터 관련 예산은 급식실의 지원을 받고 있다.

※ 학교축제와 같이 비용이 많이 드는 예산은 따로 책정되어 있다.

※ 학급회의 활성화를 위한 학생회 임원들의 퍼실리테이션 교육 예산이나 자치캠프 예산 등은 강서학생자치연합회 예산의 지원을 받아 실시하고 있다.

2019 마곡중학교 자치활동 지원 예산

2019. 11. 11

분류	내용	금액(만원)	예산 교부처	비고
기본 예산	대의원회의	120	마곡중	**부서 운영 지원비**
	임원수련회	300	"	자치캠프, 다모임, 선거관리캠프 활동, 2학년 민주시민부스 활동 등
	부서 활동	100	"	**부서 운영 지원비**
	소계	**520**		
참여 예산	학생참여 예산1	200	서울시교육청	**부서 운영 지원비**
	학생참여 예산2	400	강서구청	**부서 운영 지원비** 강서혁신교육지구(교육경비 보조금)
	소계	**600**		
혁신 교육	축제 지원1	300	서울시교육청	무대 설치 지원비
	축제 지원2	300	"	부스 운영 지원비
	학생자치 활성화	300	"	학생회 활동
	소계	**900**		
자치 동아리	인권 동아리	200	서울시교육청	3학년 인권 동아리, 선거관리위원회
	소계	**200**		1. 마곡중학교 기본예산(교부처 : 마곡중)
합계		**2,220**		2. 혁신학교 운영 지원 예산(교부처 : 서울시교육청) 3. 강서구청 교육경비 보조금(교부처 : 강서구청)

학생회 부서 운영 지원비

분류	내용(만원)	부서명	금액(만원)	비고
기본 예산	120	문화예술	130	
		자치	16	
기본 예산	100	체육	60	
		총무	59	
학생참여 예산1	200	토론기획	80	
		행사	150	
학생참여 예산2	400	환경	90	
		홍보	37	
합계	820	평가회	60	
		공동사용	60	기 사용
		예비	78	
		합계	820	

이런 꿈같은 학교도 있었구나!

　책을 집필하는 내내 주마등처럼 스쳐 지나가는 추억들이 나를 미소 짓게 만들었다. 혁신학교를 꿈꾸며 삼정중학교와 마곡중학교에서 보낸 10년, 애환의 시간이기도 했지만 나에겐 늘 희망의 시간이었다. 동료들과 함께 쏟았던 열정, 미래교육에 대한 희망과 아름다운 상상들, 그럼에도 시간은 우리 편이 아닐 때가 가끔은 있었다. 그때마다 서로 의지하며 동료애로 함께 극복해냈던 과정들, 그 모든 순간이 나의 가슴에 뜨거움으로 남아있다.

　사실 처음부터 학생자치활동에 관심이 많았던 것은 아니었다. '어떻게 하면 생태환경교육을 의미 있게 잘해볼 수 있을까?'하는 단순한 고민이 시발점이 됐다. 동료교사들과 협력하는 과정 속에 지역사회와 연대하게 되고, 이 일을 계기로 학생들의 자치활동에 관심을 가지게 되었다.

　이전까진 단 한 번도 학생회 일을 직접 맡아본 적이 없었다. 처음엔 많이 서툴렀기에 당연히 실수도 참 많았다. 실패와 고난의 시간은 한동안 계속됐다. 그나마 다행인 건, 당시에는 자치활동에 대한 기대가 그리 크지 않던 시기라 의지가 꺾이지 않고 견뎌낼 수 있었다. 하지만 그 와중에도 학생들은 학생들 나름대로 성장하고 있었고 학교도 조금씩 변화되고 있었다. 의미 없는 실패는 없다는 걸 새삼 느낄 수 있었다.

　그렇게 3, 4년이 지나자 그 변화는 실로 경이로웠다. 학교 오는 것이 즐겁고 행복하다는 학생들로 넘쳐났고, 심지어 졸업하기 싫다는 말까지 터져 나왔다. 10년 묶은 체증이 뻥 뚫리는 듯했다, 교사로서 참으로 큰 보람을 느끼는 순간이었다. 결코 잊힐 수 없는 경험이었다. 이때부터 본격적으로 학생들의 자치활동을 지원하는 일에 전념하게 되었다.

학생차지의 비결은 무엇일까? 단언컨대 결코 특별한 비결은 없다. 어른들의 눈에 비치는 학생들은 여러모로 미숙하다. 그렇기에 두려움부터 앞선다. 하지만 두려움을 떨쳐내고 마음을 바꾸기만 한다면 기대하지 못한 놀라운 효과를 보게 될 것이다. 자기결정권에 초점을 맞춘 학생들의 자치활동과 학교와 사회의 전폭적인 지원만이 비결이라면 비결일 것이다. 학생들을 학교의 주권자로 인정하고 지원하는 주권자 교육이 핵심이다.

삼정이나 마곡중학교의 변화의 핵심에는 학생들 간의 소통과 협력을 통한 배움을 중시하는 수업혁신, 단 한 명도 포기하지 않겠다는 책임교육을 실현하기 위한 돌봄 교육, 학생들의 자치활동을 중심에 둔 민주시민교육이 톱니바퀴처럼 맞물려 돌아간 결과였다. 삼정중학교와 마곡중학교의 성장과정을 회상하면서 민주적인 학교문화가 얼마나 중요한지 다시 한번 느끼게 되었다.

이 책을 처음 쓰겠다고 마음먹은 것은 2014년쯤이었을 것이다. 평소 잘 알고 지내던 살림터의 정광일 사장님께서 삼정중학교의 자치활동에 대해 책을 써보자고 했을 때 자치활동을 통해 학생들이 성장하는 모습과 학교가 변하는 모습을 꼭 기록으로 남겨두고 싶었다. 비록 아직은 많이 부족하지만 이런 변화들을 학생자치활동에 관심을 가지고 있는 전국의 모든 교사들과 공유함으로써 더불어 배우고 발전시켜 나갈 수 있길 바라는 마음이 컸다. 그래서 흔쾌히 이 제안을 받아들였지만 막상 책을 쓰려 하니 쉽지 않았다. 그리고 학생자치활동을 지원하는 일 또한 만만치 않아서 미루고 미루다 결국 퇴직을 하고 나서야 쓰게 되었다.

2019년에는 2014학년도 학생회 활동에 참여했던 제자들과 두 차례 만나 많은 이야기들을 들을 수 있었다. 이 책을 쓰는 과정에서 삼정중학교와 마곡중학교 옛 제자들이 그 시절 솔직하게 썼던 글도 다시 읽어보게 되었다. 어느새 어엿한 어른으로 성장한 아이들과 전화 통화나 문자도 주고받았다. 모두가 한결같이 중학교 시절이 가장 행복했다며 입을 모았다. 학교 다닐 때는 몰랐는데 막상 상급학교에 진학하고 보니, 자신들이 다녔던 중학교는 "이런 꿈같은 학교도 있었구나!"라고 생각하게 됐단다. 미소가 절로 일었다. 생각해 본다. '나의 35년의 교사생활 동안 만약 이 시기가 없었다면?' 엄청난 상실감이 내 가슴에 금세 자리 잡는다.

반면에 아쉬움 또한 크다. 바라던 바를 다 이루지 못한 채 퇴직을 하게 됐기 때문이다. 비록 교육현장에서 한발 물러나게 되었지만 함께할 수 있는 길을 찾고자 한다. 서울 강서 지역의 젊은 교사들을 중심으로 교사 네트워크를 구축하였는데, 이를 적극 지원하는 일을 하고자 한다. 가능하다면 이 네트워크가 일부 지역과 혁신학교에 머물지 않고 확대 재생산되어 모든 학교로 확산, 학생자치가 뿌리내릴 수 있으면 좋겠다. 그곳에 미력한 힘이나마 보태려 한다. 난 굳게 믿는다. 젊은 교사들이 함께 모여 민주시민교육에 대해 함께 연구하고 실천할 때 우리 교육의 미래는 한층 더 밝아질 것이라고!

온라인과 오프라인을 함께 활용한 자치활동의 개발에도 힘써야겠다. 코로나19 상황으로 인해 그 필요성이 더욱 커졌다. 이 상황이 극복되더라도 온라인과 오프라인을 함께 활용한 자치활동은 여전히 유용할 것이다. 또한 생태민주주의 교육과정의 개발에도 힘쓰고자 한다. 이를 위해 현장의 교사들, 지역사회 시민사회단체, 학생회, 지역의 관련 기관과 연대하여 마을교육공동체를 조직하려고 한다.

주권자(主權者)교육에 기반 한 삼정중학교와 마곡중학교의 배움·나눔 민주시민교육은 나와 학교와 사회에 분명 적지 않은 성과와 변화를 가져다주었다. 그렇다고 반드시 그렇게 해야 된다거나 그렇게 하는 것이 옳다고 말할 수는 없다. 학교마다 사정이 다르고 일을 추진하는 주체들의 다양한 특성들이 존재하기 때문이다. 상황마다 창조적으로 대응하여 더 나은 민주시민교육이 학교마다 자리매김될 수 있길 바란다. 조그만 성과라도 발생한다면 좋고, 실패하더라도 소중한 경험으로 남을 것이다. 이런 경험들을 두루 공유하고 함께 발전시켜 나갈 수 있길 바란다.

끝으로 이 책을 끝까지 읽어주신 독자들께 깊은 감사를 드린다. 막상 책을 내놓게 되니 부끄럼이 앞서지만 민주시민교육에 대한 열망을 지닌 모든 사람들과 조그만 가능성이라도 함께 공유하고 싶은 마음에 이 책을 쓰게 되었다.

2021년 초봄
김승규

삶의 행복을 꿈꾸는 교육은 어디에서 오는가?

교육혁명을 앞당기는 배움책 이야기 혁신교육의 철학과 잉걸진 미래를 만나다!

한국교육연구네트워크 총서

01 핀란드 교육혁명
한국교육연구네트워크 엮음 | 320쪽 | 값 15,000원

02 일제고사를 넘어서
한국교육연구네트워크 엮음 | 284쪽 | 값 13,000원

03 새로운 사회를 여는 교육혁명
한국교육연구네트워크 엮음 | 380쪽 | 값 17,000원

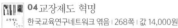
04 교장제도 혁명
한국교육연구네트워크 엮음 | 268쪽 | 값 14,000원

05 새로운 사회를 여는 교육자치 혁명
한국교육연구네트워크 엮음 | 312쪽 | 값 15,000원

06 혁신학교에 대한 교육학적 성찰
한국교육연구네트워크 엮음 | 308쪽 | 값 15,000원

07 진보주의 교육의 세계적 동향
한국교육연구네트워크 엮음 | 324쪽 | 값 17,000원
2018 세종도서 학술부문

08 더 나은 세상을 위한 학교혁명
한국교육연구네트워크 엮음 | 404쪽 | 값 21,000원
2018 세종도서 교양부문

09 비판적 실천을 위한 교육학
이윤미 외 지음 | 448쪽 | 값 23,000원
2019 세종도서 학술부문

10 마을교육공동체운동:
세계적 동향과 전망
심성보 외 지음 | 376쪽 | 값 18,000원

11 학교 민주시민교육의 세계적 동향과 과제
심성보 외 지음 | 308쪽 | 값 16,000원

12 학교를 민주주의의 정원으로
가꿀 수 있을까?
성열관 외 지음 | 272쪽 | 값 16,000원

한국교육연구네트워크 번역 총서

01 프레이리와 교육
존 엘리아스 지음 | 한국교육연구네트워크 옮김
276쪽 | 값 14,000원

02 교육은 사회를 바꿀 수 있을까?
마이클 애플 지음 | 강희룡·김선우·박원순·이형빈 옮김
356쪽 | 값 16,000원

03 비판적 페다고지는
세상을 변화시킬 수 있는가?
Seewha Cho 지음 | 심성보·조시화 옮김 | 280쪽 | 값 14,000원

04 마이클 애플의 민주학교
마이클 애플·제임스 빈 엮음 | 강희룡 옮김 | 276쪽 | 값 14,000원

05 21세기 교육과 민주주의
넬 나딩스 지음 | 심성보 옮김 | 392쪽 | 값 18,000원

06 세계교육개혁:
민영화 우선인가 공적 투자 강화인가?
린다 달링-해먼드 외 지음 | 심성보 외 옮김 | 408쪽 | 값 21,000원

07 콩도르세, 공교육에 관한 다섯 논문
니콜라 드 콩도르세 지음 | 이주환 옮김 | 300쪽 | 값 16,000원
2019 세종도서 학술부문

08 학교를 변론하다
얀 마스켈라인·마틴 시몬스 지음 | 윤선인 옮김
252쪽 | 값 15,000원

09 존 듀이와 교육
짐 개리슨 외 지음 | 심성보 외 옮김 | 376쪽 | 값 19,000원

혁신학교
성열관·이순철 지음 | 224쪽 | 값 12,000원

행복한 혁신학교 만들기
초등교육과정연구모임 지음 | 264쪽 | 값 13,000원

서울형 혁신학교 이야기
이부영 지음 | 320쪽 | 값 15,000원

혁신교육, 철학을 만나다
브렌트 데이비스·데니스 수마라 지음
현인철·서용선 옮김 | 304쪽 | 값 15,000원

대한민국 교사, 어떻게 가르칠 것인가?
윤성관 지음 | 320쪽 | 값 15,000원

● 비고츠키 선집 시리즈 발달과 협력의 교육학 어떻게 읽을 것인가?

 생각과 말
레프 세묘노비치 비고츠키 지음
배희철·김용호·D. 켈로그 옮김 | 690쪽 | 값 33,000원

 성장과 분화
L.S. 비고츠키 지음 | 비고츠키 연구회 옮김
308쪽 | 값 15,000원

 도구와 기호
비고츠키·루리야 지음 | 비고츠키 연구회 옮김
336쪽 | 값 16,000원

 연령과 위기
L.S. 비고츠키 지음 | 비고츠키 연구회 옮김
336쪽 | 값 17,000원

 어린이 자기행동숙달의 역사와 발달 I
L.S. 비고츠키 지음 | 비고츠키 연구회 옮김
564쪽 | 값 28,000원

 의식과 숙달
L.S 비고츠키 | 비고츠키 연구회 옮김
348쪽 | 값 17,000원

 어린이 자기행동숙달의 역사와 발달 II
L.S. 비고츠키 지음 | 비고츠키 연구회 옮김
552쪽 | 값 28,000원

 분열과 사랑
L.S. 비고츠키 지음 | 비고츠키 연구회 옮김
260쪽 | 값 16,000원

 어린이의 상상과 창조
L.S. 비고츠키 지음 | 비고츠키 연구회 옮김
280쪽 | 값 15,000원

 성애와 갈등
L.S. 비고츠키 지음 | 비고츠키 연구회 옮김
268쪽 | 값 17,000원

 비고츠키와 인지 발달의 비밀
A.R. 루리야 지음 | 배희철 옮김 | 280쪽 | 값 15,000원

 관계의 교육학, 비고츠키
진보교육연구소 비고츠키교육학실천연구모임 지음
300쪽 | 값 15,000원

 수업과 수업 사이
비고츠키 연구회 지음 | 196쪽 | 값 12,000원

 비고츠키 생각과 말 쉽게 읽기
진보교육연구소 비고츠키교육학실천연구모임 지음
316쪽 | 값 15,000원

 비고츠키의 발달교육이란 무엇인가?
비고츠키교육학실천연구모임 지음 | 412쪽 | 값 21,000원

 교사와 부모를 위한 비고츠키 교육학
카르포프 지음 | 실천교사번역팀 옮김 | 308쪽 | 값 15,000원

 비고츠키 철학으로 본 핀란드 교육과정
배희철 지음 | 456쪽 | 값 23,000원

 아이들을 어떻게 가르칠 것인가
사토 마나부 지음 | 박찬영 옮김 | 232쪽 | 값 13,000원

 대한민국 교육혁명
교육혁명공동행동 연구위원회 지음 | 224쪽 | 값 12,000원

 모두를 위한 국제이해교육
한국국제이해교육학회 지음 | 364쪽 | 값 16,000원

 독일 교육, 왜 강한가?
박성희 지음 | 324쪽 | 값 15,000원

 경쟁을 넘어 발달 교육으로
현광일 지음 | 288쪽 | 값 14,000원

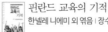 **핀란드 교육의 기적**
한넬레 니에미 외 엮음 | 장수명 외 옮김 | 456쪽 | 값 23,000원

 혁신교육 존 듀이에게 묻다
서용선 지음 | 292쪽 | 값 14,000원

 한국 교육의 현실과 전망
심성보 지음 | 724쪽 | 값 35,000원

 다시 읽는 조선 교육사
이만규 지음 | 750쪽 | 값 33,000원

4·16, 질문이 있는 교실 마주이야기 통합수업으로 혁신교육과정을 재구성하다!

통하는 공부
김태호·김형우·이경석·심우근·허진만 지음
324쪽 | 값 15,000원

내일 수업 어떻게 하지?
아이함께 지음 | 300쪽 | 값 15,000원
2015 세종도서 교양부문

인간 회복의 교육
성래운 지음 | 260쪽 | 값 13,000원

교과서 너머 교육과정 마주하기
이윤미 외 지음 | 368쪽 | 값 17,000원

수업 고수들
수업·교육과정·평가를 말하다
박현숙 지음 | 368쪽 | 값 17,000원

도덕 수업, 책으로 묻고 윤리로 답하다
울산도덕교사모임 지음 | 320쪽 | 값 15,000원

체육 교사, 수업을 말하다
전용진 지음 | 304쪽 | 값 15,000원

교실을 위한 프레이리
아이러 쇼어 엮음 | 사람대사람 옮김 | 412쪽 | 값 18,000원

마을교육공동체란 무엇인가?
서용선 외 지음 | 360쪽 | 값 17,000원

교사, 학교를 바꾸다
정진화 지음 | 372쪽 | 값 17,000원

함께 배움
학생 주도 배움 중심 수업 이렇게 한다
니시카와 준 지음 | 백경석 옮김 | 280쪽 | 값 15,000원

공교육은 왜?
홍섭근 지음 | 352쪽 | 값 16,000원

자기혁신과 공동의 성장을 위한
교사들의 필리버스터
윤양수·원종희·장군·조경삼 지음 | 280쪽 | 값 14,000원

함께 배움 이렇게 시작한다
니시카와 준 지음 | 백경석 옮김 | 196쪽 | 값 12,000원

함께 배움 교사의 말하기
니시카와 준 지음 | 백경석 옮김 | 188쪽 | 값 12,000원

교육과정 통합, 어떻게 할 것인가?
성열관 외 지음 | 192쪽 | 값 13,000원

학교 혁신의 길, 아이들에게 묻다
남궁상운 외 지음 | 272쪽 | 값 15,000원

미래교육의 열쇠, 창의적 문화교육
심광현·노명우·강정석 지음 | 368쪽 | 값 16,000원

주제통합수업, 아이들을 수업의 주인공으로!
이윤미 외 지음 | 392쪽 | 값 17,000원

수업과 교육의 지평을 확장하는 수업 비평
윤양수 지음 | 316쪽 | 값 15,000원
2014 문화체육관광부 우수교양도서

교사, 선생이 되다
김태은 외 지음 | 260쪽 | 값 13,000원

교사의 전문성, 어떻게 만들어지나
국제교원노조연맹 보고서 | 김석규 옮김 392쪽 | 값 17,000원

수업의 정치
윤양수·원종희·장군 지음 | 280쪽 | 값 14,000원

학교협동조합,
현장체험학습과 마을교육공동체를 잇다
주수원 외 지음 | 296쪽 | 값 15,000원

거꾸로 교실,
잠자는 아이들을 깨우는 수업의 비밀
이민경 지음 | 280쪽 | 값 14,000원

교사는 무엇으로 사는가
정은균 지음 | 292쪽 | 값 15,000원

마음의 힘을 기르는 감성수업
조선미 외 지음 | 300쪽 | 값 15,000원

작은 학교 아이들
지경준 엮음 | 376쪽 | 값 17,000원

아이들의 배움은 어떻게 깊어지는가
이시이 준지 지음 | 방지현·이창희 옮김 | 200쪽 | 값 11,000원

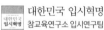
대한민국 입시혁명
참교육연구소 입시연구팀 지음 | 220쪽 | 값 12,000원

교사를 세우는 교육과정
박승열 지음 | 312쪽 | 값 15,000원

전국 17명 교육감들과 나눈 교육 대담
최창의 대담·기록 | 272쪽 | 값 15,000원

들뢰즈와 가타리를 통해 유아교육 읽기
리세롯 마리엣 올슨 지음 | 이연선 외 옮김 | 328쪽 | 값 17,000원

학교 민주주의의 불한당들
정은균 지음 | 276쪽 | 값 14,000원

프레이리의 사상과 실천
사람대사람 지음 | 352쪽 | 값 18,000원
2018 세종도서 학술부문

혁신학교, 한국 교육의 미래를 열다
송순재 외 지음 | 608쪽 | 값 30,000원

페다고지를 위하여
프레네의 『페다고지 불변요소』 읽기
박찬영 지음 | 296쪽 | 값 15,000원

노자와 탈현대 문명
홍승표 지음 | 284쪽 | 값 15,000원

선생님, 민주시민교육이 뭐예요?
염경미 지음 | 244쪽 | 값 15,000원

어쩌다 혁신학교
유우석 외 지음 | 380쪽 | 값 17,000원

미래, 교육을 묻다
정광필 지음 | 232쪽 | 값 15,000원

대학, 협동조합으로 교육하라
박주희 외 지음 | 252쪽 | 값 15,000원

입시, 어떻게 바꿀 것인가?
노기원 지음 | 306쪽 | 값 15,000원

촛불시대, 혁신교육을 말하다
이용관 지음 | 240쪽 | 값 15,000원

라운드 스터디
이시이 데루마사 외 엮음 | 224쪽 | 값 15,000원

미래교육을 디자인하는 학교교육과정
박승열 외 지음 | 348쪽 | 값 18,000원

흥미진진한 아일랜드 전환학년 이야기
제리 제퍼스 지음 | 최상덕·김호원 옮김 | 508쪽 | 값 27,000원

폭력 교실에 맞서는 용기
따돌림사회연구모임 학급운영팀 지음 | 272쪽 | 값 15,000원

그래도 혁신학교
박은혜 외 지음 | 248쪽 | 값 15,000원

학교는 어떤 공동체인가?
성열관 외 지음 | 228쪽 | 값 15,000원

교사 전쟁
다나 골드스타인 지음 | 유성상 외 옮김 | 468쪽 | 값 23,000원

시민, 학교에 가다
최형규 지음 | 260쪽 | 값 15,000원

교육과정, 수업, 평가의 일체화
리사 카터 지음 | 박승열 외 옮김 | 196쪽 | 값 13,000원

학교를 개선하는 교장
지속가능한 학교 혁신을 위한 실천 전략
마이클 풀란 지음 | 서동연·정효준 옮김 | 216쪽 | 값 13,000원

공자뎐, 논어는 이것이다
유문상 지음 | 392쪽 | 값 18,000원

교사와 부모를 위한 발달교육이란 무엇인가?
현광일 지음 | 380쪽 | 값 18,000원

교사, 이오덕에게 길을 묻다
이무완 지음 | 328쪽 | 값 15,000원

낙오자 없는 스웨덴 교육
레이프 스트란드베리 지음 | 변광수 옮김 | 208쪽 | 값 13,000원

끝나지 않은 마지막 수업
장석웅 지음 | 328쪽 | 값 20,000원

경기 꿈의 학교
진흥섭 외 지음 | 360쪽 | 값 17,000원

학교를 말한다
이성우 지음 | 292쪽 | 값 15,000원

행복도시 세종, 혁신교육으로 디자인하다
곽순일 외 지음 | 392쪽 | 값 18,000원

나는 거꾸로 교실 거꾸로 교사
류광모·임정훈 지음 | 212쪽 | 값 13,000원

교실 속으로 간 이해중심 교육과정
온정덕 외 지음 | 224쪽 | 값 13,000원

교실, 평화를 말하다
따돌림사회연구모임 초등우정팀 지음 | 268쪽 | 값 15,000원

학교자율운영 2.0
김용 지음 | 240쪽 | 값 15,000원

학교자치를 부탁해
유우석 외 지음 | 252쪽 | 값 15,000원

국제이해교육 페다고지
강순원 외 지음 | 256쪽 | 값 15,000원

선생님, 페미니즘이 뭐예요?
염경미 지음 | 280쪽 | 값 15,000원

평화의 교육과정 섬김의 리더십
이준원·이형빈 지음 | 292쪽 | 값 16,000원

학교를 살리는 회복적 생활교육
김민자·이순영·정선영 지음 | 256쪽 | 값 15,000원

 수포자의 시대
김성수·이형빈 지음 | 252쪽 | 값 15,000원

 교사를 위한 교육학 강의
이형빈 지음 | 336쪽 | 값 17,000원

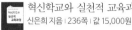 혁신학교와 실천적 교육과정
신은희 지음 | 236쪽 | 값 15,000원

 새로운학교 학생을 날게 하다
새로운학교네트워크 총서 02 | 408쪽 | 값 20,000원

 삶의 시간을 잇는 문화예술교육
고영직 지음 | 292쪽 | 값 16,000원

 세월호가 묻고 교육이 답하다
경기도교육연구원 지음 | 214쪽 | 값 13,000원

 혐오, 교실에 들어오다
이혜정 외 지음 | 232쪽 | 값 15,000원

 미래교육, 어떻게 만들어갈 것인가?
송기상·김성천 지음 | 300쪽 | 값 16,000원
2019 세종도서 교양부문

 혁신교육지구와 마을교육공동체는
어떻게 만들어지는가?
김태정 지음 | 376쪽 | 값 18,000원

 교육에 대한 오해
우문영 지음 | 224쪽 | 값 15,000원

 선생님, 특성화고 자기소개서 어떻게 써요?
이지영 지음 | 322쪽 | 값 17,000원

 혁신교육지구 현장을 가다
이용운 외 지음 | 348쪽 | 값 18,000원

 학생과 교사, 수업을 묻다
전용진 지음 | 344쪽 | 값 18,000원

 배움의 독립선언, 평생학습
정민승 지음 | 240쪽 | 값 15,000원

 혁신학교의 꽃, 교육과정 다시 그리기
안재일 지음 | 344쪽 | 값 18,000원

 서울의 마을교육
이용운 외 10인 지음 | 352쪽 | 값 18,000원

 교육혁신의 시대 배움의 공간을 상상하다
함영기 외 13인 지음 | 264쪽 | 값 17,000원

 학습격차 해소를 위한 새로운 도전:
보편적 학습설계 수업
조윤정 외 3인 지음 | 225쪽 | 값 15,000원

 평화와 인성을 키우는 자기우정
따돌림사회연구모임 우정팀 지음 | 240쪽 | 값 15,000원

 물질의 새로운 만남
베로니차 파치니-케처바우 지음 | 이연선 외 옮김
240쪽 | 값 15,000원

 미래교육을 열어가는 배움중심 원격수업
하늘빛중학교 원격수업연구회 지음 | 332쪽 | 값 17,000원

● 살림터 참교육 문예 시리즈 영혼이 있는 삶을 가르치는 온 선생님을 만나다!

 꽃보다 귀한 우리 아이는
조재도 지음 | 244쪽 | 값 12,000원

 선생님이 먼저 때렸는데요
강병철 지음 | 248쪽 | 값 12,000원

 성깔 있는 나무들
최은숙 지음 | 244쪽 | 값 12,000원

 서울 여자, 시골 선생님 되다
조경선 지음 | 252쪽 | 값 12,000원

 아이들에게 세상을 배웠네
명혜정 지음 | 240쪽 | 값 12,000원

 행복한 창의 교육
최창의 지음 | 328쪽 | 값 15,000원

 밥상에서 세상으로
김흥숙 지음 | 280쪽 | 값 13,000원

 북유럽 교육 기행
정애경 외 14인 지음 | 288쪽 | 값 14,000원

 우물쭈물하다 끝난 교사 이야기
유기창 지음 | 380쪽 | 값 17,000원

 시험 시간에 웃은 건 처음이에요
조규선 지음 | 252쪽 | 값 15,000원

 오천년을 사는 여자
염경미 지음 | 272쪽 | 값 16,000원

● 평화샘 프로젝트 매뉴얼 시리즈 학교폭력에 대한 근본적인 예방과 대책을 찾는다

학교폭력 어떻게 만들어지는가
문재현 외 지음 | 300쪽 | 값 14,000원

학교폭력, 멈춰!
문재현 외 지음 | 348쪽 | 값 15,000원

왕따, 이렇게 해결할 수 있다
문재현 외 지음 | 236쪽 | 값 12,000원

젊은 부모를 위한 백만 년의 육아 슬기
문재현 지음 | 248쪽 | 값 13,000원

우리는 마을에 산다
유양우·신동명·김수동·문재현 지음 | 312쪽 | 값 15,000원

누가, 학교폭력 해결을 가로막는가?
문재현 외 지음 | 312쪽 | 값 15,000원

아이들을 살리는 동네
문재현·신동명·김수동 지음 | 204쪽 | 값 10,000원

평화! 행복한 학교의 시작
문재현 외 지음 | 252쪽 | 값 12,000원

마을에 배움의 길이 있다
문재현 지음 | 208쪽 | 값 10,000원

별자리, 인류의 이야기 주머니
문재현·문한뫼 지음 | 444쪽 | 값 20,000원

동생아, 우리 뭐 하고 놀까?
문재현 외 지음 | 280쪽 | 값 15,000원

코로나 19가 앞당긴 미래, 마을에서 찾는 배움길
문재현 외 5인 지음 | 308쪽 | 값 16,000원

● 남북이 하나 되는 두물머리 평화교육 분단 극복을 위한 치열한 배움과 실천을 만나다

10년 후 통일
정동영·지승호 지음 | 328쪽 | 값 15,000원

분단시대의 통일교육
성래운 지음 | 428쪽 | 값 18,000원

한반도 평화교육 어떻게 할 것인가
이기범 외 지음 | 252쪽 | 값 15,000원

선생님, 통일이 뭐예요?
정경호 지음 | 252쪽 | 값 13,000원

김창환 교수의 DMZ 지리 이야기
김창환 지음 | 264쪽 | 값 15,000원

포괄적 평화교육
베티 리어든 지음 | 강순원 옮김 | 252쪽 | 값 17,000원

● 창의적인 협력 수업을 지향하는 삶이 있는 국어 교실 우리말 글을 배우며 세상을 배운다

중학교 국어 수업 어떻게 할 것인가?
김미경 지음 | 340쪽 | 값 15,000원

토닥토닥 토론해요
명혜정·이명선·조선미 엮음 | 288쪽 | 값 15,000원

어린이와 시
오인태 지음 | 192쪽 | 값 12,000원

언어던
정은균 지음 | 268쪽 | 값 15,000원
2019 세종도서 교양부문

감각의 갱신, 화장하는 인민
남북문학예술연구회 | 380쪽 | 값 19,000원

토론의 숲에서 나를 만나다
명혜정 엮음 | 312쪽 | 값 15,000원

인문학의 숲을 거니는 토론 수업
순천국어교사모임 엮음 | 308쪽 | 값 15,000원

수업, 슬로리딩과 함께
박경숙 외 지음 | 268쪽 | 값 15,000원

민촌 이기영 평전
이성렬 지음 | 508쪽 | 값 20,000원

교과서 밖에서 만나는 역사 교실 상식이 통하는 살아 있는 역사를 만나다

 전봉준과 동학농민혁명
조광환 지음 | 336쪽 | 값 15,000원

 남도의 기억을 걷다
노성태 지음 | 344쪽 | 값 14,000원

 응답하라 한국사 1·2
김은석 지음 | 356쪽·368쪽 | 각권 값 15,000원

 즐거운 국사수업 32강
김남선 지음 | 280쪽 | 값 11,000원

 즐거운 세계사 수업
김은석 지음 | 328쪽 | 값 13,000원

 강화도의 기억을 걷다
최보길 지음 | 276쪽 | 값 14,000원

 광주의 기억을 걷다
노성태 지음 | 348쪽 | 값 15,000원

 선생님도 궁금해하는 한국사의 비밀 20가지
김은석 지음 | 312쪽 | 값 15,000원

 걸림돌
키르스텐 세룹-빌펠트 지음 | 문봉애 옮김
248쪽 | 13,000원

 역사수업을 부탁해
열 사람의 한 걸음 지음 | 388쪽 | 값 18,000원

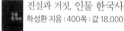 **진실과 거짓, 인물 한국사**
하성환 지음 | 400쪽 | 값 18,000원

 우리 역사에서 사라진 근현대 인물 한국사
하성환 지음 | 296쪽 | 값 18,000원

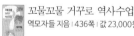 **꼬물꼬물 거꾸로 역사수업**
역모자들 지음 | 436쪽 | 값 23,000원

 즐거운 동아시아사 수업
김은석 지음 | 240쪽 | 값 15,000원

노성태, 역사의 길을 걷다
노성태 지음 | 324쪽 | 값 17,000원

 교과서 밖에서 배우는 역사 공부
정은교 지음 | 292쪽 | 값 14,000원

 팔만대장경도 모르면 빨래판이다
전병철 지음 | 360쪽 | 값 16,000원

 빨래판도 잘 보면 팔만대장경이다
전병철 지음 | 360쪽 | 값 16,000원

 영화는 역사다
강성률 지음 | 288쪽 | 값 13,000원

 친일 영화의 해부학
강성률 지음 | 264쪽 | 값 15,000원

 한국 고대사의 비밀
김은석 지음 | 304쪽 | 값 13,000원

 조선족 근현내 교육사
정미량 지음 | 320쪽 | 값 15,000원

 다시 읽는 조선근대 교육의 사상과 운동
윤건차 지음 | 이명실·심성보 옮김 | 516쪽 | 값 25,000원

 음악과 함께 떠나는 세계의 혁명 이야기
조광환 지음 | 292쪽 | 값 15,000원

 논쟁으로 보는 일본 근대 교육의 역사
이명실 지음 | 324쪽 | 값 17,000원

 다시, 독립의 기억을 걷다
노성태 지음 | 320쪽 | 값 16,000원

 한국사 리뷰
김은석 지음 | 244쪽 | 값 15,000원

 경남의 기억을 걷다
류형진 외 지음 | 564쪽 | 값 28,000원

 어제와 오늘이 만나는 교실
학생과 교사의 역사수업 에세이
정진경 외 지음 | 328쪽 | 값 17,000원

더불어 사는 정의로운 세상을 여는 인문사회과학 사람의 존엄과 평등의 가치를 배운다

 밥상혁명
강양구·강이현 지음 | 298쪽 | 값 13,800원

 도덕 교과서 무엇이 문제인가?
김대용 지음 | 272쪽 | 값 14,000원

 자율주의와 진보교육
조엘 스프링 지음 | 심성보 옮김 | 320쪽 | 값 15,000원

 민주화 이후의 공동체 교육
심성보 지음 | 392쪽 | 값 15,000원
2009 문화체육관광부 우수학술도서

 갈등을 넘어 협력 사회로
이창언·오수길·유문종·신윤관 지음 | 280쪽 | 값 15,000원

 동양사상과 마음교육
정재걸 외 지음 | 356쪽 | 값 16,000원
2015 세종도서 학술부문

 교과서 밖에서 배우는 철학 공부
정은교 지음 | 280쪽 | 값 14,000원

 교과서 밖에서 배우는 사회 공부
정은교 지음 | 304쪽 | 값 15,000원

 교과서 밖에서 배우는 윤리 공부
정은교 지음 | 292쪽 | 값 15,000원

 한글 혁명
김슬옹 지음 | 388쪽 | 값 18,000원

 우리 안의 미래교육
정재걸 지음 | 484쪽 | 값 25,000원

 왜 그는 한국으로 돌아왔는가?
황선준 지음 | 364쪽 | 값 17,000원
2019세종도서교양부문

 공간, 문화, 정치의 생태학
현광일 지음 | 232쪽 | 값 15,000원

 인공지능 시대의 사회학적 상상력
홍승표 지음 | 260쪽 | 값 15,000원

 동양사상과 인간 그리고 사회
이현지 지음 | 418쪽 | 값 21,000원

 왜 전태일인가
송필경 지음 | 236쪽 | 값 17,000원

 놀자선생의 놀이인문학
진용근 지음 | 380쪽 | 값 18,000원

 좌우지간 인권이다
안경환 지음 | 288쪽 | 값 13,000원

 민주시민교육
심성보 지음 | 544쪽 | 값 25,000원

 민주시민을 위한 도덕교육
심성보 지음 | 500쪽 | 값 25,000원
2015 세종도서 학술부문

 교과서 밖에서 배우는 인문학 공부
정은교 지음 | 280쪽 | 값 13,000원

 오래된 미래교육
정재걸 지음 | 392쪽 | 값 18,000원

 대한민국 의료혁명
전국보건의료산업노동조합 엮음 | 548쪽 | 값 25,000원

 교과서 밖에서 배우는 고전 공부
정은교 지음 | 288쪽 | 값 14,000원

 전체 안의 전체 사고 속의 사고
김우창의 인문학을 읽다
현광일 지음 | 320쪽 | 값 15,000원

 카스트로, 종교를 말하다
피델 카스트로·프레이 베토 대담 | 조세종 옮김
420쪽 | 값 21,000원

 일제강점기 한국철학
이태우 지음 | 448쪽 | 값 25,000원

 한국 교육 제4의 길을 찾다
이길상 지음 | 400쪽 | 값 21,000원
2019세종도서학술부문

 마을교육공동체 생태적 의미와 실천
김용련 지음 | 256쪽 | 값 15,000원

 교육과정에서 왜 지식이 중요한가
심성보 지음 | 440쪽 | 값 23,000원

 식물에게서 교육을 배우다
이차영 지음 | 260쪽 | 값 15,000원

 장자와 탈현대
정재걸 외 4인 지음 | 424쪽 | 값 21,000원

 한국 세계시민교육이 나아갈 길을 묻다
유네스코태평양 국제이해교육원 지음 | 360쪽 | 값 18,000원

참된 삶과 교육에 관한
생각 줍기

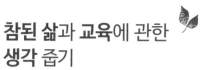